国家职业技能鉴定指南

物流员 助理物流师

（第 2 版修订）

主编 孟 颖 石建伍 盛 凯

中国劳动社会保障出版社

WU LIU YUAN ZHU LI WU LIU SHI

图书在版编目(CIP)数据

物流员、助理物流师/人力资源和社会保障部教材办公室组织编写. —2版（修订本）. —北京：中国劳动社会保障出版社，2013
国家职业技能鉴定指南
ISBN 978-7-5167-0708-1

Ⅰ.①物… Ⅱ.①人… Ⅲ.①物流-物资管理-职业技能-鉴定-指南 Ⅳ.①F252-62

中国版本图书馆 CIP 数据核字(2013)第 235828 号

中国劳动社会保障出版社出版发行

（北京市惠新东街1号　邮政编码：100029）

*

北京市艺辉印刷有限公司印刷装订　新华书店经销
787毫米×1092毫米　16开本　16.25印张　314千字
2013年10月第2版　2017年2月第6次印刷
定价：30.00元

读者服务部电话：（010）64929211/64921644/84626437
营销部电话：（010）64961894
出版社网址：http://www.class.com.cn

版权专有　　侵权必究
如有印装差错，请与本社联系调换：（010）50948191
我社将与版权执法机关配合，大力打击盗印、销售和使用盗版图书活动，敬请广大读者协助举报，经查实将给予举报者奖励。
举报电话：（010）64954652

前　言

　　为了满足物流师国家职业资格鉴定考试的需要，为考生通过鉴定考试提供针对性的指导，依据《国家职业标准·物流师（2004年版）》《物流师国家职业资格培训教程》（以下简称《教程》），以及2011年出版的《物流师国家职业技能鉴定指南（第2版）》，我们组织编写了《物流师国家职业技能鉴定指南（第2版修订）》（以下简称《指南》）系列教材。

　　本系列教材主要分为"考核要点""考核内容与应试技巧""重点复习提示及辅导练习""模拟试卷及参考答案"四大部分。"考核要点"以表格形式列出物流师职业学习的要点，并以★的数量表示学习要点的重要性。"考核内容与应试技巧"介绍物流师职业技能鉴定形式、题目类型及配分、鉴定命题及思路、鉴定比重等考核内容，以及物流师职业技能鉴定复习方法、应试准备、答题技巧等应试技巧。"重点复习提示及辅导练习"按照《教程》章的顺序，对照《教程》各章内容编写，每章包括：重点复习提示、辅导练习题（包括理论知识练习题、操作技能练习题）、辅导练习题参考答案。重点复习提示浓缩了《教程》中的知识点，辅导练习题涵盖了国家职业资格鉴定考试中的主要鉴定内容，覆盖面广、题量丰富，题型与鉴定考试题型完全对接。"模拟试卷及参考答案"包括理论知识考核模拟试卷、操作技能考核模拟试卷，并附有参考答案。可供考生进行模拟测试，以检验学习效果，并促使考生在短期内熟悉题型。

　　由于时间仓促，书中的不足之处在所难免，欢迎读者提出宝贵意见和建议。

人力资源和社会保障部教材办公室

修 订 说 明

作为全国物流职业资格鉴定专用教材《物流师·国家职业资格培训教程》（以下简称《教程》）的教学辅导书，《物流师·国家职业技能鉴定指南》（以下简称《指南》）2006年出版，2011年进行了改版。指南为应试考生总结了《教程》的知识结构和技能要点，以及学习过程中应该采取的学习方法，归纳了在物流师国家职业资格鉴定考试中应该注意的问题、题型介绍和应试技巧。由于覆盖面广、题量丰富、题型与国家职业资格全国统一鉴定考试完全对接，因此，深受全国考生的欢迎和好评。

最近几年，随着我国经济的飞速发展，带动了物流产业的迅速发展和对物流人才知识和技能的新的要求，必然要求职业资格鉴定的教学内容和方式作相应的调整。而现有的《指南》较难适应物流师实际培训和鉴定的要求，修订势在必行。

考生面对新的形势与要求，迫切需要有一本针对性强、涵盖面更广、题量更丰富的教学辅导书。相比之下，《指南》将所有级别、所有模块的内容都集中在一本辅导书里，这就很难适应不同级别、不同考生的不同要求。

为此，我们推出《物流师（基础知识）（第2版修订）》《物流员　助理物流师（第2版修订）》《物流师　高级物流师（第2版修订）》3本国家职业技能鉴定指南。将原先分散在各级别中的基础知识合并成一本，再将考核方法相似的物流员、助理物流师鉴定内容合并成一本，考核内容和方法有延续性的物流师、高级物流师鉴定内容合并成一本。另外，增加了各级别的辅导练习题题量，物流师、高级物流师级别的案例题、计算题和项目决策题题量均有增加。

国家职业技能鉴定指南（第2版修订）系列教材具有更强的操作性和实用性，与物流师国家职业资格鉴定考试衔接更加紧密。

目 录

第一部分 物流员与助理物流师考核要点 ……………………………………（1）

第二部分 考核内容与应试技巧 …………………………………………………（7）

第三部分 重点复习提示及辅导练习 ……………………………………………（13）

物 流 员

第1章 物品采购 ……………………………………………………………（13）
第2章 仓储管理 ……………………………………………………………（20）
第3章 配送管理 ……………………………………………………………（33）
第4章 运输管理 ……………………………………………………………（43）
第5章 生产物流管理 ………………………………………………………（53）
第6章 国际货运管理 ………………………………………………………（65）
第7章 物流信息采集与处理 ………………………………………………（ ）
第8章 物流英语 ……………………………………………………………（ ）

助理物流师

第1章 物品采购 ……………………………………………………………（87）
第2章 仓储管理 ……………………………………………………………（97）
第3章 配送管理 ……………………………………………………………（109）
第4章 运输管理 ……………………………………………………………（120）
第5章 生产物流管理 ………………………………………………………（133）
第6章 国际货运管理 ………………………………………………………（148）
第7章 物流信息管理 ………………………………………………………（165）

第8章 物流英语 ·· (175)

第四部分 模拟试卷及参考答案 ·· (185)

物流员理论知识考核模拟试卷 ·· (185)
物流员理论知识考核模拟试卷参考答案 ·· (200)
物流员操作技能考核模拟试卷 ·· (201)
物流员操作技能考核模拟试卷参考答案 ·· (218)
助理物流师理论知识考核模拟试卷 ·· (219)
助理物流师理论知识考核模拟试卷参考答案 ·· (234)
助理物流师操作技能考核模拟试卷 ·· (235)
助理物流师操作技能考核模拟试卷参考答案 ·· (253)

第一部分　物流员与助理物流师考核要点

表1—1为物流员（国家职业资格四级）的考核要点表，其中的★代表考核要点的重要程度，★★★为最重要。

表1—1　　　　　　　　　　　　物流员考核要点表

工作内容		考核要点	重要程度
物品采购	执行采购计划	1. 采购计划概念	★
		2. 采购供需调查	★★
		3. 采购信息传递与处理	★★
		4. 采购询价、议价与底价确定	★★★
		5. 采购作业内部与外部单证	★★★
	联系供应商	1. 供应商选择	★★
		2. 采购方式	★★
		3. 确定采购价格和条件	★★★
		4. 采购订单安排	★★
		5. 验收货物与结算	★★
仓储管理	入库作业	1. 商品接运	★
		2. 商品入库方式	★
		3. 商品入库手续	★★★
		4. 商品数量与质量检验	★★★
		5. 商品堆码	★★★
	装卸搬运作业	1. 仓储装卸搬运作业方法	★★
		2. 仓储装卸搬运设备	★★
		3. 托盘的运用	★★
		4. 货架的运用	★
	储存作业	1. 储存原则	★
		2. 商品编码与货位编号	★★★
		3. 仓容定额	★★★
		4. 商品养护技术	★★
		5. 仓库保卫工作	★

续表

工作内容		考核要点	重要程度
仓储管理	盘点作业	1. 商品盘点方法	★★
		2. 盘点结果处理	★★★
		3. 商品检查内容	★
		4. 检查方法	★★
		5. 检查中发现问题的处理	★★★
	出库作业	1. 商品出库的依据	★
		2. 商品出库的要求	★★
		3. 商品出库作业的程序	★★★
		4. 商品出库中发生问题的处理	★★
	单证制作	1. 入库单证种类与流转	★
		2. 出库单证种类与流转	★★
		3. 出库单证账务处理	★★★
配送管理	实施配送作业	1. 配送功能	★★
		2. 配送作业过程	★★
		3. 配送网络结构	★★
		4. 送货区域与路线	★★★
		5. 送货车辆积载	★★
	流通加工	1. 流通加工作用	★
		2. 流通加工方式	★★
		3. 流通加工管理	★★★
	单据作业	1. 拣货单据种类与流转	★★
		2. 配送单据种类与流转	★★
		3. 订单拣货作业单	★★★
运输管理	运输作业	1. 各种运输方式比较	★
		2. 国际多式联运运作	★★★
		3. 集装箱运输作业	★★
		4. 散装及托盘化运输作业	★★
		5. 特殊货物运输作业	★★
		6. 运输装卸搬运作业	★★
	处理运输单证	1. 公路货物运输作业与单证	★★★
		2. 铁路货物运输作业与单证	★★★
		3. 水路货物运输作业与单证	★★
		4. 航空货物运输作业与单证	★★

续表

工作内容		考核要点	重要程度
生产物流管理	生产物流作业	1. 生产物流作业内容	★★
		2. 准时制生产的内容与运用	★★★
		3. 看板管理	★★★
		4. 按工艺专业化形式组织生产物流	★★
		5. 按对象专业化形式组织生产物流	★★
	物料处理	1. 制造业物料管理	★★
		2. 委托外加工用料管理	★★
		3. 制造业物料需求与规划	★★★
		4. 物料搬运的设备和器具	★
国际货运管理	国际货运实务	1. 国际海上货运实务	★★
		2. 集装箱班轮进出口业务流程	★★
		3. 国际海上运输企业	★★★
		4. 航空货物进出口运输代理程序	★★★
		5. 铁路运输进口货物交接与核放	★★★
	国际海上运输单证制作	1. 国际货运主要单证	★★
		2. 海运提单内容	★★
		3. 集装箱提单	★★
	国际多式联运单证制作	1. 国际多式联运提单种类	★★
		2. 国际多式联运提单签发的时间与地点	★★
物流信息采集与处理	采集物品信息	1. 条形码和射频标志	★★★
		2. POS系统与条形码	★★
		3. GPS系统内容	★★
		4. EDI的内容与应用	★★
		5. 物流信息系统	★★
	物品信息采集技术	1. 通用商品条码	★★
		2. 储运单元条码	★★
		3. 贸易单元条码	★★
		4. 条码扫描器	★
		5. 射频标志在物流中的应用	★★★

表1—2为助理物流师（国家职业资格三级）的考核要点表，其中的★代表考核要点的重要程度，★★★为最重要。

表1—2　　　　　　　　　　　助理物流师考核要点表

工作内容		考核要点	重要程度
物品采购	需求预测	1. 采购市场调查方法	★★
		2. 调查表设计	★★
		3. 抽样调查技术	★★
		4. 采购定性预测方法	★★★
		5. 采购定量预测方法	★★★
	组织实施采购方案	1. 采购组织结构	★
		2. 订单跟踪	★★
		3. 采购质量管理	★★
		4. 采购成本确定与控制	★★★
		5. 采购货款和合同管理	★★★
	供应商管理	1. 采购认证流程	★★
		2. 对现有供应商的考评方法	★★★
		3. 对潜在供应商的考评方法	★★
仓储管理	仓储作业管理	1. 商品入库作业流程	★★★
		2. 装卸搬运作业计划	★★
		3. 储存作业管理内容	★★★
		4. 盘点作用与评估	★★
		5. 出库作业流程	★★
		6. 流通加工作业管理	★
	仓储业务方案的实施	1. 公共仓储费率确定	★
		2. 合同仓储费率计算	★★
		3. 合同仓储的必要性	★★
		4. 公共仓库与合同仓库的监控	★★
	库存管理	1. 库存分析内容与方法	★
		2. 合理库存量管理	★★★
		3. ABC分析法	★★★
		4. 经济批量模型	★★★
		5. 订购点计算	★★★
配送管理	编制配送作业计划	1. 配送作业流程分析	★★
		2. 编制配送计划的依据	★★
		3. 拣货作业优化	★★
		4. 配送路线优化的原则	★★
		5. 配送路线优化的方法	★★★

续表

工作内容		考核要点	重要程度
配送管理	组织配送作业	1. 配送中心模式	★
		2. 配送中心岗位设置	★
		3. 配送作业合理化	★★★
		4. 配送中心库存合理化指标	★★
		5. 配送中心送货合理化指标	★★
运输管理	选择运输方式	1. 货物运输市场营销	★★
		2. 运输客户分类与差异化服务	★★
		3. 运输方式选择方法	★★★
		4. 运输工具实载率指标	★★
		5. 运输合同管理	★★
	运输组织	1. 货物运输计划内容	★★
		2. 货物运输调度内容	★★
		3. 运输的装载和配载管理	★★
		4. 货物运输单证流转	★★
		5. 运输合理化	★★★
生产物流管理	制定生产物流方案	1. 生产物流系统的内容	★★
		2. 生产物流的组织	★★
		3. 生产物流方案	★★
		4. 主生产计划与粗能力计划	★★★
		5. 产品结构与库存状态信息	★
	实施生产物流方案	1. 生产物流系统控制方式	★
		2. 生产物流控制内容与程序	★★★
		3. 生产物流过程中的信息收集与处理	★★
		4. 物流推动控制原理	★★
		5. 物流牵引控制原理	★★★
国际货运管理	国际集装箱运输管理	1. 国际集装箱租赁	★
		2. 集装箱空箱发放流程	★★
		3. 集装箱整箱货与拼箱货	★★
		4. 集装箱货物交接方式	★★
		5. 空箱调运的合理化	★★★
	班轮货运与代理业务管理	1. 班轮进出口程序	★★
		2. 进出口主要货运单证	★★
		3. 集装箱货运业务管理	★★★
		4. 集装箱货运站的主要任务	★★

续表

工作内容		考核要点	重要程度
国际货运管理	租船运输业务管理	1. 定期租船合同	★★
		2. 定期租船合同的主要内容	★★★
		3. 航次租船合同	★★
		4. 航次租船合同的主要内容	★★★
		5. 油轮航次租船合同范本	★
	国际货运中转业务管理	1. 海运货物中转业务管理	★★
		2. 海运支线业务	★★
		3. 海运支线货物转运安排	★★
		4. 海运中转业务责任划分	★★
		5. 海运中转运费与使用费结算	★★
	国际多式联运业务管理	1. 多式联运业务关系方	★★
		2. 大陆桥运输	★
		3. 北美大陆桥	★
物流信息管理	物流作业信息管理	1. 仓储管理信息系统的结构	★★
		2. 仓储管理信息系统的模块功能	★★★
		3. 运输管理信息系统的结构	★★
		4. 运输管理信息系统的模块功能	★★★
		5. 货运代理管理信息系统的模块功能	★★

第二部分　考核内容与应试技巧

一、物流员、助理物流师职业技能鉴定形式

1. 理论知识考试形式

（1）考试科目：职业道德和专业知识。

（2）考试方式：书面闭卷标准化考试，考生在答题卡上作答。

（3）考试时间：90 min。

2. 操作技能考核形式

（1）考核科目：专业技能。

（2）考核方式：书面闭卷标准化考试，考生在答题卡上作答。

（3）考核时间：120 min。

二、物流员、助理物流师职业技能鉴定题目类型及配分

1. 考试题型

单项选择题（在4个答案中选择唯一的正确答案）、多项选择题（在4个答案中选择2个或2个以上的正确答案）。

（1）理论知识考题中单项选择题占总题量的60%，多项选择题占总题量的40%。

（2）操作技能考题中单项选择题占总题量的50%，多项选择题占总题量的50%。

2. 考题数量和分值

（1）理论知识考试题量和分值分别为：职业道德25题，专业知识100道题。总分100分。

（2）操作技能考核总分100分。

3. 成绩核定

（1）理论知识部分总成绩＝职业道德成绩÷2.5＋专业知识成绩×90%。

（2）操作技能部分总成绩为100分。

（3）理论知识部分总成绩、操作技能部分总成绩均合格者，可获得相应等级的国家职业资格证书。

(4) 总成绩不合格，且仅一项成绩不合格者可申请参加下一次不合格部分的补考。

三、物流员、助理物流师职业技能鉴定命题及思路

1. 注重基本概念

考试形式主要为选择题，考题原则上围绕《国家职业资格培训教程》（以下简称《教程》）的基本概念。在考核时应根据《教程》的内容，把握住基本概念，客观地选择答案，而不能主观应答。

《教程》的特点是内容条目化，根据物流的流程环节从始至终，对每一个环节，也是根据作业的程序先后展开。因此，通过物流师职业鉴定的关键是掌握物流作业与运作的流程。

2. 理论知识与操作技能的区别

理论知识鉴定表现为对知识点的考核，如"储存原则""配送功能""运输分类"等。

操作技能鉴定表现为如何做，如"建立物品档案""备料发料""POS 在入库管理中的应用"等。有关单证的鉴定均体现在操作技能部分。

3. 以《教程》为基准，不照搬原文

考试题目紧紧围绕《教程》，但是不会将书上的原话转移为考题。对于具有物流实践经验的自学考生，需要通过独立思考之后领会。对于培训机构的教师来说，应带领学员先掌握物流的作业与管理流程，然后更深入地理解知识点，学会物流的基本操作技能。

4. 选择答案清楚

本鉴定考题的四个选择答案尽可能有区别，凡是答案模棱两可的，或答案近似的，均是考题的陷阱，必须小心比较。

5. 文字简洁

考题比较简化，单项选择题原则上不超过 30 个字，多项选择题原则上不超过 45 个字。

6. 各种难度考题搭配

容易考题：基本参照《教程》内容生成。

中等难度考题：与《教程》内容表现不同，意义相同；或者题目形式特殊。

较大难度考题：选择题答案为否定式、比较型、思考型，部分计算题，案例分析题。

三种类型考题比重见表 2—1。

表 2—1　　　　　　　　　　不同难度考题比重表

级别	容易	中等难度	较大难度
物流员	50%	30%	20%
助理物流师	40%	30%	30%

7. 选择题类型

单项选择题共有 4 个选项，从中选出唯一正确的答案。绝大多数考题只有一个答案是正确的，少数考题具有两个以上的答案均可认为正确，但要求挑选出正确性包容度最大的答案。

多项选择题共有 4 个选项，从中选出 2~4 个正确答案。如只选择一个答案，即使正确，也无分。2 个以上的正确答案，按正确答案比例计分。

四、物流员、助理物流师职业技能鉴定比重

物流员、助理物流师职业技能鉴定比重标见表 2—2 和表 2—3。

表 2—2　　　　　　　　　　物流员鉴定比重表

鉴定范围	理论知识（%）	操作技能（%）
基础知识	20	—
物流英语	10	—
物品采购	8	10
仓储管理	12	20
配送管理	10	15
运输管理	12	15
生产物流管理	10	15
国际货运管理	10	15
物流信息采集与处理	8	10
总计	100	100

表 2—3　　　　　　　　　　助理物流师鉴定比重表

鉴定范围	理论知识（%）	操作技能（%）
基础知识	10	—
物流英语	10	—
采购管理	10	10
仓储管理	15	15
配送管理	10	15
运输管理	10	15
生产物流管理	10	15
国际货运管理	15	15
物流信息管理	10	15
总计	100	100

五、物流员、助理物流师职业技能鉴定复习方法

职业技能鉴定考核与一般的学科课程考核有所不同,主要表现在:职业技能鉴定既重视职业相关理论知识的考核,更重视操作技能的考核。有些考生沿袭过去考试的做法,只注重物流学的基本知识体系的把握,只看书本知识,很少进行实务操作练习,而且往往是临考前一段时间"突击"复习。实践证明,这类考生一般都难取得成功。因为,物流涉及多行业和部门,应靠日常的学习与实践提高职业技能。

物流职业技能鉴定考核的上述特点,要求备考者重点学好物流知识,不仅要学好《教程》,而且要认真研究《国家职业标准》的要求和考核内容,认真研究《国家职业技能鉴定指南》(以下简称《指南》)是怎样将"教程"的内容重点化和具体化的,提供了哪些检验标准、试题和答案。

在安排复习计划时应注意以下事项:

(1)考生应把主要精力放在对《教程》及《指南》内容的理解和掌握上,正确理解物流师职业技能鉴定的特点与核心内容。

(2)考生应认真阅读《教程》及《指南》,重点掌握每一章的考核内容和辅导练习,对于技能试题,应能结合各地的物流见习基地提供的场地设施进行实训,切实掌握《国家职业标准》中规定的各项技能。

(3)考生应把物流学知识运用到指导整个物流师职业技能鉴定考核复习当中,要统筹规划、重点突破。在复习时还应学会推测出题者的思路。答题是有规律可循的,看你是不是能对知识熟练地运用,是不是有答题技巧。在复习时,考生可以模拟试卷为标准测试自己,检查自己的弱项和强项,以便有重点地、循序渐进地进行复习。

六、物流员、助理物流师职业技能鉴定应试准备

1. 单项选择题特点分析与对策

单项选择题要求考生从 4 个备选答案中选择 1 个正确的或最符合题意的答案,是知识和能力的考查,耗时最多,是影响成绩的主要部分。单项选择题一般考核考生知识点的掌握情况,也有物流理论和实践的分析。单项选择题的评分原则是:严格按标准答案给分,由机器阅卷。因此,考生只能选定唯一的答案,即便是在答案不明确或有些模棱两可的场合,也只能选定 1 个答案。

在单项选择题中,有很大一部分是考查考生对基本知识的综合分析和灵活运用,能够较全面地了解考生发现问题、分析问题和解决问题的能力。这类问题形式灵活,考生不可能直接在书本上找到直接答案,而必须由考生作出独立的分析和判断。

例题： 采购合同的终止，是指由于某种法律事实的出现而使得采购合同当事人之间已经存在的（　　）关系不复存在。

A. 买卖　　　　　　　　　　B. 权利、义务

C. 合同　　　　　　　　　　D. 合作

分析： 这是一个考生较难准确作答的考题，区分买卖关系与权利义务关系是一个难点。粗略看，除了选项D明显错误外，A，B，C似乎都可以作为答案。只有在搞清楚了买卖关系与权利义务关系的区别，认识到采购合同双方除了买卖关系外，还附有运输、保险、包装以及售后服务等相关条款，这些和买卖关系结合在一起构成了双方的权利义务关系。因此，本题答案为：B。

2. 多项选择题特点分析与对策

单项选择题的基本解题技巧完全可以用到多项选择题上来。不过，多项选择题作为一种更复杂的选择题形式，其测试方式更为灵活，要求考生有较广的知识面，能将各种知识融会贯通，灵活运用，具有一定程度的洞察力、判断力以及系统思维能力。因而，多项选择题常常使考生感到难以把握。

多项选择题有以下特点：一是把相关度较弱的物流知识集合在一道考题中，要求考生在解答中同时调动各部分物流知识；二是多项选择题主要为需要记忆的内容。

例题： 下列关于质量及采购质量的叙述中，正确的是（　　）。

A. 质量是反映实体满足需要的能力的特征总和

B. 质量是通过技术因素和经济因素来决定的

C. 在采购活动中，最好的质量导致最有竞争力的产品

D. 采购质量的好坏从源头上影响企业最终产品和服务的质量

分析： 这道题主要考查考生对质量及采购质量含义的理解。质量是一个广义的概念，因其对象不同而有所不同。一般来说，质量是反映实体满足明确或暗含的需要的能力的特征总和（选项A），它由技术因素和经济因素来决定（选项B）。企业必须重视采购环节的质量管理，因为它在很大程度上决定了最终产品和服务的质量（选项D）。在具体的活动中，我们所追求的是最适度的质量而不一定是最好的质量，以免产生不必要的开支，所以答案应为：ABD。

七、物流员、助理物流师职业技能鉴定答题技巧

物流员、助理物流师鉴定考核主要考核选择题。考生在做选择题时，可以采用直接挑选法，也可以采用排除法。考生在通读了题干和选择项后，如果能一眼就认定正确的答案，那么用直接挑选法会更节省时间。而在正确的答案不易确认或没有绝对把握，或者一时难以分

清的情况下，可以采用排除法，先剔除最不可能的选择项，再比较余下的选择项，从中选出最合适的答案。相对来说，排除法较为耗时，比较适用于答案不那么清晰的考题，考生很容易在选择题拉开差距。选择题内容和形式丰富，既涉及基本的概念和理论，又有不少综合分析和实际运用的题目，是综合测试考生的发现问题、分析问题和解决问题能力的一种题型。并且，命题人在设计选择项时又可根据其意图而灵活方便地设置干扰项，能够很好地体现考试的主要目的，因此，考生对这部分要十分重视，在平时要有针对性地加强训练。

每一道选择题均分为题干和选项两个部分。题干提出问题，要求考生在不同的选项中选择正确的答案或做出正确的判断。在选择题中，有很大一部分是考查考生对基本知识的综合分析和灵活运用的，最能够较为全面地了解考生发现问题、分析问题和解决问题的能力。解答这类问题的基础和前提是基本知识，灵活运用是关键。

1. 选择题类型

（1）对基本概念、基本原理、基本知识的测试。

（2）与数字和计算有关的测试。

（3）对一般常识和经验进行分析判断。

2. 选择题解题步骤

（1）审题：分清哪一类型，考什么，是正面提问还是反面提问。

（2）选答：针对答案一目了然题型。

（3）排错：面对明显错误的选择。

（4）择优：在不确定中寻找最优。

3. 取舍答案的一般原则

本质解决优于表面解决；辩证对待优于极端对待；针对问题优于泛泛问题；实践性强的问题优于书本叙述。

4. 选择题解题技巧

（1）直接命中，能一眼就认定是正确的答案。

（2）选择答案的相关性，多个选项都可以考虑，但是最可能的选项往往是与题干关系最紧密的选项。

（3）选对剩错，有些选择题常常设置了多个模棱两可的选项。

（4）单极、绝对的选项一般不是正确答案。

（5）避免陷阱，望文生义、猜题是一部分考生的陋习，有些选项运用了一些模棱两可的字眼，用以考查考生对知识点的理解和掌握。

第三部分　重点复习提示及辅导练习

物　流　员

第1章　物品采购

重点复习提示

一、执行采购计划

1. 采购计划概念

采购计划的定义、分类与主要内容。

2. 采购供需调查

需求确定是采购的初始环节，物料需求部门在向采购部门提出申请，发出请购单前应做好采购供应调查，包括市场采购资源分析、物资、价格调查等，主要运用市场调查方法与市场预测方法。

3. 采购信息传递与处理

采购信息在采购部门、企业内部其他部门、企业外部之间的有序可靠地流动和运用是保证采购顺利进行的基础。

4. 采购询价、议价与底价确定

适宜的采购价格制定涉及底价制作、询价、报价和议价等内容。制作底价要考虑：商品的定价方法、折扣和物料价格的计算方法。询价经过以下几个步骤：第一，编制询价文件；第二，确定被询价对象；第三，发布询价通告。对报价单的处理一般经过以下几个步骤：第一，审查报价单；第二，分析评价报价单；第三，确定成交供应商。进行议价，首先要明确议价的目标，其次，在议价过程中要掌握各项技巧。

5. 采购作业内部与外部单证

包括采购作业所涉及的采购计划表、询价表、报价单、厂商资料单、物料采购计划表、货品申购单、比议价记录单、交期控制表、订购单。

二、联系供应商

1. 供应商选择

包括：成立供应商评选小组，决定全部的供应商名单，决定评审的项目，确定评审项目权重，逐项评估每个供应商的履行能力，综合评分并确定供应商。

2. 采购方式

分为议价采购、招标采购和比价采购。

（1）议价采购主要适用于需求量大、质量稳定、定期供应的大宗物资的采购。

（2）招标采购主要适用于需求量大且标准化的产品，或者高技术产品，如计算机、通信产品等。

（3）比价采购的具体形式：

1）比价定量采购方式。

2）混合式比质比价采购方式。

3）扩点比质比价采购方式。

3. 确定采购价格和条件

了解商品的到厂价、出厂价、现金价、期票价、净价、毛价、现货价、合约价、牌价、实价等价格方式；进行底价制作，了解成本加成法、市价法和投资报酬率法等商品定价方法，了解各类折扣与价格的关系，并能计算物料价格；进行询价，能编制询价文件、确定被询价对象、发布询价通告；正确进行报价，能审查报价单、分析评价报价单、确定成交供应商；开展议价。

4. 采购订单安排

订单属于具有法律效力的书面文件，对买卖双方的要求、权利及义务必须予以说明，应特别侧重交易条件、交货日期、运输方式、单价、付款方式等。

5. 验收货物与结算

验货入库人员对收到的货物进行验收后，填写"收货单"或对验收不合格的商品办理退货、退款、补送等手续。在收到供应商的货物并已验收入库后，以"入库单"作为货物结算的依据。采购部门依据验收入库单，便可通知财务部门按照合同规定向供应商支付货款。

辅导练习题

一、理论知识练习题

（一）单项选择题（下列每题有 4 个选项，其中只有 1 个是正确的，请将其代号填在括号中）

1. 当货物送达验收时，如出现不合格货物，应该采取的正确行动是（　　）。
   A. 立即向供应商退货并要求赔偿
   B. 要求供应商换货
   C. 通知供应商，提醒他们注意，这次尽量勉强使用
   D. 视不合格程度以及产品需求的紧急程度采用不同的处理方法

2. 付款时应审核的内容不包括（　　）。
   A. 单据的匹配性　　　　　　B. 单据的规范性
   C. 单据的有效性　　　　　　D. 单据的真实性

3. 下列选项中属于采购部门本身质量管理的是（　　）。
   A. 供应商评估、认证和监督　　B. 物料采购的组织、协调和控制工作
   C. 采购质量管理体系的建立和运转　　D. 产品检验

4. （　　）不属于采购制度的类型。
   A. 集中制　　　　　　　　　B. 分散制
   C. 订购制　　　　　　　　　D. 混合制

5. 编制采购认证计划时，开始认证时间的计算公式为（　　）。
   A. 需求认证结束时间－缓冲时间＋认证周期
   B. 需求认证结束时间－缓冲时间－认证周期
   C. 需求认证结束时间＋缓冲时间－认证周期
   D. 需求认证结束时间＋缓冲时间＋认证周期

6. 下列选项中关于采购底价描述正确的是（　　）。
   A. 采购底价是采购方准备支付的最高价格
   B. 采购底价是采购方准备支付的最低价格
   C. 采购底价是采购方准备支付的折中价格
   D. 采购底价的制作与物料品种无关

7. 一般意义上讲，关于采购定义的理解正确的选项是（　　）。
   A. 物品可随时从市场上购买到

B. 供应商越多越能满足企业需求

C. 采购是在一定时间、地点条件下与多个备选供应商进行交易

D. 采购是与指定供应商进行交易

8. 询价阶段发生在（   ）阶段。

　　A. 准备　　　　　　　　　　B. 正式谈判

　　C. 检查确认　　　　　　　　D. 外部论证

9. （   ）不属于采购原则。

　　A. 适地　　　　　　　　　　B. 适量

　　C. 适用　　　　　　　　　　D. 适质

10. 通过公开程序，邀请具有特定资格的供应商参与的招标采购称为（   ）。

　　A. 公开招标采购　　　　　　B. 选择性招标采购

　　C. 限制性招标采购　　　　　D. 集中招标采购

（二）多项选择题（下列每题中的多个选项中，至少有 2 个是正确的，请将其代号填在括号中）

1. 议价采购主要适用于（   ）。

　　A. 需求量小　　　　　　　　B. 需求量大

　　C. 质量稳定　　　　　　　　D. 定期供应

2. 商品采购价格包括（   ）。

　　A. 毛价　　　　　　　　　　B. 期票价

　　C. 优惠价　　　　　　　　　D. 实价

3. 采购调查的主要项目是（   ）。

　　A. 采购系统　　　　　　　　B. 供应商

　　C. 所购商品　　　　　　　　D. 配送系统

4. 准时制采购中选择供应商的原则有（   ）。

　　A. 供应商的数量较多　　　　B. 保持竞争力

　　C. 供应商与公司邻近　　　　D. 供应商资金实力

5. 采购工作中，采购员的工作职责包括（   ）。

　　A. 订购单的下达　　　　　　B. 材料市场行情的调查

　　C. 物料交货期的控制　　　　D. 与供应商进行沟通

6. 采购作业流程包括（   ）。

　　A. 结算　　　　　　　　　　B. 需求描述

　　C. 确定适宜的价格　　　　　D. 订货跟踪

7. 资源市场调查包括（　　）。

　　A. 基本情况　　　　　　　　　B. 基本性质

　　C. 品种质量　　　　　　　　　D. 品种数量

二、操作技能练习题

（一）单项选择题（下列每题有 4 个选项，其中只有 1 个是正确的，请将其代号填在括号中）

1. 采购流程包括：①确认供应商的支付发票；②选择供应商；③签发采购订单；④采购申请；⑤价格谈判；⑥跟踪订单；⑦接受货物。其顺序为（　　）。

　　A. ③⑥④②⑤⑦①　　　　　　B. ⑤③⑥④②⑦①

　　C. ⑦①④②⑤③⑥　　　　　　D. ④②⑤③⑥⑦①

2. （　　）属于企业内部采购部门与其他部门之间的信息流。

　　A. 质量检验　　　　　　　　　B. 供应商信誉

　　C. 销售业绩　　　　　　　　　D. 市场情况

3. （　　）是确定报价的价格。

　　A. 不可以修改的供应商最初投标价

　　B. 采购价格的确定方法

　　C. 经过修改的供应商投标价

　　D. 采购商的报价

4. 下列选项中不适合采用竞争性报价确定采购价格的是（　　）。

　　A. 有足够多的合格供应商

　　B. 供应商清楚采购细节和要求，有能力准确估计生产所需成本

　　C. 买方要求供应商早期参与

　　D. 买方没有优先供应商

5. 在采购单证作业过程中，下列选项中最后执行的是（　　）。

　　A. 采购计划表　　　　　　　　B. 询价表

　　C. 采购订单　　　　　　　　　D. 货品申购单

6. 选择供应商的普遍方式是（　　）。

　　A. 在商业伙伴中寻找　　　　　B. 以最低价格的供应来源为基准

　　C. 确认主导供应商　　　　　　D. 供应网络搜寻与实际考察

7. 下列选项中关于质量及采购质量的叙述错误的是（　　）。

　　A. 质量是反映实体（产品或服务）满足明确或暗含需要的能力的特征总和

　　B. 质量是通过均衡适用性、技术性、安全性及可靠性等技术因素和包括价格和可用

性等在内的经济因素来决定的

C. 在企业的采购活动中，要不遗余力地寻求最好的质量，只有这样才能生产出最有竞争力的产品

D. 企业必须重视采购质量的管理，因为采购质量的好坏从源头上影响企业最终产品和服务的质量

8. （　　）与期货价相同。

　　A. 合约价　　　　　　　　　B. 期票价
　　C. 即期价　　　　　　　　　D. 远期价

9. 采购前置期是指（　　）。

　　A. 订单执行时间　　　　　　B. 从发出订单至到货验收的整个时间间隔
　　C. 完成送货时间　　　　　　D. 不同物品采购的标准时间间隔

10. 采购作业的流程是（　　）。

　　A. 确认需求→需求描述→选择供应来源→确定采购价格→订单安排与执行
　　B. 确定采购合同→订单执行结算
　　C. 发出订单→到货检验→结算
　　D. 供应商调查→订单安排与执行→到货检验→结算

11. 一般订货处理过程包括：①按订单供应；②订单传递；③订单准备；④订单处理追踪；⑤订单登录。其顺序为（　　）。

　　A. ③②⑤①④　　　　　　　B. ③④⑤①②
　　C. ⑤①③②④　　　　　　　D. ⑤③②①④

（二）多项选择题（下列每题中的多个选项中，至少有2个是正确的，请将其代号填在括号中）

1. 采购订单内容侧重于（　　）。

　　A. 运输方式　　　　　　　　B. 需求方式
　　C. 交易条件　　　　　　　　D. 定期供应

2. 招标采购操作中应该注意（　　）。

　　A. 严格遵守采购程序　　　　B. 严格遵守采购承诺
　　C. 做好文档整理和保管工作　D. 防止供应商抢标

3. 采购需求描述包括（　　）。

　　A. 售后服务　　　　　　　　B. 运输方式
　　C. 检验方式　　　　　　　　D. 材料供应状况

4. 比价采购中，采购比对的要素主要包括（　　）。

A. 物资的质量和价格　　　　　　B. 采购的中间费用
C. 售后服务　　　　　　　　　　D. 货款的承付方式

5. 采购定价应考虑的因素有（　　）。

A. 市场定位　　　　　　　　　　B. 定价目标
C. 竞争因素　　　　　　　　　　D. 货币价值

6. "5R"原则用以指导采购活动，（　　）属于"5R"原则的内容。

A. 适价　　　　　　　　　　　　B. 适人
C. 适量　　　　　　　　　　　　D. 适地

辅导练习题参考答案

一、理论知识练习题

(一) 单项选择题

1. D　　2. C　　3. B　　4. C　　5. B　　6. A　　7. C　　8. B　　9. C　　10. B

(二) 多项选择题

1. BCD　　　2. ABD　　　3. ABC　　　4. BCD　　　5. ABCD

6. ABCD　　　7. AB

二、操作技能练习题

(一) 单项选择题

1. D　　2. A　　3. A　　4. C　　5. C　　6. D　　7. C　　8. D　　9. B　　10. A

11. A

(二) 多项选择题

1. AC　　　2. ACD　　　3. ABC　　　4. ABCD　　　5. AB

6. ACD

第 2 章 仓储管理

重点复习提示

一、入库作业

1. 商品接运

根据运输方式和提货方式不同，商品有以下几种接运方式：(1) 车站、码头提货；(2) 专用线接车；(3) 仓库自行提货；(4) 库内接货。

2. 商品入库方式和手续

商品入库方式大致上有：(1) 车站、码头提货；(2) 专用线接车；(3) 仓库自行接货；(4) 库内接货；(5) 过户；(6) 转库；(7) 零担到货等。

商品到达仓库之后，仓库人员首先应进行验单，如果发现错送，应当拒收退回或清点后另行存放，并且要及时记录待以后处理。如果核对无误，可进行卸载。为做好商品接运工作，有关人员还需要熟悉交通运输部门的要求和制度。

商品入库手续：(1) 登账；(2) 立卡；(3) 建立商品档案；(4) 签单。

3. 商品数量与质量检验

掌握计件、检斤、检尺求积等数量检验方法。掌握外观检验、尺寸检验、机械物理性能检验和化学成分检验的相关知识。

4. 商品堆码

根据仓库储存规划确定货位后，应根据商品包装形状、重量[①]和性能特点，结合地面负荷、储存时间，将商品分别堆码成各种垛形。商品堆垛基本形式有：(1) 重叠式堆垛；(2) 纵横交错式堆垛；(3) 仰伏相间式堆垛；(4) 压缝式堆垛；(5) 宝塔式堆垛；(6) 通风式堆垛；(7) 栽柱式堆垛；(8) 衬垫式堆垛；(9) "五五化" 堆垛；(10) 架式堆垛。

---

① 本书以重量这一习惯用语指代质量（物理量），以便与质量（产品或工作的优劣程度）概念区分开。

二、装卸搬运作业

1. 仓储装卸搬运作业方法

搬运装卸作业方法主要有：单件装卸，集装作业（托盘装卸、集装箱装卸、货捆装卸、集装网/集装袋装卸、挂车装卸、滑板装卸、无托盘集装装卸、集装罐装卸等），散装作业（气力输送装卸、重力装卸、机械装卸）。

2. 仓储装卸搬运设备

仓储装卸搬运作业常用设备有：起重机、堆垛机、跨车、牵引车、传送带及各类非动力装卸搬运设备。

3. 托盘的运用

掌握平板托盘、箱形托盘、柱形托盘的特征及适用范围。

4. 货架的运用

掌握各类货架的特征及适用范围。

三、储存作业

1. 储存原则

储存作业的一般原则包括：面向通道原则、分层堆放原则、先进先出原则、周转频率对应原则、同一性原则、相似性原则、重量对应原则、形状对应原则、明确表示原则。

2. 商品编码与货位编码

（1）商品编码。商品编码的数字法、字母法、实际意义编码法和暗示编码法等方法。

（2）货位编号。货品编号的地址法、区段法和品类群法等方法。

3. 仓容定额

仓库面积利用率定额、单位面积储存量定额和仓容定额的核定方法。

4. 商品养护技术

掌握预防商品损耗的方法：

（1）商品霉变、腐烂的防治。

（2）商品老化与防治。

（3）商品虫蛀与防治。

（4）金属商品锈蚀的防治。

5. 仓库保卫工作

做好仓储安全技术工作、危险品保管与作业安全和电器安全管理工作。

四、盘点作业

1. 商品盘点方法

包括动态盘点法、重点盘点法、全面盘点法、循环盘点法和定期盘点法。

2. 盘点结果处理

首先分析商品盘点差异原因，然后根据不同原因制定相应解决办法。

3. 商品检查内容

商品要定期进行数量、质量、保管条件、计量工具、安全等全面的检查工作。

4. 检查的方法

分为以下三种：(1) 日常性检查；(2) 定期检查；(3) 临时性检查。

5. 检查中发现问题的处理

(1) 商品有变质发生时，应按维护保养要求处理，查明原因，提出改进措施。

(2) 对超过保管期，或按质量要求不能继续存放的商品，应及时处理。

(3) 对商品包装已经出现破损的，应查明原因，及时处理。货主代存商品应协商处理。

(4) 商品数量有出入的，应弄清情况、查明原因、分清责任。

五、出库作业

1. 商品出库的依据

商品出库必须依据仓库管理员或货主开出的"商品调拨通知单"进行。

2. 商品出库的要求

(1) 商品出库要求做到"三不、三核、五检查"。

(2) 做好出库工作必须遵循"先进先出"的原则。

(3) 商品出库要及时、准确，出库工作尽量一次完成，防止差错。

(4) 仓库必须建立严格的商品出库手续和发运程序，把好商品出库关，要坚决杜绝仅凭信誉或无正式手续的发货（不允许打白条发货）。

3. 商品出库作业的程序

包括核单备料、复核、包装、点交、登账、清理等出库程序。

4. 商品出库中发生问题的处理

商品出库问题主要有：

(1) 商品品种混串。

(2) 商品型号规格开错。

(3) 商品内在质量问题。

(4) 易碎商品发货后，客户要求调换。

(5) 保管员发现账实不符。

应掌握处理上述问题的方法。

六、单证制作

1. 入库单证种类与流转

入库商品必须具备下列凭证：

(1) 入库通知单和订货合同副本。

(2) 供货单位提供的材质证明书、装箱单、磅码单、发货明细表等。

(3) 商品承运单位提供的运单。

货物验收工作由理货员、计量员、复核员、业务受理员分工负责，相关人员应加强入库单证流转管理。

2. 出库单证种类与流转

出库单证主要是指提货单。掌握提货方式下、送货方式下以及其他几种出库方式（取样、移库、过户等）下的出库单证流转做法。

3. 出库单证账务处理

掌握提货方式下、送货方式下以及其他几种出库方式（取样、移库、过户等）下出库单证账务处理方法。

辅导练习题

一、理论知识练习题

(一) 单项选择题（下列每题有4个选项，其中只有1个是正确的，请将其代号填在括号中）

1. ( ) 是影响储存商品质量变化的主要因素。

   A. 商品自身的结构、成分和性质

   B. 仓库保管人员的业务素质、作业技巧

   C. 保管场地的环境条件

   D. 仓库湿度的控制

2. 按可追溯性要求，货物状态卡不设置（ ）状态标志。

   A. 待处理　　　　　　　　B. 不合格

   C. 待检　　　　　　　　　D. 已处理

3. （　　）不属于堆垛的基本要求。
   A. 整齐   B. 美观
   C. 合理   D. 方便

4. 装卸搬运标准化原则不包括（　　）。
   A. 包装尺寸标准化   B. 包装重量标准化
   C. 作业方法标准化   D. 设备标准化

5. 商品到达仓库后，仓库人员首先应检验（　　）。
   A. 提单   B. 运输单
   C. 货单   D. 入库单

6. 选择搬运设备时一般不考虑（　　）。
   A. 备件及维修因素   B. 搬运活性和灵活性
   C. 物料的运动方式   D. 可操作性和使用性

7. （　　）不属于分类储存原则。
   A. 性能一致   B. 使用方法一致
   C. 养护方法一致   D. 作业手段一致

8. 货物保管作业中，（　　）按货物的种类和性质分类。
   A. 同类货物   B. 发运地区相近货物
   C. 理化性质相同货物   D. 关联性较强货物

9. （　　）不属于货物堆放方式。
   A. 散堆方式   B. 成组堆码方式
   C. 集装箱堆码方式   D. 垛堆方式

10. 除了（　　），以下各项都属于质量检验。
    A. 外观检验   B. 检尺求积
    C. 机械物理性能检验   D. 化学成分检验

11. 商品的（　　）是商品入库业务流程的第一道作业环节，也是商品仓储直接与外部发生的经济联系。
    A. 采购   B. 储位安排
    C. 接运   D. 拣选

12. 仓储作业流程包括：①出库；②验收；③接运；④内部交接；⑤保管保养。按顺序为（　　）。
    A. ①③⑤②④   B. ③④②⑤①
    C. ⑤④②③①   D. ①④②③⑤

13. 堆垛商品不要求（　　）。
    A. 包装完好　　　　　　　　　　B. 已清除外表沾污和尘土
    C. 数量质量查清　　　　　　　　D. 所有权关系明确

14. （　　）不属于搬运合理化原则。
    A. 现场布置原则　　　　　　　　B. 最小操作原则
    C. 流程原则　　　　　　　　　　D. 谨慎原则

15. （　　）不属于装卸搬运作业方式。
    A. 单件作业　　　　　　　　　　B. 网络作业
    C. 集装作业　　　　　　　　　　D. 散装作业

16. （　　）不属于储存原则。
    A. 周期频率对应原则　　　　　　B. 形状对应原则
    C. 大小对应原则　　　　　　　　D. 重量对应原则

17. 储存商品的作业方法不包括（　　）。
    A. 保管作业组织结构　　　　　　B. 检验方法
    C. 商品保管技术　　　　　　　　D. 装卸操作技术

18. 货位 5—3—2—11 编号是指（　　）。
    A. 5 号库 3 号货架 2 层 11 号货位　　B. 5 号货位 3 号货架 2 层 11 号库
    C. 5 号货架 3 号库 2 层 11 号货位　　D. 5 层 3 号货架 2 号库 11 号货位

19. （　　）不属于商品编码方法。
    A. 数字法　　　　　　　　　　　B. 实际意义编码法
    C. 外形尺寸法　　　　　　　　　D. 暗示编码法

20. 某库房的货架编号为 11，货位编号为 5，库房编号为 2，货格编号为 3，其四位数字表示为（　　）。
    A. 11—2—3—5　　　　　　　　B. 2—5—3—11
    C. 2—11—5—3　　　　　　　　D. 2—11—3—5

21. 单位面积储存量定额是指在单位（　　）内储存商品的数量。
    A. 使用面积　　　　　　　　　　B. 有效面积
    C. 建筑面积　　　　　　　　　　D. 占地面积

22. 仓容定额是指在一定条件下，单位面积允许存放商品的（　　）。
    A. 最低数量　　　　　　　　　　B. 平均数量
    C. 最高数量　　　　　　　　　　D. 合理数量

23. （　　）不是影响仓容定额的因素。

A. 仓库地坪载重量 B. 商品本身性质特点
C. 商品价值量 D. 机械化程度

24. （ ）不是仓库温湿度控制的主要方法。
A. 密封 B. 吸潮
C. 真空 D. 通风

25. （ ）不属于商品养护措施。
A. 安排储存场所 B. 严格验收
C. 加强仓库温湿度控制 D. 便利保管收发商品

26. （ ）不属于商品养护的基本措施。
A. 掌握商品性能 B. 严格入库验收
C. 合理确定存放区域 D. 坚持在库检查

（二）多项选择题（下列每题中的多个选项中，至少有2个是正确的，请将其代号填在括号中）

1. 仓库人员在收货前应预备好（ ）。
A. 收货回单图章 B. 供应商的送货预报
C. 物流条码或粉笔 D. 原始发票

2. （ ）属于货物分区分类方法。
A. 按不同货主分区分类 B. 按商品价值分区
C. 按商品流向分区分类 D. 按商品危险性分区分类

3. （ ）是影响仓容定额的因素。
A. 平均每日需用量 B. 备用天数
C. 提前期 D. 保险储备量

4. （ ）是堆垛的基本要求。
A. 定量 B. 整齐
C. 密封 D. 节约

5. （ ）属于商品养护措施。
A. 安排储存场所 B. 严格验收
C. 加强仓库温湿度控制 D. 便利保管收发商品

6. 货物入库前要按照货物到达的时间、地点、数量等，预先做好到货接运、（ ）等人力的组织安排。
A. 装卸搬运 B. 检验
C. 盘点 D. 堆码

7. 货物接运前需要做的准备工作包括：组织人力、准备物力、熟悉入库货物、（　　）、验收准备。

　　A. 掌握仓库使用情况　　　　　　B. 拣货策略

　　C. 制订仓储计划　　　　　　　　D. 安排货位

8. 做好接运工作应熟悉交通运输部门的要求和制度，包括（　　）。

　　A. 运输部门在运输中应负的责任　　B. 普通记录和商务记录的范围

　　C. 收货人的责任　　　　　　　　D. 索赔的手续和必要的证件

9. 收货验收的内容主要有（　　）。

　　A. 质量验收　　　　　　　　　　B. 数量验收

　　C. 包装验收　　　　　　　　　　D. 物品条形码验收

10. 选择搬运设备应考虑（　　）因素。

　　A. 设备的技术性能　　　　　　　B. 工作环境的配合和适应性

　　C. 物料的运动方式　　　　　　　D. 物料的特征

11. 拟定装卸搬运作业主要考虑（　　）。

　　A. 责任划分的明确性　　　　　　B. 货物搬运效率

　　C. 搬运过程的流畅性　　　　　　D. 移动装运的规模经济性

12. 确定商品在仓库中具体存放位置时应注意（　　）原则。

　　A. 性质相同或保管条件相近的商品集中存放

　　B. 根据商品数量确定货位数量

　　C. 依据商品周转情况和作业要求合理选择货位

　　D. 留有一定机动货位

13. 库存商品盘点作业的作用表现为（　　）。

　　A. 确定现有量　　　　　　　　　B. 确认企业损益

　　C. 确定需求量　　　　　　　　　D. 核实管理成效

14. 常用的现货盘点方法有（　　）。

　　A. 期初盘点法　　　　　　　　　B. 期末盘点法

　　C. 反复盘点法　　　　　　　　　D. 循环盘点法

二、操作技能练习题

(一) 单项选择题（下列每题有 4 个选项，其中只有 1 个是正确的，请将其代号填在括号中）

1. 中层货架高度在（　　）。

　　A. 5 m 以下　　　　　　　　　　B. 5～15 m

C. 15～25 m   D. 25 m 以上

2. （　　）是以悬吊方式装卸搬运货物的设备。
   A. 起重机   B. 牵引车
   C. 跨车   D. 堆垛机

3. （　　）是专门用来堆码或提升货物的机械。
   A. 电动拖板车   B. 牵引车
   C. 传送带   D. 堆垛机

4. （　　）是适合于运送作业地点固定的大量小型货物的机械。
   A. 起重机   B. 牵引车
   C. 传送带   D. 跨车

5. （　　）是无上层装置的托盘。
   A. 平板托盘   B. 箱形托盘
   C. 柱形托盘   D. 复合托盘

6. （　　）设置不是影响仓库面积有效率的因素。
   A. 走道   B. 支道
   C. 备料区域   D. 行政区

7. 库存管理是在（　　）之间的均衡选择。
   A. 最小储存与最低专用   B. 最大储备与最小成本
   C. 正常供应与最低成本   D. 超额供应能力与正常成本

8. 下列选项中不属于流通加工作业的有（　　）。
   A. 送货上门   B. 礼品包装
   C. 热缩包装   D. 贴标签作业

9. 付款时应审核的内容不包括（　　）。
   A. 单据的匹配性   B. 单据的规范性
   C. 单据的有效性   D. 单据的真实性

10. （　　）不是选择起重电梯考虑的因素。
    A. 服务对象   B. 运行速度
    C. 起升体积   D. 操作方式

11. （　　）是手动托盘搬运车的特点。
    A. 适合于短距离水平搬运   B. 适合于短距离垂直搬运
    C. 适合于重大物品搬运   D. 适合于重心不稳物品的搬运

12. 将具有防滑性的纸板、纸片或软性塑料片夹在各层容器之间的托盘紧固方法称为

（　　）紧固。

A. 加框架　　　　　　　　　B. 网罩

C. 中间夹摩擦材料　　　　　D. 专用金属卡具

13. 在货叉上放置标准重量的货品，确保货叉纵向稳定时其重心至货叉垂直段前壁间的水平距离值的参数称（　　）。

A. 门架倾角　　　　　　　　B. 最小离地间隙

C. 载荷中心距　　　　　　　D. 最小外侧转弯半径

14. 在仓储管理中根据物品的（　　）来实现物品分区分类储存。

A. 产地　　　　　　　　　　B. 仓库的可用面积

C. 需求　　　　　　　　　　D. 库内面积

15. 仓储作业流程不包括（　　）。

A. 检验作业组织　　　　　　B. 安全作业组织

C. 保管作业组织　　　　　　D. 运输作业组织

16. 商品验收程序为：①确定验收比例；②实物验收；③核对供货单位提供的验收凭证；④核对承运单位提供的运输单证；⑤验收准备。其顺序为（　　）。

A. ④⑤①③②　　　　　　　B. ③④⑤①②

C. ⑤③④①②　　　　　　　D. ④①②⑤③

17. 按可追溯性要求，商品保管卡不设置（　　）状态标志。

A. 入库　　　　　　　　　　B. 库存

C. 待检　　　　　　　　　　D. 出库

18. 装在无棚货车或可移动设备（或工具）上的物品，其活性指数为（　　）。

A. 1　　　　　　　　　　　B. 2

C. 3　　　　　　　　　　　D. 4

19. 商品存放位置的四组数字表示法包括：①格号；②库房编号；③货架层数编号；④货架编号。按顺序为（　　）。

A. ①③②④　　　　　　　　B. ③②④①

C. ②④③①　　　　　　　　D. ①④②③

20. 用四号定位方法表示2号库房，5号料架，7层，3号料位，可以表示为（　　）。

A. E2G3　　　　　　　　　　B. B5C7

C. B5G3　　　　　　　　　　D. B3G5

21. 四号定位方法约定用字母表示（　　）。

A. 料位　　　　　　　　　　B. 料架

  C. 库房   D. 库区

 22. 四号定位方法约定用数字表示（ ）。

  A. 料位   B. 层号

  C. 库房   D. 库区

（二）多项选择题（下列每题中的多个选项中，至少有2个是正确的，请将其代号填在括号中）

1. 商品档案包括（ ）。

  A. 商品出厂资料   B. 商品运输单据

  C. 商品所有权单据   D. 库内外温湿度记录

2. 商品质量检验内容包括（ ）。

  A. 外观检验   B. 尺寸检验

  C. 重量检验   D. 内部构造检验

3. 按结构分类，常见托盘有（ ）。

  A. 平板托盘   B. 复合托盘

  C. 箱形托盘   D. 柱形托盘

4. （ ）是商品编码的原则。

  A. 简单性   B. 完整性

  C. 可计量性   D. 对应性

5. 影响货位选择的因素有（ ）。

  A. 物品的性能   B. 物品的包装

  C. 仓储设备的使用条件   D. 物品的周转率

6. 在安排积层式货架的货位时，底层一般堆放（ ）的货物。

  A. 较轻   B. 较重

  C. 快速流动   D. 周转较慢

7. 提供100%的存取性的托盘货架是（ ）。

  A. 单深式易选托盘货架   B. 倍深式托盘货架

  C. 窄道式托盘货架   D. 移动式托盘货架

8. 仓储管理人员必须了解货物入库前、货物入库期间、保管期间仓库的（ ）的使用情况和变动情况，以便合理安排接运工作。

  A. 库容   B. 设备

  C. 湿度   D. 人员

9. 专线接运中，卸车前检查工作十分重要，检查的主要内容有：（ ）；检查车门、车状有无异处，货封是否脱落、破损或印纹有无异常等；对盖有篷布的敞车，应检查覆盖状况是否严密完好。

  A. 检查货物质量

  B. 检查司机证件

  C. 核对货物的数量

  D. 货物名称、箱件数与货运单是否相符

10. 下列选项中属于采用完整货运记录原因的是（　　）。

  A. 分清责任，促成各项工作顺利进行

  B. 检查工作效率，防止遗漏积压

  C. 有利于清理在途货物

  D. 作为验收工作的基础统计

11. 货物进入仓库储存前，必须经过检查验收，只有验收后的货物才可入库保管。以下属于货物入库验收目的的是（　　）。

  A. 验收是做好货物保管保养的基础

  B. 验收记录是仓库提出退货、换货和索赔的依据

  C. 验收是给货物出库做准备

  D. 验收有利于维护货主的利益

12. 商品数量检验方法包括（　　）。

  A. 点件复衡法　　　　　　　B. 整车复衡法

  C. 经验换算法　　　　　　　D. 理论换算法

13. 拟定装卸搬运作业计划应考虑（　　）。

  A. 搬运效率　　　　　　　　B. 搬运过程流畅性

  C. 搬运设备之间转移货物频繁　D. 移动装运的规模经济性

14. 仓库搬运作业一般选择（　　）的搬运移动。

  A. 同时使用几架货物装卸设备　B. 周转次数较多

  C. 周转次数较少　　　　　　　D. 尽量少的货物装卸设备

15. （　　）是商品编码的常用方法。

  A. 数字法　　　　　　　　　B. 文字法

  C. 字母法　　　　　　　　　D. 暗示编码法

16. （　　）是货位编号的常用方法。

  A. 乱数表法　　　　　　　　B. 地址法

  C. 区段法　　　　　　　　　D. 品类群法

辅导练习题参考答案

一、理论知识练习题

(一) 单项选择题

1. A 2. D 3. B 4. B 5. C 6. B 7. B 8. B 9. C 10. D
11. C 12. B 13. D 14. D 15. B 16. C 17. A 18. A 19. C 20. D
21. B 22. C 23. C 24. C 25. D 26. C

(二) 多项选择题

1. AC 2. ACD 3. CD 4. ABD 5. ABC
6. ABD 7. ACD 8. ABCD 9. ABCD 10. ABCD
11. BCD 12. ABCD 13. ABD 14. BD

二、操作技能练习题

(一) 单项选择题

1. B 2. A 3. D 4. B 5. A 6. D 7. C 8. A 9. C 10. C
11. A 12. C 13. C 14. C 15. B 16. C 17. C 18. C 19. C 20. C
21. C 22. A

(二) 多项选择题

1. ABD 2. AB 3. ACD 4. ABD 5. ABD
6. BC 7. AC 8. ABD 9. CD 10. ABC
11. ABD 12. ABD 13. ABD 14. CDF 15. ACD
16. ACD

第 3 章 配 送 管 理

重点复习提示

一、实施配送作业

1. 配送功能

配送是运输在功能上的延伸,其延伸功能可归纳为:(1)完善运输系统;(2)消除交叉输送。

2. 配送作业过程

配送作业是配送中心运作的核心内容,直接影响着整个物流系统的运行,过程包括进货、装卸搬运、储存、订单处理、分拣、补货、流通加工、配货、送货等。

3. 配送网络结构

配送网络是配送作业的基本条件,不同类型的节点和不同的网络结构决定了配送的模式,从而产生不同的配送效果。主要有:集中型配送网络、分散型配送网络、多层次配送网络三种类型。另外还有工业生产资料配送网络、生活消费品配送网络、包裹快递配送网络等几种典型的配送网络。

4. 送货区域与路线

应将客户所在地的具体位置做较系统的统计,在此基础上划分基本送货区域,再做弹性调整来安排送货顺序。然后根据客户的具体位置、沿途的交通状况等选择配送距离短、配送时间短、配送成本低的线路。

5. 送货车辆积载

将货物按特性进行分类,选择不同的送货方式和运输工具,以提高送货效率,确保货物质量。

二、流通加工

1. 流通加工作用

(1) 完善和强化流通功能。

(2) 形成流通利润的新源泉。

(3) 可提高原材料的利用率。

(4) 有利于合理化运输。

2. 流通加工方式

(1) 生产资料的流通加工方式。

(2) 消费商品的流通加工方式。

(3) 生鲜食品的流通加工方式。

3. 流通加工管理

流通加工管理工作有以下几个方面：(1) 计划管理；(2) 生产管理；(3) 成本管理；(4) 销售管理。

三、单据作业

1. 拣货单据种类与流转

配送中心将原始传票转换成拣货单（或电子信号），使拣货员（或自动拣取设备）进行有效的拣货作业。目前大多数配送中心的拣货作业都是根据订单处理系统（EOS 或 POT）输出的拣货单进行拣货。通常的拣货单据有分户拣货单和品种拣货单两类。

2. 配送单据种类与流转

配送运作人员包括：订单处理员、收货员、仓管员、拣货员、补货员、配货员、包装员及送货员等，应掌握各类人员制作的相关单据及其流转过程。

3. 订单拣货作业单

根据货架编号、货号、品名、数量制作订单拣货作业单。

辅导练习题

一、理论知识练习题

(一) 单项选择题（下列每题有 4 个选项，其中只有 1 个是正确的，请将其代号填在括号中）

1. (　　) 是配送的主体活动。

  A. 运输与保管　　　　　　　B. 送货与分拣

  C. 保管与分拣　　　　　　　D. 包装与运输

2. (　　) 不属于配送功能要素。

  A. 资金结算　　　　　　　　B. 分拣与配送

  C. 送达服务   D. 配送运输

3. （　　）不是生活消费品配送网络的特点。

  A. 配送服务对象是企业   B. 物流量较大

  C. 需有一定的安全库存   D. 配送系统精度要求稍低

4. 配送中心的业务活动是以（　　）发出的订货信息作为驱动源。

  A. 生产订单   B. 客户订单

  C. 采购订单   D. 内部订单

5. 组织合理化配送作业不包括（　　）。

  A. 订货发货合理化   B. 商品检验合理化

  C. 备货作业合理化   D. 送货时间合理化

6. 配送中心的一些必要的岗位设置应由配送中心的（　　）来决定。

  A. 功能要求   B. 部门要求

  C. 分拣流程   D. 作业流程

7. 推行（　　），可发挥各自的优势，以最近的路程、最低的配送成本完成配送。

  A. 专业化配送   B. 加工配送

  C. 共同配送   D. 送取结合

8. 推行（　　），是最终解决客户担心断供之忧，大幅度提高供应保证能力的重要手段。

  A. 即时配送   B. 加工配送

  C. 共同配送   D. 送取结合

9. （　　）是配送活动的核心，也是备货和理货工序的延伸。

  A. 物流   B. 送货

  C. 储运   D. 装卸

10. 配送实际是一个物品集散过程，这一过程不包括（　　）。

  A. 集中   B. 分储

  C. 分类   D. 散发

11. （　　）是有关配送的正确理解。

  A. 配送实质就是送货，和一般送货没有区别

  B. 配送要完全遵循"按用户要求"，只具有这样才能到配送的合理化

  C. 配送是物流中一种特殊的、综合的活动形式，与商流是没有关系的

  D. 配送是配与送的有机结合，为追求整个配送的优势，分拣、配货等项工作是必不可少的

12. 配送作业不能做到（　　）。
    A. 有利于物流活动实现合理化　　B. 有利于合理化配置资源
    C. 有利于降低物流成本　　　　　D. 有利于减少送货活动

13. （　　）不是运输与配送的区别。
    A. 距离长短　　　　　　　　　　B. 单独运输或多处运送
    C. 大批量或小批量运送　　　　　D. 地区间或地区内部移动

14. （　　）不是协同配送的目的。
    A. 提高物流资源的效率　　　　　B. 去除多余的交错运输
    C. 保护环境　　　　　　　　　　D. 减少物流环节。

15. （　　）不属于配货包装类型。
    A. 个装　　　　　　　　　　　　B. 群装
    C. 内装　　　　　　　　　　　　D. 外装

16. （　　）不是分拣作业的特点。
    A. 根据顾客的订货要求作业　　　B. 在配送作业环节中工作量大、工艺复杂
    C. 人员组织复杂、人数多　　　　D. 作业时间短，准确性高

17. （　　）是拣货过程中的完成方式。
    A. 人—物方式　　　　　　　　　B. 人—机方式
    C. 机—物方式　　　　　　　　　D. 机—机方式

18. （　　）不是拣货单位的种类。
    A. 单件　　　　　　　　　　　　B. 货架
    C. 箱　　　　　　　　　　　　　D. 托盘

19. （　　）不属于拣货作业程序。
    A. 分程传递法　　　　　　　　　B. 区间拣取法
    C. 分类拣取法　　　　　　　　　D. 分人拣取法

20. （　　）不属于拣货补货方式。
    A. 托盘补货方式　　　　　　　　B. 货架上层—货架下层的补货方式
    C. 播种式补货方式　　　　　　　D. 整箱补货方式

21. （　　）不属于分货方式。
    A. 人工分货　　　　　　　　　　B. 自动分货
    C. 托盘分货　　　　　　　　　　D. 旋转货架分货

(二) 多项选择题（下列每题中的多个选项中，至少有 2 个是正确的，请将其代号填在括号中）

1. 下列选项中属于专业配送的主要有（ ）。
   A. 中小件杂货配送 B. 金属材料配送
   C. 燃料煤配送   D. 协同配送

2. 配送系统节点活动的场所包括（ ）。
   A. 物品的供方   B. 运输车队
   C. 仓储部门   D. 物品的需方

3. 配货检查方法常用的有（ ）。
   A. 商品条码检查法 B. 声音输入检查法
   C. 重量计算检查法 D. 价格检查法

4. 流通加工作用主要表现在（ ）。
   A. 完善和强化了流通功能 B. 形成流通利润的新源泉
   C. 可提高原材料的利用率 D. 有利于合理化运输

5. 配送服务主要是围绕（ ）展开的。
   A. 拥有客户所期望的商品 B. 满足客户对服务品牌的追求
   C. 符合客户所期望的质量 D. 在客户希望的时间内配送商品

6. 配送中心及时化作业包括（ ）。
   A. 生产供应及时化 B. 库存储备及时化
   C. 货物送达及时化 D. 信息传递及时化

7. 下列选项中关于配送的功能，理解正确的是（ ）。
   A. 有益于物流运动实现合理化
   B. 有利于合理利用资源
   C. 只要做好配与送，不需开发什么新技术
   D. 可以降低物流成本，促进生产快速发展

8. 对配送货物进行重新包装、打捆是为了（ ）。
   A. 实现成组化搬运 B. 降低货损
   C. 减少货票数量   D. 实现配送标准化作业

9. （ ）属于销售型配送中心。
   A. 厂商型配送中心 B. 销售型配送中心
   C. 公共型配送中心 D. 专业型配送中心

10. 配送前的流通加工包括（ ）。

A. 配料 B. 初步加工
C. 贴标签 D. 拣选

二、操作技能练习题

(一) 单项选择题（下列每题有 4 个选项，其中只有 1 个是正确的，请将其代号填在括号中）

1. （　　）不属于常用的补货方式。
   A. 整车补货 B. 整箱补货
   C. 托盘补货 D. 货架上层—货架下层补货方式

2. 拣货的最小单位是（　　）。
   A. 货箱 B. 订单
   C. 包装的单件商品 D. 托盘

3. 为使拣货员有效进行作业，必须首先将（　　）。
   A. 物品分类 B. 原始传票转换成拣货单
   C. 客户分类 D. 送货单输入成拣货单

4. 分拣作业的时间消耗过程依次为（　　）。
   ①订单输入阶段；②货物分类集中阶段；③人员行走和搬运货物阶段；④确认货物储位拣取货物阶段。
   A. ①②③④ B. ①④②③
   C. ①④③② D. ①③④②

5. 配送是（　　）在功能上的延伸。
   A. 运输 B. 销售
   C. 促销 D. 采购

6. （　　）是配送的最后一道作业流程。
   A. 加工 B. 拣选
   C. 配货 D. 送货

7. 加工型配送中心以（　　）为主。
   A. 流通加工 B. 中转作业
   C. 储运作业 D. 销售

8. 分货型配送中心以（　　）为主。
   A. 流通加工 B. 中转作业
   C. 储运作业 D. 销售

9. 以效益为配送路线优化目标时，计算时以（　　）为目标值。

A. 成本最低 B. 效益
C. 路程最小 D. 利润的数值最大

10. 配送中心的加工作业属于（　　）。
   A. 增值业务活动 B. 非增值业务活动
   C. 无效活动 D. 可有可无的活动

11. 下列选项中不属于流通加工的活动是（　　）。
   A. 商品分装 B. 蔬菜加工
   C. 贴标签 D. 冰箱制造

12. 下列选项中不属于配装优点的是（　　）。
   A. 配装可以提高车辆装载率 B. 配装能够降低成本
   C. 配装可以不考虑卸车顺序 D. 配装可以减低交通流量

13. 如果客户的需求是稳定的，那么配送应考虑（　　）。
   A. 定时定线配送 B. 临时送货
   C. 不定时送货 D. 不固定线路送货

14. 配送中心进货作业的第一步是（　　）。
   A. 接货 B. 订货
   C. 验收 D. 入库

15. 配送程序为：①车辆配载；②送达服务；③编制配送计划；④选择配送运输路线；⑤分拣与配货。其顺序为（　　）。
   A. ⑤④①③② B. ③⑤①④②
   C. ①③④⑤② D. ④②①⑤③

16. 配送中心进货作业一般不包括（　　）。
   A. 订货 B. 盘点
   C. 接货 D. 验收入库

17. 配送中心的收验货作业要做好"三核对"，即数量核对、质量核对和（　　）核对。
   A. 验收包装箱上是否有水迹 B. 验收包装箱上的规格
   C. 商品条形码 D. 有否送货预报

18. 配送中心货物数量验收方法不包括（　　）。
   A. 标记法 B. 条形码法
   C. 分批清点法 D. 定额装载法

19. （　　）不属于配送订单处理程序。
   A. 接受订单 B. 订单补货

C. 订单数据处理　　　　　　　D. 订单状态管理

20. 配货检查通常不采用（　　）。

    A. 商品条码检查法　　　　　　B. 声音输入检查法

    C. 货物号码及数量核对检查法　D. 重量计算检查法

21. 整箱补货不适用于（　　）。

    A. 体积小　　　　　　　　　　B. 体积大

    C. 数量少　　　　　　　　　　D. 品种多

22. 托盘补货适用于（　　）。

    A. 体积小　　　　　　　　　　B. 体积大

    C. 数量少　　　　　　　　　　D. 品种多

（二）多项选择题（下列每题中的多个选项中，至少有2个是正确的，请将其代号填在括号中）

1. （　　）是销售型配送中心的特征。

    A. 提供一体化服务

    B. 配送货物以原材料、元器件和其他半成品为主

    C. 开展配送活动为营销手段

    D. 具有较强的储存功能

2. （　　）是区域配送中心的特征。

    A. 较强辐射能力

    B. 运输距离均处在汽车运输经济里程范围内

    C. 较强的库存准备

    D. 服务对象主要是零售商、连锁店或生产企业

3. 改进配送中心作业必须适应客户（　　）等销售策略的要求。

    A. 大批量　　　　　　　　　　B. 小批量

    C. 交货区间小　　　　　　　　D. 货色齐全

4. 分区是将拣货作业场地作区域划分。按照分区原则的不同，划分为（　　）。

    A. 按拣货单位分区　　　　　　B. 按拣货方式分区

    C. 工作分区　　　　　　　　　D. 按订单分区

5. 拣货的分类方式有（　　）。

    A. 拣货前分类　　　　　　　　B. 拣货时分类

    C. 拣货后分类　　　　　　　　D. 拣取后集中分类

6. 影响拣货策略的因素主要有（　　）。

A. 分区 B. 订单分割
C. 订单分批 D. 捡货分类

7. 送货是配送活动的核心，在送货过程中常常进行（　　）等选择。
   A. 运输方式 B. 运输工具
   C. 运输路线 D. 运输成本

8. 下列选项中符合配送合理化的有（　　）。
   A. 社会车辆总数减少而承运量增加 B. 社会车辆的空驶减少
   C. 一家一户自提自运增加 D. 社会化运输增加

9. 配送网络结构主要有（　　）。
   A. 集中型配送网络 B. 分散型配送网络
   C. 多层次配送网络 D. 随机型配送网络

10. 配送进货作业的关键工作内容包括（　　）。
    A. 确定进货计划 B. 堆码与苫垫
    C. 卸货及入库搬运 D. 货物验收检查

11. 配送订单处理通常包括（　　）等内容。
    A. 拆零补货 B. 订单资料确认
    C. 存货查询 D. 单据处理

12. 商品条形码验收作业要抓住的关键处是（　　）。
    A. 有送货预报
    B. 条形码
    C. 条形码与商品数据库内登录的资料相符
    D. 条形码与随货同行收据相符

13. （　　）是供应型配送中心的特征。
    A. 服务对象是生产企业或大型商业组织
    B. 配送货物以原材料、元器件和其他半成品为主
    C. 开展配送活动为营销手段
    D. 具有较强的储存功能

辅导练习题参考答案

一、理论知识练习题
(一) 单项选择题

1. B 2. A 3. D 4. B 5. D 6. D 7. C 8. A 9. C 10. B
11. D 12. D 13. C 14. D 15. B 16. C 17. A 18. B 19. D 20. C
21. C

(二) 多项选择题

1. ABC 2. BC 3. ABC 4. ABCD 5. ABCD
6. ABCD 7. AB 8. AB 9. ABC 10. ABCD

二、操作技能练习题
(一) 单项选择题

1. A 2. C 3. B 4. D 5. A 6. D 7. A 8. B 9. D 10. A
11. D 12. C 13. A 14. B 15. B 16. B 17. C 18. B 19. B 20. C
21. B 22. B

(二) 多项选择题

1. AC 2. AC 3. AB 4. ABC 5. BD
6. ABCD 7. ABC 8. ABD 9. ABC 10. ACD
11. BCD 12. AC 13. AB

第4章 运输管理

重点复习提示

一、运输作业

1. 各种运输方式比较

公路运输的最大优势是灵活,在500 km的经济里程内,公路运输最具有竞争性。铁路运输适于陆上长距离、大运量、快速、低成本运输。海上运输成本最低、运量最大、运距最长,是国际货运的主要选择。航空货运适于应时性物品运输。管道运输连续性好,运量大,安全易管理,但是仅适用于石油、天然气和水等的输送。

2. 国际多式联运运作

国际多式联运运作是联合运输在国际货运中的应用形式,它将多种运输方式进行衔接,实现了一张提单下货物的"门到门"运输。国际多式联运的核心是总承运人,由总承运人向托运人开立提单,以一张提单、单一费率、一次保险实现全程运输。

3. 集装箱运输作业

(1)集装箱规格。国际标准集装箱主要是长度为20英尺(1英尺=30.48 cm)和40英尺两种规格,宽为8英尺,高为8.5英尺。集装箱的主要构造是八个角配件、四柱和六箱面。箱门上记载集装箱的主要信息:箱主代号、箱型、自重、载重量。

(2)集装箱货物装载。将不同件杂货混装在同一箱内,货物在箱内应按重量分布均衡,根据货物性质、重量、外包装等特征,将重货下置,轻货放在重货上。箱内货物装载严密整齐,不留间隙,防止货物相互碰撞。关箱前要采取措施,以防开箱时箱门附近货物倒塌。

(3)集装箱货物流转。具有整箱货和拼箱货两种流转形态。整箱货为一个发货人和一个收货人,拼箱货涉及多个发货人和收货人。

4. 特殊货物运输作业

(1)危险货物运输管理法规。分为行政法规和技术法规两部分。行政法规包括危险货物运输的资质管理和资质凭证,由国家交通主管部门和公安部门统一管理,以交通主管部门管理为主。技术法规是对危险货物运行过程和运输工具与设施的法律约束。

(2) 超限货物运输程序。托运、理货、验道、制定运输方案、签订运输合同、线路运输实施组织和运输统计与结算。

(3) 鲜活易腐与低温冷冻货物运输作业。为保持货物新鲜的低温货运作业和防止货物腐烂变质的冷冻货运作业，采用保温和冷藏集装箱货车运输。

5. 运输装卸搬运作业

按货物状态分为件杂货、集装箱、干散货和液体货装卸搬运 4 种作业方式。

二、处理运输单证

1. 公路货物运输作业与单证

货运过程为货物接收与装载、货物运输、货物到达与提货 3 个阶段。参与货物运输合同的关系人为货主与托运人、承运人、收货人三方。在发货阶段，当货主与托运人是两个不同的关系方时，托运人为货主代理。托运人与承运人双方签订的运输合同为托运单，其作用是：

(1) 托运单是运输公司开具货票的凭证。

(2) 托运单是调度部门派车、货物装卸、货物到达交付的依据。

(3) 如发生事故，托运单是判定双方责任的原始记录。

(4) 托运单是货物收据和交货凭证。

托运人向承运人交纳运费和杂费领取的承运凭证是货票。

2. 铁路货物运输作业与单证

货运过程为货物托运与受理、进货与验货、托运人付运费与杂费取得铁路运输货票、货物承运、货物到达与收货人提货 5 个阶段。由托运人填写的铁路货物运单是托运人与铁路承运人的货运合同。托运人付费和提货的依据为铁路运输货票。货运人员依据货物运单验货，填写货票。货票是托运人交付运杂费的收据。

3. 水运货物运输作业与单证

货运过程为货物托运、审证与验货、装船、运输、卸船、到达交货 6 个阶段。国内水路货物运输采用货物运单制度，承运人在接收货物时签发货物运单。货物运单是运输合同的证明，是承运人接收货物的收据，是承运人收取运费的凭据，也是承运方、托运方、港口经营方处理商务与货物交接的凭证。

4. 航空货物运输作业与单证

分为客货混合的班机运输和货物整机运输。货运过程为托运、承运、到达提货 3 个阶段。航空运单分为由航空公司签发的航空主运单和由航空货运代理人签发的航空分运单。

辅导练习题

一、理论知识练习题

(一) 单项选择题（下列每题有 4 个选项，其中只有 1 个是正确的，请将其代号填在括号中）

1. 货物运输有多种分类方法，其中最主要的是按（　　）进行分类。
   A. 运输线路　　　　　　　　B. 运输作用
   C. 运输工具　　　　　　　　D. 运输协作

2. 集货站与分货站形成于（　　）。
   A. 干线与支线运输的交汇位置　　B. 托运客户群货物集散
   C. 不同地区的不同承运公司　　　D. 不同运输工具的转换

3. 当火车运输的载货车箱在编组站停顿待运时，形成物品的（　　）功能。
   A. 空间效用　　　　　　　　B. 时间效用
   C. 中转　　　　　　　　　　D. 短期存储

4. 在（　　）范围内，公路运输可以替代铁路运输。
   A. 200 km　　　　　　　　　B. 经济里程
   C. 不需中转　　　　　　　　D. 同一地况与线路

5. 在运输的发货阶段，当货主与托运人是不同的关系方时，托运人是（　　）。
   A. 收货人　　　　　　　　　B. 货代公司
   C. 中介方　　　　　　　　　D. 货运代理

6. 联合运输的作用主要体现在（　　）方面。
   A. 运输成本节省　　　　　　B. 两端运输
   C. 中转运输　　　　　　　　D. 增加运量

7. 集装箱运输作业的关键环节是（　　）。
   A. 承租集装箱　　　　　　　B. 确定集装箱承运人
   C. 合理配载箱内货物　　　　D. 集装箱的两端拖运

8. 多式联运与联合运输的区别在于（　　）。
   A. 有无总承运人　　　　　　B. 运输协作方式
   C. 运输价格　　　　　　　　D. 运输工具衔接

9. 铁路运输中，具有合同功能的票证是（　　）。
   A. 货票　　　　　　　　　　B. 运单

C. 费用收据　　　　　　　　D. 装车单

10. 从技术经济角度比较，运输成本相对最低的运输方式是（　　）。

　　A. 航空运输　　　　　　　B. 铁路运输

　　C. 水运　　　　　　　　　D. 公路运输

11. 国际标准集装箱的尺寸主要有（　　）。

　　A. 20 英尺和 40 英尺　　　B. 20 英尺和 30 英尺

　　C. 20 英尺和 60 英尺　　　D. 10 英尺和 25 英尺

12. 在杂货班轮运输中，对于普通货物的交接装船，通常采用（　　）的形式。

　　A. 现装　　　　　　　　　B."仓库收货，集中装船"

　　C. 直接　　　　　　　　　D. 货主自装

13. （　　）是直到目的机场交付货物之前货物运输中最重要的一个文件。

　　A. 航空货运单号　　　　　B. 货物的件数

　　C. 货物的重量　　　　　　D. 货物品名

14. 货物到达（　　）日后仍未提取，承运人按无法交付货物处理。

　　A. 7　　　　　　　　　　　B. 14

　　C. 21　　　　　　　　　　D. 28

15. 以下（　　）不是水路运输的优点。

　　A. 建设投资少　　　　　　B. 受自然条件影响较大

　　C. 运输成本低　　　　　　D. 劳动生产率高。

16. 航空货物到达后，自承运人向收货人发出提货通知的次日起计，（　　）日开始计收保管费。

　　A. 2　　　　　　　　　　　B. 4

　　C. 6　　　　　　　　　　　D. 8

17. 以强化输送，保护产品为目的的包装称为（　　）。

　　A. 物流包装　　　　　　　B. 运输包装

　　C. 商业包装　　　　　　　D. 配送包装

（二）多项选择题（下列每题中的多个选项中，至少有 2 个是正确的，请将其代号填在括号中）

1. 公路运输的单据包括（　　）。

　　A. 托运单　　　　　　　　B. 路线单

　　C. 货票　　　　　　　　　D. 行车路单

2. 铁路运输计划包括（　　）。

A. 货物运输计划 B. 货物列车编组计划
C. 车站作业计划 D. 作业成本计划
3. 水路运输的业务流程是（ ）。
A. 托运货物 B. 审证与验货
C. 装船—运输—卸船 D. 海关作业
4. 航空运单的种类分为（ ）。
A. MAWB B. ALR BILL
C. HAWB D. AIR & LAND BILL
5. 国际多式联运运作是联合运输在国际货运中的应用形式，可以做到以（ ）实现全程运输。
A. 一张提单 B. 单一费率
C. 一次保险 D. 货物无损耗
6. 从技术经济角度看，（ ）是铁路运输的优点。
A. 运距长 B. 运输量大
C. 适合运输大宗货物 D. 成本较低廉
7. 从技术经济角度看，（ ）是航空运输的特点。
A. 速度快 B. 适合运输大宗货物
C. 运输成本较高 D. 能实现门到门运输
8. 甩挂运输有（ ）等形式。
A. 牵引车与挂车不分离 B. 一端甩挂
C. 两端甩挂 D. 区段牵引
9. 组织公路货物运输的方法有（ ）。
A. 双班或多班运输 B. 定时、定点运输
C. 零担货物集中运输 D. 直达联运
10. 托运人托运（ ）时应当预订航班舱位。
A. 在中转时需要特殊对待的货物 B. 不规则形状或者尺寸的货物
C. 特种货物 D. 批量较大的货物
11. 运输费由以下（ ）部分组成。
A. 运输费用 B. 代理商佣金
C. 装运港包干费 D. 中途港中转费用
12. 铁路装卸作业中的集装作业法有（ ）。
A. 托盘作业法 B. 货捆作业法

C. 滑板作业法　　　　　　　　　D. 挂车作业法

13. 运输包装上的标志，按用途可分为（　　）。
    A. 安全性标志　　　　　　　　B. 运输标志
    C. 指示性标志　　　　　　　　D. 警告性标志

二、操作技能练习题

(一) 单项选择题（下列每题有4个选项，其中只有1个是正确的，请将其代号填在括号中）

1. 多式联运的技术基础是（　　）。
    A. 内燃机技术　　　　　　　　B. 转运站设备
    C. 集装箱运输　　　　　　　　D. 汽车运输的衔接作用

2. 多式联运的总承运人是（　　）。
    A. 独立的法律实体　　　　　　B. 发货人的代理
    C. 分承运人的代理　　　　　　D. 发货人与分承运人的总代理

3. 公路整车货运的货物装卸地点在（　　）。
    A. 汽车货运站　　　　　　　　B. 货主指定地点
    C. 专用货场　　　　　　　　　D. 集货或分货中心

4. 公路零担货运不是根据发货人托运货物的条件，而是货运企业（　　）进行的货物运输。
    A. 拥有既定的运输工具　　　　B. 采用非集装化
    C. 运用集装箱配载货物　　　　D. 组合托运单，使用不同货车

5. 托运单是（　　）印制的标准格式单证。
    A. 承运人　　　　　　　　　　B. 托运人
    C. 货运代理　　　　　　　　　D. 中性单证

6. 铁路货物运单是在铁路承运人（　　）后签署生效的货物托运单。
    A. 审查货运计划　　　　　　　B. 收妥运费
    C. 编定托运号码　　　　　　　D. 指示进货并验货

7. 水运一次直达运输的货物托运单最少为（　　）份。
    A. 3　　　　　　　　　　　　B. 4
    C. 5　　　　　　　　　　　　D. 6

8. 集装箱货物的流转过程是（　　）。
    A. 空箱发放→装箱→验箱→承运→到货拆箱
    B. 发货装箱→拖运至启运点→装载运输工具→运至卸货作业点→掏箱

C. 货物装箱→拖运→运输至收货人仓库→掏箱

D. 装箱验货→开立装箱单→承运→运至最终卸货地点

9. 托盘化运输是（　　）运输的起点。

　A. 联合　　　　　　　　　　B. 集装箱

　C. 集装化　　　　　　　　　D. 散货

10. 集装箱结构最关键的机械部位是（　　）。

　A. 长、宽、高尺寸规格　　　B. 六箱面

　C. 箱门　　　　　　　　　　D. 上、下面角配件

11. 铁路运输中，托运人付费和提货的依据是（　　）。

　A. 货票　　　　　　　　　　B. 运单

　C. 进货单　　　　　　　　　D. 出货单

12. 公路运输发生事故时，（　　）是判定双方责任的原始记录。

　A. 进货单　　　　　　　　　B. 出货单

　C. 货票　　　　　　　　　　D. 托运单

13. 将不同件的杂货装在同一集装箱内时，其重量应（　　）。

　A. 均匀分布　　　　　　　　B. 集中分布

　C. 轻货在下，重货在上　　　D. 不需堆码

14. 对货物的运输状态要求比较特殊的是（　　）运输方式。

　A. 铁路　　　　　　　　　　B. 公路

　C. 航空　　　　　　　　　　D. 管道

15. （　　）装载时，应确切掌握集装箱内部尺寸与货物外部尺寸，计算好最佳的装载件数。

　A. 箱装货　　　　　　　　　B. 捆包货

　C. 托盘货　　　　　　　　　D. 袋装货

16. （　　）在同批货物中区分不同供货人、不同收货人或区分不同规格、品质和等级的货物以方便货物的交接。

　A. 总标志　　　　　　　　　B. 副标志

　C. 其他包装标志　　　　　　D. 主标志

17. 办理铁路整车托运程序为：①实物交接；②填制运单；③制订托运计划；④组织货物上站；⑤确定装运方案。其顺序为（　　）。

　A. ②④③①⑤　　　　　　　B. ⑤③②①④

　C. ③⑤②④①　　　　　　　D. ①③⑤④②

18. 铁路集装箱货物运送程序为：①空箱发放；②货物接受；③集装箱承运日期表的确定；④货运单的审核；⑤运单审批；⑥装车。其顺序为（　　）。

  A. ③①⑤②④⑥   B. ④③①②⑤⑥

  C. ⑥⑤④①③②   D. ③⑤④①②⑥

（二）多项选择题（下列每题中的多个选项中，至少有2个是正确的，请将其代号填在括号中）

1. 国际多式联运经营人的责任范围与赔偿限额分为（　　）。

  A. 统一责任制   B. 分段责任制

  C. 混合责任制   D. 提单限额制

2. 托运单的作用主要是（　　）。

  A. 托运人与承运人运输合同   B. 托运人付费的单据

  C. 交货凭证与货物收据   D. 保险单的附本

3. 航空托运单每套12联，分别由（　　）持有。

  A. 托运人   B. 承运人

  C. 收货人   D. 托运代理

4. 运输装卸搬运作业的货物状况分为（　　）。

  A. 件杂货装卸搬运   B. 集装箱装卸搬运

  C. 干散货装卸搬运   D. 液体货物装卸搬运

5. 集装箱货物常用交接方式有（　　）。

  A. 门到门交接   B. 门到场或站交接

  C. 场到场交接   D. 站到站交接

6. 集装箱箱门上记录的信息主要有（　　）。

  A. 箱主代号   B. 箱型

  C. 自重   D. 载重量

7. 鲜活易腐货物一般采用（　　）运输。

  A. 加冰保温车   B. 机械保温车

  C. 冷藏集装箱   D. 敞车

8. 集装箱运输不同件杂货时，应注意（　　）。

  A. 重量均匀分布   B. 重量集中分布

  C. 重货在下，轻货在上   D. 货物码放不留空隙

9. 危险货物运输法规包括（　　）。

  A. 行政性法规   B. 技术性法规

C. 资质管理　　　　　　　　　D. 资质凭证

10. 因水路货物运输事故要求赔偿的手续，根据（　　）的规定执行。

　　A.《水路货物运输管理规则》　　B.《中华人民共和国海商法》

　　C.《水路货物运输合同实施细则》　D.《水路货物运输规则》

11. 杂货班轮运输货运程序包括（　　）。

　　A. 船只安排　　　　　　　　　B. 货运安排

　　C. 接货装船　　　　　　　　　D. 卸船交货

12. 货运安排包括（　　）等货运任务。

　　A. 揽货　　　　　　　　　　　B. 订舱

　　C. 确定航次　　　　　　　　　D. 装船

13. （　　）是几种典型货物的装箱方法。

　　A. 箱装货的装载　　　　　　　B. 捆包货的装载

　　C. 袋装货的装载　　　　　　　D. 托盘货的装载

14. 各类危险货物相互之间的隔离，按照危险货物隔离表的要求，分为（　　）。

　　A."远离"

　　B."隔离"

　　C."用一整个舱室或货舱隔离"

　　D."用介于中间的整个舱室或货舱作纵向隔离"

辅导练习题参考答案

一、理论知识练习题

(一) 单项选择题

1. C　　2. A　　3. D　　4. B　　5. D　　6. B　　7. C　　8. A　　9. B　　10. C

11. A　　12. B　　13. A　　14. B　　15. B　　16. B　　17. B

(二) 多项选择题

1. ABD　　2. BC　　3. ABC　　4. AC　　5. ABC

6. ABCD　　7. AC　　8. BCD　　9. ABCD　　10. ABCD

11. ACD　　12. ABCD　　13. BCD

二、操作技能练习题

(一) 单项选择题

1. C　　2. A　　3. B　　4. D　　5. A　　6. D　　7. C　　8. B　　9. C　　10. D

11. A 12. D 13. A 14. D 15. C 16. B 17. C 18. D

(二)多项选择题

1. ABC 2. AC 3. ABC 4. ABCD 5. ACD
6. ABCD 7. ABC 8. ACD 9. AB 10. ACD
11. BCD 12. ABC 13. ABCD 14. ABCD

第5章 生产物流管理

重点复习提示

一、生产物流作业

1. 生产物流作业内容

生产物流作业过程是一个输入—转换—输出的过程,应重点掌握物料需求量、质量及结构的物流管理和设备、设施、辅助工具的物流管理有关内容和技术。

2. 准时制生产的内容与运用

准时制生产由需方起主导作用,需方决定供应物料的品种、数量、到达时间和地点。供方只能按需方的指令(一般用看板)供应物料。

准时制生产的实施条件包括:

(1) 可靠的资源保障。

(2) 小批量生产。

(3) 与供应商长期可靠的伙伴关系。

(4) 完善的物流平台。

(5) 可靠的质量保证体系。

(6) 重视人力资源的开发和利用。

(7) 决策层的支持。

3. 看板管理

(1) 看板管理的规则。掌握看板的机能(生产以及搬运的作业指令、防止过量生产和过量搬运、进行"目视管理"的工具和改善的工具),熟悉看板操作使用规则:

1) 没有看板不能生产,也不能搬运。

2) 看板只能来自后道工序。

3) 前道工序只能生产取走的部分。

4) 前道工序按收到看板的顺序进行生产。

5) 看板必须与实物在一起。

6) 不能把不良品交给后道工序。

（2）看板内容与使用。看板分为传送看板、生产看板、临时看板3类，不同种类看板的内容有所不同。为了有效地实施看板管理，通常要对设备进行重新排列，重新布置。要做到各工序所使用的每种零部件都只有一个发出地（前道工序），在整个生产过程中零部件要有明确的、固定的移动路线。每一个作业点也要重新布置，每个作业点通常都设有两类存放处：入口存放处和出口存放处。

4. 按工艺专业化形式组织生产物流

掌握按工艺专业化形式组织生产物流的特点、优缺点及适用范围。

5. 按对象专业化形式组织生产物流

掌握按对象专业化形式组织生产物流的特点、优缺点及适用范围。

二、物料处理

1. 制造业物料管理

主要内容包括制订物料需求计划、实施物料计划、择机对策行动。

（1）制订物料需求计划包括：拟订适宜的物料存量计划；进行仓储规划；以生产计划或订单排程为基础，做好用料需求计划；依据细部进度计划做出备料计划。

（2）实施物料计划包括：依据存量实施用料需求计划，进行物料采购工作；完成物料进厂时的点收、验收、退回等工作；完成物料验收后的入库归位，以及账务与报表编制工作；进行仓库内的整理及盘点；依据生产命令或其他指令进行备料发料作业；执行其他出入库作业。

（3）择机对策行动包括：针对确定无法如期进料的物料，分析修正原定进度排程；针对紧急需求，到供应厂商处执行"现地"催促；针对物料质量不佳的状况，对协作厂商进行辅导；针对紧急缺料部分，研究拟替代物料对策。

2. 委托外加工用料管理

具体为：实行标准发料管制，确定委托外加工发料时机。

3. 制造业物料需求与规划

（1）拟订适宜的物料存量计划。

（2）进行仓储规划。

（3）以生产计划或订单排程为基础，做好用料需求计划。

（4）依细部进度计划做出备料计划。

4. 物料搬运的设备和器具

（1）起重电梯。起重电梯是物料垂直搬运的常用设备，应掌握起重电梯的分类。

(2) 手动托盘搬运车。手动托盘搬运车是物料搬运的常用设备，具有操作灵活、载重量轻等特点。

辅导练习题

一、理论知识练习题

(一) 单项选择题（下列每题有4个选项，其中只有1个是正确的，请将其代号填在括号中）

1. （　　）不属于生产物流的基本特征。
   A. 平行性　　　　　　　　　　B. 比例性
   C. 快速性　　　　　　　　　　D. 均衡性

2. （　　）是企业计划期内生产物流供应活动的行动纲领。
   A. 供应计划　　　　　　　　　B. 生产物流计划
   C. 销售计划　　　　　　　　　D. 生产计划

3. 只能生产（　　）需要的工件数量是看板使用的规则之一。
   A. 后道工序　　　　　　　　　B. 前道工序
   C. 加工工序　　　　　　　　　D. 毛坯工序

4. （　　）是指能在相等的时间间隔内完成大体相等的工作量或稳定递增的生产量。
   A. 平行性　　　　　　　　　　B. 比例性
   C. 快速性　　　　　　　　　　D. 均衡性

5. 生产周期较短且能保证设备充分负载的移动方法称为（　　）。
   A. 顺序移动法　　　　　　　　B. 平行移动法
   C. 平行顺序移动法　　　　　　D. 随机移动法

6. JIT的中心思想是（　　）。
   A. 零废品　　　　　　　　　　B. 零库存
   C. 交接时间短　　　　　　　　D. 消除一切无效劳动和浪费

7. 在短时间内以最少的资源从一种产品的生产转换为另一种产品的生产物流过程特性称为（　　）。
   A. 柔性　　　　　　　　　　　B. 流畅性
   C. 平行性　　　　　　　　　　D. 均衡性

8. 加工对象单一但加工工艺方法多样化的生产物流组织形式为（　　）。
   A. 工艺专业化　　　　　　　　B. 工序工艺专业化

C. 对象专业化　　　　　　　　D. 成组工艺

9. 实现精益生产的管理工具是（　　）。

　　A. 项目管理　　　　　　　　　B. JIT 管理

　　C. 计划管理　　　　　　　　　D. 看板管理

10. （　　）不是生产物流系统的特征。

　　A. 物料按照工艺流程流动　　　B. 不同生产类型有共同的特征

　　C. 物流作业与生产作业紧密相关　D. 物流连续按比例运转

11. 企业计划期内生产物流供应活动的行动纲领是（　　）。

　　A. 生产物流计划　　　　　　　B. 供应计划

　　C. 销售计划　　　　　　　　　D. 生产计划

12. 生产物流管理的核心是物料的（　　）。

　　A. 运行时间成本　　　　　　　B. 消耗成本

　　C. 运行线路　　　　　　　　　D. 运行组织机构

13. 多品种小批量生产模式是（　　）生产。

　　A. 竞争力最高的　　　　　　　B. 资源消耗成本最低的

　　C. 流程整体优化的精益　　　　D. 产品性价比最高的

14. （　　）与生产物流的类型相关。

　　A. 产品的成本、质量　　　　　B. 产品的品种、产量、专业化程度

　　C. 产品的销售、交货期　　　　D. 产品的设计工艺

15. 单一品种大批量型生产物流的特征是物料（　　）。

　　A. 采购大批量

　　B. 需求同一性

　　C. 需求的外部独立性与内部相关性容易计划和控制

　　D. 供应商成本低，外部物流相对易安排

16. 把设备和工作地按照一定的零件族（组）的工艺要求进行布置的生产物流组织方式称为（　　）。

　　A. 工艺专业化　　　　　　　　B. 对象专业化

　　C. 成组工艺化　　　　　　　　D. 成组平行移动法

17. （　　）不属于生产物流控制的内容。

　　A. 进度控制　　　　　　　　　B. 制成品管理

　　C. 在制品管理　　　　　　　　D. 偏差的测定和处理

18. （　　）不属于生产物流控制系统要素。

A. 战略控制和决策控制 　　　　B. 目标控制和程序控制

C. 强制控制和弹性控制 　　　　D. 管理控制和作业控制

19. 物流系统往往是大规模复杂系统，简单地直接使用（　　），不一定能取得预想的效果。

A. 集中控制 　　　　　　　　　B. 反馈控制

C. 进度控制 　　　　　　　　　D. 前馈控制

20. 在实际的生产物流系统中，（　　）的对象是全局，是指为使系统整体达到最佳效益而按照总体计划来调节各个环节、各个部门的生产活动。

A. 作业控制 　　　　　　　　　B. 管理控制

C. 目标控制 　　　　　　　　　D. 程序控制

21. 生产物流系统的反馈控制方式是（　　）。

A. 从输出影响输入 　　　　　　B. 从输出端信息调整控制对象

C. 废料与再生资源影响新物料需求 D. 逆控制法

22. 生产物流拉引控制原理的基本方式是在最后阶段按照（　　），向前一阶段提出物流供应要求，前一段按本阶段的物流需求量向上一阶段提出要求。

A. 外部需求 　　　　　　　　　B. 内部需求

C. 流程需求 　　　　　　　　　D. 物料需求

23. 物流推进控制的特点是（　　）。

A. 最终阶段控制 　　　　　　　B. 初始阶段控制

C. 集中控制 　　　　　　　　　D. 分散控制

24. 物流拉动控制的特点是（　　）。

A. 分散控制 　　　　　　　　　B. 集中控制

C. 单独控制 　　　　　　　　　D. 有效控制

25. 准时生产JIT的目标是（　　）。

A. 节约装配时间、减少装配中可能出现的问题

B. 通过产品的合理设计，使产品易生产

C. 彻底消除无效劳动造成的浪费

D. 有效地利用各种生产资源

26. 不符合拉动式生产物流管理原理的是（　　）。

A. 必要的时间将必要数量的物料送到必要的地点

B. 必要的生产工具、工位器具要按位置摆放挂牌明示保持现场无杂物

C. 根据后道工序的需要确定投入和产出

D. 重视库存的重要作用，防止缺料造成生产停顿

27. 看板使用的规则之一是只生产（　　）需要的工件数量。
   A. 后道工序 B. 前道工序
   C. 加工工序 D. 毛坯工序

28. 准时生产强调（　　）的意义。
   A. 不发生任何延误 B. 零库存生产
   C. 零资金占用 D. 安全库存

29. 精益物流的核心管理思想是（　　）。
   A. 杜绝生产流程中包括库存在内的一切消费
   B. 减少库存
   C. 转移库存
   D. 实现零库存

30. 核心思想在于"消除一切不必要的浪费"，在生产物流管理的实践中尽力消除不增值活动和不必要环节的管理方法是（　　）。
   A. TQC B. BPR
   C. MRP D. JIT

31. （　　）的基本思想是把 MRP 同其他所有与生产经营活动直接相关的工作和资源，以及财务计划连成一个整体，实现企业管理的系统化。
   A. ERP B. JIT
   C. DRP D. MRPⅡ

32. 制造系统中的物流特征表现为物料（　　）。
   A. 流转系统化 B. 按生产工艺流程流转
   C. 与加工作业同时进行 D. 改变形态

33. （　　）不属于自制物料备料发料管理内容。
   A. 物料的备料检出工作 B. 多发或补发
   C. 标准领料管制 D. 欠拨问题

（二）多项选择题（下列每题中的多个选项中，至少有 2 个是正确的，请将其代号填在括号中）

1. 看板种类包括（　　）。
   A. 订货看板 B. 临时看板
   C. 备料看板 D. 生产看板

2. 看板操作使用规则包括（　　）。

A. 前道工序只能按生产计划生产

B. 不能把不良品交给后道工序

C. 前道工序按收到看板的顺序进行生产

D. 看板必须与实物在一起

3. 看板的主要机能为（　　）。

　　A. 向前道工序领取　　　　　　　B. 快速反应

　　C. 准时制生产　　　　　　　　　D. 敏捷制造

4. 实现精益生产的要求包括（　　）。

　　A. 生产同步化　　　　　　　　　B. 生产均衡化

　　C. 生产准时化　　　　　　　　　D. 生产柔性化

5. 物料管理包括（　　）阶段。

　　A. 需求估算或规划　　　　　　　B. 复核近期计划所需用料

　　C. 严密地控制用料成本　　　　　D. 开立超损耗的补领料单

6. 备料管理的目标包括（　　）。

　　A. 可作为派工的依据　　　　　　B. 购料或自制物料阶段

　　C. 仓储作业阶段　　　　　　　　D. 备料发料阶段

7. 企业生产物流平面布置设计，按生产系统功能分类有（　　）。

　　A. 工作流程布置　　　　　　　　B. 工程项目布置

　　C. 销售布置　　　　　　　　　　D. 存储布置

8. 生产物流空间组织的目标是如何缩短物料的移动距离，其专业化组织形式包括（　　）。

　　A. 工艺专业化　　　　　　　　　B. 设备专业化

　　C. 产品专业化　　　　　　　　　D. 成组工艺

9. 生产物流控制系统的组成要素是（　　）。

　　A. 由操作人员和设备组成的控制对象　B. 物料清单与能力需求计划

　　C. 事先设定的控制目标　　　　　D. 工艺路线和工作中心

10. 与传统管理方法相比，准时生产追求的目标差别表现为（　　）。

　　A. 零库存　　　　　　　　　　　B. 提前期最短

　　C. 零废品　　　　　　　　　　　D. 减少零件搬运

11. 精益生产方式与大量生产方式相比，具有（　　）等特点。

　　A. 品种多　　　　　　　　　　　B. 柔性高

　　C. 库存水平低　　　　　　　　　D. 工人分工较粗，工作内容丰富

12. JIT 生产方式是指将（   ）的零件以必要的数量在指定的时间送到生产线。

   A. 充足的　　　　　　　　　B. 安全的

   C. 必要的　　　　　　　　　D. 指定的

13. 生产物流控制内容不包括（   ）。

   A. 进度控制　　　　　　　　B. 前馈控制

   C. 在制品管理　　　　　　　D. 反馈控制

二、操作技能练习题

（一）单项选择题（下列每题有 4 个选项，其中只有 1 个是正确的，请将其代号填在括号中）

1. （   ）不属于生产物流的空间组织形式。

   A. 工艺专业化　　　　　　　B. 对象专业化

   C. 成组工艺化　　　　　　　D. 移动顺序化

2. 按照设备功能来排列各种机器设备和工作地的生产物流组织形式称为（   ）。

   A. 工艺专业化　　　　　　　B. 对象专业化

   C. 成组工艺化　　　　　　　D. 设备定位布置法

3. 不属于自制物料备料发料管理内容的是（   ）。

   A. 物料的备料检出工作　　　B. 多发或补发

   C. 标准领料管制　　　　　　D. 欠拨问题

4. （   ）不属于委托外加工备料管理内容。

   A. 缺料分析　　　　　　　　B. 备料作业

   C. 标准领料管制　　　　　　D. 物料的备料检出工作

5. （   ）不是选择起重电梯时所考虑的因素。

   A. 服务对象　　　　　　　　B. 运行速度

   C. 起升体积　　　　　　　　D. 操作方式

6. （   ）是手动托盘搬运车的特点。

   A. 适合于短距离水平搬运　　B. 适合于短距离垂直搬运

   C. 适合于重大物品搬运　　　D. 适合于重心不稳物品的搬运

7. （   ）不是生产物流计划的任务。

   A. 保证生产计划的顺利完成　B. 制定期量标准

   C. 为均衡生产创造条件　　　D. 加强在制品管理范围

8. 下列选项中不属于物料仓储作业管理内容的是（   ）。

   A. 物料放置何处最佳　　　　B. 能否确保库存物料质量

C. 能否确保掌握库存物料数量　　　　D. 能否确保库存物料交付使用期

9. 对生产中批量小，物料小或重量轻而加工时间短的物料，一般采用（　　）。

   A. 顺序移动法　　　　　　　　　　B. 平行移动法

   C. 平行顺序移动法　　　　　　　　D. 随机移动法

10. （　　）不属于购料或自制物料管理的管理内容。

    A. 缺料分析

    B. 向谁买或向哪个部门订制、以何种价格订购

    C. 进料质量是否符合预期或标准

    D. 订单是否发出

11. 按照某种产品（或零件）的加工顺序来排列各种机器设备和工作地的生产物流组织方式称为（　　）。

    A. 工艺专业化　　　　　　　　　　B. 对象专业化

    C. 成组工艺化　　　　　　　　　　D. 顺序移动法

12. （　　）不是均衡生产的要求。

    A. 每个生产环节都要均衡完成生产任务

    B. 每个阶段的物流要保持一定的比例性

    C. 尽可能缩短物料流动周期性

    D. 生产的各个阶段、各个工序都按后续阶段和工序的需要生产

13. 生产物流计划工作的重要依据是（　　）。

    A. 产品品种数　　　　　　　　　　B. 产品数量

    C. 生产时间　　　　　　　　　　　D. 期量标准

14. （　　）不是精益生产的目标。

    A. 降低成本　　　　　　　　　　　B. 利润最大化

    C. 快速应对市场需求　　　　　　　D. 建立柔性机制

15. 物流控制从制定（　　）标准开始，所制定的标准要保持先进与合理的水平，随着生产条件的变化，标准要定期和不定期地进行修订。

    A. 系统　　　　　　　　　　　　　B. 处理

    C. 期量　　　　　　　　　　　　　D. 执行

16. 在制品管理不包括对在制品进行（　　）。

    A. 静态控制　　　　　　　　　　　B. 外协控制

    C. 动态控制　　　　　　　　　　　D. 占有量控制

17. （　　）不是看板操作规则。

A. 没有看板不能生产，也不能搬运 B. 看板只能来自后道工序
C. 看板不能与实物放在一起 D. 不能把不良品交给后道工序

18. （ ）属于生产看板。
    A. 工序间看板 B. 信号看板
    C. 临时看板 D. 外协看板

19. （ ）属于传送看板。
    A. 工序间看板 B. 信号看板
    C. 临时看板 D. 工序内看板

（二）多项选择题（下列每题中的多个选项中，至少有2个是正确的，请将其代号填在括号中）

1. （ ）的企业适合于按工艺专业化形式组织生产物流。
    A. 生产规模不大 B. 生产专业化程度低
    C. 加工对象单一 D. 产品品种不稳定

2. （ ）的企业适合于按对象专业化形式组织生产物流。
    A. 生产规模不大 B. 生产专业化程度低
    C. 加工对象单一 D. 加工工艺方法多样化

3. 按空间组织生产物流的专业化组织形式有（ ）。
    A. 工艺专业化 B. 工序工艺专业化
    C. 对象专业化 D. 成组工艺

4. 精益生产方式的基本手段包括（ ）。
    A. 适时适量生产 B. 建立柔性生产机制
    C. 品质保证 D. 模块化设计与并行设计法

5. 生产柔性化是通过（ ）等方式实现的。
    A. 设置细胞生产线 B. 固定变动生产线
    C. 简易拆装生产线 D. 工序间、部门间不设置仓库

6. （ ）适合于按工艺专业化形式组织生产物流。
    A. 生产规模不大 B. 生产专业化程度低
    C. 加工对象单一 D. 产品品种不稳定

7. 在精益生产方式中导入了（ ）机制。
    A. 设备上开发、安装各种加工状态检测装置和自动停止装置
    B. 设备操作人员发现问题时有权自行停止生产
    C. 弹性地配置作业人数

D. 模块化和并行设计

8. 通常可以用（　　）方法来控制与调整在制品数量。
   A. 前后工序生产的均衡化　　　　B. 减少看板
   C. 建立柔性生产机制　　　　　　D. 全员参与

9. 广义的物料范围包括（　　）。
   A. 在制品　　　　　　　　　　　B. 制造耗料
   C. 售后服务用零组件　　　　　　D. 模具

10. JIT系统中实现生产资源优化的措施包括（　　）。
    A. 调动工人的积极性　　　　　　B. 加大投资力度
    C. 加强质量控制　　　　　　　　D. 提高知名度

11. JIT系统运作出现问题的原因主要有（　　）。
    A. 废品率或返修率高　　　　　　B. 工作缺乏标准化
    C. 缓冲在制品的存在　　　　　　D. 工人情绪不稳定

12. 备料管理的目标包括（　　）。
    A. 事先备料的基础　　　　　　　B. 复核近期计划所需用料
    C. 严密地控制用料成本　　　　　D. 制造指令发布的附带保证

13. 生产物流计划的任务有（　　）。
    A. 合理安排物料流向　　　　　　B. 安排经过各工艺阶段的时间和数量
    C. 尽可能缩短物料流动周期　　　D. 加强在制品管理

14. 生产物流管理的目标包括（　　）。
    A. 效率目标　　　　　　　　　　B. 决策目标
    C. 保障目标　　　　　　　　　　D. 最佳效益目标

辅导练习题参考答案

一、理论知识练习题
（一）单项选择题

1. C 2. C 3. A 4. D 5. C 6. D 7. A 8. C 9. D 10. B
11. A 12. A 13. C 14. B 15. C 16. C 17. B 18. A 19. B 20. B
21. B 22. A 23. C 24. A 25. C 26. D 27. A 28. B 29. A 30. D
31. D 32. B 33. C

(二) 多项选择题

1. BD   2. BCD   3. AC   4. ABD   5. BCD
6. BC   7. BCD   8. ACD   9. ACD   10. ABCD
11. ABCD 12. CD   13. BD

二、操作技能练习题

(一) 单项选择题

1. D   2. A   3. C   4. D   5. C   6. A   7. B   8. D   9. A   10. A
11. B 12. D 13. D 14. D 15. C 16. B 17. C 18. B 19. A

(二) 多项选择题

1. ABD   2. CD   3. ACD   4. ABCD 5. ABC
6. ABD   7. AB   8. ABD   9. ABCD 10. AD
11. ABCD 12. ABCD 13. BCD 14. ACD

第6章 国际货运管理

重点复习提示

一、国际货运实务

1. 国际海上货运实务

货物先集中到出口港口,按积载图装上已订船舱位,按航线运至进口港,按港口的调度指令将货物卸至指定位置,完成货物海上运输流程。货物海运按货物包装状态分为无包装的散货运输和集装箱运输;按有无中转分为直达航运和中转航运。中转航运涉及的参与方除两端的港口方和船运方外,还有中转代理,以及中转口岸的港口方等。

2. 集装箱班轮进出口业务流程

(1) 集装箱班轮出口业务流程:订舱→接受托运申请→发放空箱→拼箱货装箱→整箱货交接→换取提单→装船运输出口。

(2) 集装箱班轮进口业务流程:做好卸船准备→卸船拆箱→收货付费换单证→交付货物→还箱。

3. 国际海上运输企业

包括国际航运企业、港口服务企业、国际船舶代理企业、国际船舶理货企业、国际货运代理企业和国际航运经纪人。

4. 航空货物进出口运输代理程序

(1) 进口运输代理业务程序包括代理预报、交接单证与货物、理货与仓储、到货通知、制单与报关、收费与发货、送货与转运仓储环节。

(2) 出口运输代理业务程序包括市场销售、委托运输、审核出口货物单证、预配舱与预订舱、接受单证、填制货运单、接受货物、对货物的标记与贴标签、配舱与订舱、出口报关、交接发运、航班跟踪、费用估算等环节。

5. 铁路运输进口货物交接与核放

(1) 依据《国际铁路货物联运规章》,进口货物的交接工作在交付站和接受站之间进行。

(2) 运至本国的联运货物由口岸代理人办理。

（3）代理人将有问题的货物在口岸处理。

二、国际海上运输单证制作

1. 国际货运主要单证

包括设备交接单、装箱单、站场收据、提单。设备交接单是集装箱进出港口场站时用箱方或运箱方与管箱方或代理人之间交接集装箱及设备的凭证；装箱单是集装箱运输中记载箱内货物详细情况的单证；站场收据既是承运人收到货物并开始对货物负责的证明，也是托运人换取提单的依据；提单是海上货物运输合同的证明，承运人承诺按约定条件承运货物，凭以交付货物，托运人按约付费的单证。这4种单证中，最主要的是提单。

2. 海运提单内容

包括提单正面内容和提单背面内容两部分。

（1）提单正面内容包括承运人、托运人、收货人、被通知人、船名及航籍、航次、收货地或装货港、目的地或目的港、唛头及件号、货名与件数、重量和体积、运费和其他费用及付款地点和方式、提单号码、正本的份数和签发地点与日期等。

（2）提单背面内容包括承运人与托运人、承运人与收货人及提单持有人之间权利与义务的合同条款。

3. 集装箱提单

集装箱提单是联合运输经营人签发给托运人包括全程运输的提单，以码头收据换取。

三、国际多式联运单证制作

1. 国际多式联运提单种类

有指示提单、不记名提单、记名提单3种。指示提单以背书方式确定收货人，实现提单的流通；不记名提单不需背书即可转让，承运人见单交货；记名提单在收货人一栏载明收货人的提单，不可流通转让。通常普遍使用的是指示提单。

2. 国际多式联运提单签发的时间与地点

（1）在发货人订舱或仓库收到货物后签发，由发货人自行负责货物报关、装箱、制作装箱单，联系海关监装及加封。承运人和代理负责从发货人仓库至码头堆场和最终交付货物的全程运输。

（2）在集装箱货运站签发的提单为拼箱货提单，由承运人或代理负责装箱及制作装箱单，并负责全程运输。

（3）在码头堆场收货后签发的提单为整箱货提单，承运人不负责货物至堆场前的运输和装箱。

辅导练习题

一、理论知识练习题

（一）单项选择题（下列每题有 4 个选项，其中只有 1 个是正确的，请将其代号填在括号中）

1. 国际海上货物运输的开端是（　　）。
   A. 公布班轮船期表　　　　　　B. 订舱
   C. 揽货　　　　　　　　　　　D. 市场推介

2. 集装箱班轮出口业务的流程是（　　）。
   A. 揽货→订舱→发放空箱→货物装箱与交接→装船运出
   B. 订舱→接受托运→发放空箱→拼箱货装箱/整箱货交接→换取提单→装船运出
   C. 订舱→发放空箱→拼箱货交接/整箱货装箱→装船运出
   D. 揽货/订舱→接受订单→发放空箱→装箱→承运

3. 集装箱班轮进口业务流程是（　　）。
   A. 文件与单证准备→卸船掏箱→收货人付费换单→交付货物
   B. 准备工作→整箱拆箱/拼箱掏箱→通知货主提货
   C. 接受承运方通知，安排泊位→卸船→将货运至货主货场→掏箱
   D. 卸船准备→卸船拆箱→收货人付费换单→交付货物→还箱

4. 集装箱空箱的调运主要是由于（　　）。
   A. 管理不规范　　　　　　　　B. 贸易顺差
   C. 进出口不平衡　　　　　　　D. 承运人调度失控

5. 为了局部弥补来回航线货源不平衡，解决集装箱空箱调运的问题，可以选择（　　）。
   A. 单程租赁　　　　　　　　　B. 即期租赁
   C. 集装箱租赁　　　　　　　　D. 船公司互借集装箱

6. 下列运输凭证中最重要的是（　　）。
   A. 运费单　　　　　　　　　　B. 保险单
   C. 索赔单　　　　　　　　　　D. 提单

7. 在定期租船合同下，船舶的经营管理由（　　）负责。
   A. 出租人　　　　　　　　　　B. 船东
   C. 船舶使用人　　　　　　　　D. 承租方

8. （　　）的整箱货由货主封箱，填写装箱单，并加海关铅封。
   A. 只有一个发货人和一个收货人　　B. 只有一个发货人
   C. 只有一个收货人　　　　　　　　D. 共同启运与到达港

9. 集装箱交接的"门到站"（Door/CFS）方式属于（　　）。
   A. 拼箱货接收，整箱货交付　　　　B. 拼箱货接收，拼箱货交付
   C. 整箱货接收，拼箱货交付　　　　D. 整箱货接收，整箱货交付

10. 设备交接单的当事人是（　　）。
    A. 发货人与承运人　　　　　　　　B. 收货人与承运人
    C. 用箱人与箱主　　　　　　　　　D. 租箱人与租箱公司

11. 载有确认条款的单证是（　　）。
    A. 订舱单　　　　　　　　　　　　B. 装箱单
    C. 集装箱提单　　　　　　　　　　D. 设备收据

12. 集装箱进出港区时确定箱体交接责任的单证是（　　）。
    A. 提单　　　　　　　　　　　　　B. 大副收据
    C. 提货单　　　　　　　　　　　　D. 设备交接单

13. 场站收据是（　　）。
    A. 货物收据　　　　　　　　　　　B. 交货凭证
    C. 可转让凭证　　　　　　　　　　D. 运输合同证明

14. 多式联运经营人负责货物（　　）。
    A. 安排运输内容　　　　　　　　　B. 代理联运合同执行
    C. 全程运输及相应责任　　　　　　D. 在拥有运输工具下的全程运输

15. 统一杂货租船合同，简称为"金康（GENCON）"是（　　）。
    A. 航次租船合同　　　　　　　　　B. 定期租船合同
    C. 光船租船合同　　　　　　　　　D. 包运租船合同

16. 在航次租船合同下，（　　）必须按合同的规定，按时抵达装货港及装卸指定货物，并按时运抵目的港。
    A. 船方　　　　　　　　　　　　　B. 船东
    C. 代理　　　　　　　　　　　　　D. 承运人

17. 在定期租船合同下，船舶的经营管理由（　　）负责。
    A. 承租人　　　　　　　　　　　　B. 租船人
    C. 船东　　　　　　　　　　　　　D. 船务代理

18. 租船合同中的当事人是（　　）。

A. 发货人与船东 B. 船东与收货人
C. 船东与租船人 D. 船东与货主

19. 航次租船中由（　　）指定船长、船员。

A. 船东 B. 租船人
C. 货运代理人 D. 无船承运人

20. 在一次运输过程中采用两种或两种以上的运输方式称为（　　）。

A. 驮式运输 B. 滚装运输
C. 远洋运输 D. 联合运输

21. 在下列运输服务的提供者中，（　　）具有的优势：一次定价，有利于改善价格策略；重复成本减少，体现了规模经济。

A. 单一方式承运人 B. 小件承运人
C. 多式联运经营人 D. 第三方运输人

22. 国际货运代理人与货主之间的关系，称为（　　）。

A. 委托代理关系 B. 承托关系
C. 运输合同关系 D. 买卖合同关系

23. 进口货物海关放行的单证是（　　）。

A. 提货单 B. 提单
C. 关单 D. 大副收据

24. 出口货物海关放行的单证是（　　）。

A. 场站收据 B. 装箱单
C. 提单 D. 装货单

25. 商检证是（　　）。

A. 买卖合同组成部分 B. 运输合同组成部分
C. 信用证组成部分 D. 独立的证书文件

26. 经海关批准，在海关监管下，专供存放未办理关税手续而入境或过境货物的场所称为（　　）。

A. 中转仓库 B. 保税仓库
C. 专用仓库 D. 通用仓库

（二）多项选择题 （下列每题中的多个选项中，至少有 2 个是正确的，请将其代号填在括号中）

1. 国际集装箱租赁的主要作用是（　　）。

A. 减少一次性投资 B. 合理避税

C. 减少空箱闲置 　　　　　　　D. 弥补往返航线箱源不平衡

2. 海运货物中转的原因有（　　）。
   A. 货物出口地与进口地无直达航线　　B. 目的港水深不够
   C. 航班时间与货运合同要求不符　　　D. 干支线结合减少成本

3. 北美大陆桥的接运方式为（　　）。
   A. 港口与铁路结合　　B. 海运与陆运分开
   C. 全程多式联运　　　D. 铁海分离

4. 国际海运的主要单证包括（　　）。
   A. 设备交接单　　B. 装箱单
   C. 站场收据　　　D. 提单

5. 提单的主要内容为（　　）。
   A. 托运人与货物的状况　　B. 承运人与承运工具资料
   C. 承运内容　　　　　　　D. 提单的"国际公约"

6. 适合集装箱化货物的特征有（　　）。
   A. 货价适当　　　B. 运费承受能力适当
   C. 运输距离长　　D. 货物属性适合集装箱装运

7. 集装箱货运站的主要工作内容是（　　）。
   A. 重箱与空箱的堆存和保管　　B. 集装箱承运、验收、保管和交付
   C. 拼箱货的拆箱与装箱作业　　D. 整箱中转

8. 由多个承运人共同完成货物全程运输下使用的提单有（　　）。
   A. 转运提单　　　B. 联运提单
   C. 多式联运提单　D. 直达提单

9. 定期租船广泛使用的合同范本有（　　）。
   A. 中租 1980 年定期租船合同　　B. 纽约土产交易所定期租船合同（1981）
   C. 统一杂货租船合同（1994）　　D. 巴尔的摩统一定期租船合同（1974）

10. 多式联运经营人是（　　）。
    A. 订立多式联运合同的人　　　　B. 有权签发多式联运提单的人
    C. 对海运区段运输负责的人　　　D. 可以是船公司，也可以是无船承运人

11. 集装箱货物的集散与交接方式有（　　）。
    A. 整箱交整箱接　　B. 拼箱交拆箱接
    C. 整箱交拆箱接　　D. 拼箱交整箱接

二、操作技能练习题

(一) 单项选择题（下列每题有 4 个选项，其中只有 1 个是正确的，请将其代号填在括号中）

1. 根据整箱与拼箱货，最常采用的集装箱交接地点与交接方式是（　　）。

   A. Door/DoorCY/CYCFS/CFSHook/Hook

   B. Door/DoorDoor/CFSDoor/CFSDoor/Hook

   C. CY/DoorCY/CYCY/CFSCY/Hook

   D. CY/CYCY/CFSCFS/CYCFS/CFS

2. 码头收据由发货人或代理填制，随货运至码头堆场，由（　　）签署，以证明收妥货物。

   A. 承运人或代理　　　　　　B. 码头接货人

   C. 码头理货人　　　　　　　D. 港口装卸公司

3. 多式联运经营人以（　　）合同与分承运人建立承运法律关系。

   A. 多式联运　　　　　　　　B. 航线经营

   C. 外包　　　　　　　　　　D. 联运分包

4. 油轮租赁最常用的是（　　）合同。

   A. 定期租赁　　　　　　　　B. 定期班轮

   C. 光船租赁　　　　　　　　D. 航次租船

5. 集装箱提单凭码头收据换领，是（　　）提单。

   A. 装船离港　　　　　　　　B. 装船待运

   C. 收货待运　　　　　　　　D. 物权

6. 集装箱空箱发运流程的关键作业是（　　）。

   A. 托送人或拖车公司在船公司办理备案手续

   B. 集装箱拖车公司在船公司交付押金

   C. 拖车公司将空箱运至发货人指定地点

   D. 托运人承诺付费

7. 空箱回运是（　　）的责任。

   A. 承运人　　　　　　　　　B. 收货人

   C. 货主　　　　　　　　　　D. 集装箱货运站

8. 集装箱班轮运输流程的订舱先于接受托运申请是因为（　　）。

   A. 托运人必须预付定金　　　B. 订舱是代理人的利益

   C. 必须先确定舱位集载　　　D. 确认贸易条件与货物托运状况

9. 如收货人对整箱内货物发生索赔时，（　　）对此负责。
   A. 承运人　　　　　　　　　　B. 发货人
   C. 集装箱货运站　　　　　　　D. 集装箱码头

10. 如收货人对拼箱内货物发生争议时，（　　）对此负责。
    A. 承运人　　　　　　　　　　B. 发货人
    C. 集装箱货运站　　　　　　　D. 集装箱码头

11. 海运货物定期班轮主要装运（　　）货物。
    A. 数量多、价值低的非包装货　B. 包装杂货
    C. 散杂货　　　　　　　　　　D. 泡货

12. 船务代理按规定的收费标准向（　　）收取船舶和货物的代理费。
    A. 租船经纪人　　　　　　　　B. 承运人
    C. 委托人　　　　　　　　　　D. 收货人

13. 集装箱货物运输单证起点是（　　）。
    A. 设备交接单　　　　　　　　B. 提单
    C. 站场收据　　　　　　　　　D. 装箱单

14. 海运提单的财务作用是（　　）。
    A. 海运物权凭证　　　　　　　B. 货物付款凭证
    C. 向银行办理抵押　　　　　　D. 向银行办理议付和结汇

15. 装箱单是根据（　　）制作的，作为向海关申报出口的代用单据。
    A. 货物　　　　　　　　　　　B. 已装入集装箱内货物
    C. 托运人的要求　　　　　　　D. 港口与承运人的要求

16. 码头收据由发货人或代理填制，随货运至码头堆场，由（　　）签署，证明货已收妥。
    A. 承运人或代理人　　　　　　B. 码头接货人
    C. 理货人　　　　　　　　　　D. 港口装卸公司

17. 定期船货运程序为订舱、（　　）、卸船交货。
    A. 接货装船　　　　　　　　　B. 仓库收货
    C. 集中装船　　　　　　　　　D. 交接

18. 期租船由（　　）负责船舶营运管理。
    A. 船东　　　　　　　　　　　B. 租船人
    C. 无船承运人　　　　　　　　D. 船务代理人

19. SBL 中的承运人是（　　）。

A. 船公司 B. 船公司代理
C. 无船承运人 D. 租船人

20. 多式联运经营人以（   ）合同与分承运人建立承运法律关系。
    A. 提单 B. 航线经营
    C. 外包 D. 联运分包

21. HBL 的签发人是（   ）。
    A. 船公司 B. 船公司代理
    C. 无船承运人 D. 租船人

22. HBL 中的发货人是（   ）。
    A. 船公司 B. 船公司代理
    C. 中间商 D. 信用证中的受益人

23. 多式联运经营人对货物承担的责任期限是（   ）。
    A. 自己运输区段 B. 全程运输
    C. 实际承运人运输区段 D. 第三方运输区段

24. 国际货物出入境应填写（   ）。
    A. 提单 B. 产地证书
    C. 运单 D. 货物出入境报验单

25. 海关对进出口货物查验应（   ）。
    A. 提出申请 B. 强制性申请
    C. 不必申请 D. 口头申请

26. 卫检对集装箱查验要求做到（   ）。
    A. 清洁、干燥 B. 无味、无尘
    C. 清洁、无味 D. 清洁、干燥、无味、无尘

（二）多项选择题（下列每题中的多个选项中，至少有 2 个是正确的，请将其代号填在括号中）

1. 站场收据流转涉及（   ）。
   A. 托运方 B. 货代方与承运方
   C. 海关方 D. 商检方

2. 铁路进口货物明细表的作用是（   ）。
   A. 进口报关 B. 进口货物查询与统计
   C. 收货人提货 D. 结算依据

3. 国际多式联运提单签发的条件是（   ）。

A. 在船上收到货物后 　　　　　B. 在发货人仓库收到货物后
C. 在集装箱货运站收货后　　　　D. 在码头堆场收货后

4. 海运提单的主要应用种类有（　　）。
A. 备运提单　　　　　　　　　　B. 指示提单
C. 不清洁提单　　　　　　　　　D. 海运单

5. 集装箱整箱货流转过程包括（　　）。
A. 在发货地点装箱　　　　　　　B. 将整箱货运至集装箱码头装船
C. 运至目的港卸船　　　　　　　D. 转运至内陆集装箱货运站掏箱

6. 集装箱拼箱货流转过程包括（　　）。
A. 发货人将货物运至集装箱货运站装箱
B. 拼箱货在集装箱货运站装箱
C. 装船运至目的港卸船
D. 运至内陆集装箱堆场掏箱

7. 集装箱租船合同有（　　）。
A. 金融租赁　　　　　　　　　　B. 实际使用租赁
C. 单程租赁　　　　　　　　　　D. 来回程租赁

8. 海运支线货物转运程序是（　　）。
A. 转运货物的装卸和舱位安排　　B. 货物运输状态跟踪
C. 安排中转船启运和到港时间　　D. 单证及费用结算工作

9. 海运中转的利润来源包括（　　）。
A. 中转代理费用　　　　　　　　B. 中转港装卸费用
C. 下程海运费用　　　　　　　　D. 下程的文件单证制作费用

10. 与FCL-FCL相应的交接方式是（　　）。
A. DOOR-DOOR　　　　　　　　　B. CY-CY
C. DOOR-CY　　　　　　　　　　D. CY-DOOR

11. 由站发货的方式包括（　　）。
A. CFS/CY　　　　　　　　　　　B. CFS/DOOR
C. CY/DOOR　　　　　　　　　　D. DOOR/CFS

12. 由门发货的方式包括（　　）。
A. DOOR/CY　　　　　　　　　　B. CFS/DOOR
C. CY/DOOR　　　　　　　　　　D. DOOR/CFS

辅导练习题参考答案

一、理论知识练习题

(一) 单项选择题

1. C   2. B   3. D   4. C   5. A   6. D   7. D   8. A   9. C   10. C
11. C   12. D   13. A   14. C   15. A   16. A   17. B   18. C   19. A   20. D
21. C   22. A   23. A   24. D   25. D   26. B

(二) 多项选择题

1. AD   2. ACD   3. BC   4. ABCD   5. ABC
6. ABD   7. ABCD   8. ABC   9. BD   10. ABD
11. ABCD

二、操作技能练习题

(一) 单项选择题

1. D   2. A   3. D   4. D   5. C   6. A   7. C   8. D   9. B   10. C
11. B   12. C   13. D   14. D   15. B   16. A   17. A   18. B   19. A   20. D
21. C   22. D   23. B   24. D   25. A   26. D

(二) 多项选择题

1. ABC   2. ABD   3. BCD   4. BD   5. ABC
6. BCD   7. ABCD   8. ABD   9. ABCD   10. ABCD
11. AB   12. AD

第 7 章 物流信息采集与处理

重点复习提示

一、采集物品信息

1. 条形码与射频标志

（1）条形码（简称条码）。条形码是一种能被光电扫描识读设备自动识读并实现自动将信息输入计算机的图形标记符号，是由一组有规则排列的条、空以及对应的字符组成的标记。常用条形码有：通用商品条码、储运单元条码和贸易单元 128 条码。

（2）射频标志。射频识别是电磁技术与识别技术的结合，它可以远距离识读信息，适用于物料搬运跟踪、运输工具和货架识别等较远距离的数据采集与交换场所。射频识别技术标签具有读写能力，对于需要频繁改变资料内容的场合特别适用。

2. POS 系统与条形码

POS 系统能在销售终端对商品条形码扫描，自动完成收款，并对库存商品、销售金额进行分类与汇总统计，它是销售数据处理与收款机合一的系统。POS 系统包含前台 POS 操作系统和后台的管理信息系统两部分。前台部分主要依据对条形码的信息采集，完成销售收款与统计。没有条形码，POS 系统不能运作。

3. GPS 系统内容

GPS 空间部分是由卫星组成的星座，卫星高度为 20 200 km，运行周期为 12 h；GPS 地面控制部分是分布在全球各地跟踪站构成的监控系统；GPS 用户设备部分是接收装置，核心设备是 GPS 接收机。

4. EDI 的内容与应用

EDI 的组成要素包括：通信网络传输信息、终端的计算机硬件和专用软件使 EDI 报文发出与接收、EDI 标准将报文转化为电子数据和传输状态。EDI 应用于外系统和远程交易、运输和海关作业。

5. 物流信息系统

（1）物流信息系统的特点。物流信息系统一般具有集成化、模块化、实时化、网络化和智能化等主要特点。

（2）物流信息系统的组成。硬件、软件、数据库（数据仓库）、人员、管理思想、规章制度共同构成了物流信息系统。

（3）物流信息系统的功能特点

1) 全过程管理。①制订战略计划；②决策分析；③管理控制；④进行交易。

2) 分层次管理。对于物流企业的各项运作，将其纳入物流信息系统的管理中，分为操作层、知识层、战术层和战略层四个层次进行管理。

二、物品信息采集技术

1. 通用商品条码

通用商品条码是用于标准国际通用商品代码的模块组合型条码，简称 EAN 码。由 13 位数字和 4 部分组成，分别为国家与地区码、厂商码、商品码和检验码。EAN 码有标准版 EAN-13 码和缩短版 EAN-8 码两种。

2. 储运单元条码

储运单元条码是为便于搬运、仓储、订货、运输作业，由消费单元组成的商品包装单元条码。储运单元条码有定量储运单元条码 ITF-14 和变量储存单元条码 ITF-14/ITF-6 两种形式，其中 ITF6 为附加代码。

3. 贸易单元条码

贸易单元条码简称 EAN-128 码，在物流作业过程中携带生产日期、有效日期、运输包装序号、货物重量、体积、尺寸、送出地址与送达地址等信息，它可以详细描述物品的内容和状况，广泛运用在物流、生产流程控制、车辆调度、海关对进出口物品的检查与追踪领域中。

4. 条码扫描仪

有笔式、手持式、台式、激光自动、卡式、便携式条码阅读器 6 种。

辅导练习题

一、理论知识练习题

（一）单项选择题（下列每题有 4 个选项，其中只有 1 个是正确的，请将其代号填在括号中）

1. 由于（　　）技术的运用，物品信息采集成为可能。

  A. 计算机　　　　　　　　　B. 物品编码

  C. 条形码　　　　　　　　　D. A 和 C

2. 条形码是商品身份的（　　）。
   A. 信息   B. 统一编码
   C. 特定标志   D. 符号标志

3. POS 系统将前台的销售收入与票据打印，并与后台（　　）系统结合，通过网络传输，是零售商业与物流领域的基本实用工具。
   A. MIS   B. MRP
   C. ERP   D. EOS

4. 物流作业信息系统是按照（　　）形成的信息管理与软件控制。
   A. 行业运营   B. 物流功能
   C. 业务功能模块   D. 操作程序

5. EDI 的电子数据是（　　）的。
   A. 实体   B. 虚拟
   C. 不可见   D. 通过转换可视化

6. 从打印报表等单项电子数据处理上升为企业数据库的是（　　）。
   A. DRP   B. ERP
   C. MIS   D. DSS

7. EDI 是根据商定的交易或电文数据的结构标准实施商业或行政交易，从计算机到计算机的（　　）传输。
   A. 行政数据   B. 电子数据
   C. 地理数据   D. 财务数据

8. 物流信息管理包括（　　）。
   A. 物流信息的收集、处理、传递和储存
   B. 物流信息的识别、处理、传递和储存
   C. 物流信息的收集、转换、传递和储存
   D. 物流信息的收集、处理、分类和储存

9. 通过信息管理物流，可有效地提高整个物流的（　　）。
   A. 灵活性、先进性、可靠性   B. 灵活性、速度、可靠性
   C. 集成性、可靠性、灵活性   D. 先进性、速度、可靠性

10. 物流的（　　）是物流信息化的必然，是电子商务下物流活动的主要特征之一。
    A. 现代化   B. 企业化
    C. 网络化   D. 集约化

11. 物流系统对物流信息的要求是信息充足、信息准确、（　　）。

A. 信息适当 B. 信息灵活
C. 通信顺畅 D. 以异常情况为基础

12. 在物流信息网络建立中，（　　）是确定信息和整理的程序。
    A. 确定基础设施 B. 设计工作流程
    C. 选择数据及其存储方式 D. 建立通信系统

13. CRM 注意收集各种客户信息，记录并管理客户的需求差别化，使得（　　）。
    A. 企业不关心非重点客户 B. 企业只需要管好自身利益
    C. 企业要每天联系重点客户 D. 企业"比客户自己更了解客户"

14. CRM 的目的就是要使客户按（　　）的方式演变。
    A. 潜在客户—忠诚客户—顾客—常客
    B. 潜在客户—忠诚客户—常客—顾客
    C. 潜在客户—顾客—常客—忠诚客户
    D. 潜在客户—顾客—忠诚客户—常客

15. 物流信息系统的最终目的是帮助企业（　　），提高业务效率。
    A. 提高经济效益 B. 扩大市场占有率
    C. 提高核心竞争力 D. 提高经营成功率

（二）多项选择题（下列每题中的多个选项中，至少有 2 个是正确的，请将其代号填在括号中）

1. 在商业 POS、MIS 信息系统中的网络系统包括（　　）。
   A. GPS 传输信号 B. 网络与硬件系统层
   C. 系统软件层 D. 应用软件层

2. 地理信息系统按功能和作用分为（　　）。
   A. 实用型 B. 应用型
   C. 操作型 D. 工具型

3. GPS 系统包括（　　）。
   A. 空间部分 B. 地面控制部分
   C. 用户设备部分 D. 网络传输部分

4. 商流、物流和信息流三者之间关系是（　　）。
   A. 信息流是导向 B. 商流是前提
   C. 物流是基础 D. 物流是导向

5. POS 的硬件系统包括（　　）。
   A. 前台收款机 B. 网络

C. 硬件平台　　　　　　　　　　D. 入库管理系统

6. 物流信息系统一般具有（　　）特点。
　　　A. 模块化　　　　　　　　　　　B. 实时化
　　　C. 自动化　　　　　　　　　　　D. 网络化

7. 在物流信息系统中，软件一般包括（　　）。
　　　A. 系统软件　　　　　　　　　　B. 共享软件
　　　C. 实用软件　　　　　　　　　　D. 应用软件

8. 物流信息系统的功能包括（　　）。
　　　A. 制订战略计划　　　　　　　　B. 决策分析
　　　C. 管理控制　　　　　　　　　　D. 进行交易

二、操作技能练习题

(一) 单项选择题（下列每题有 4 个选项，其中只有 1 个是正确的，请将其代号填在括号中）

1. 条形码的最后一位数字的作用是（　　）。
　　　A. 防止扫描仪初始漏读　　　　　B. 防止扫描仪阅读时误判
　　　C. 防止增加使用范围　　　　　　D. 一维码的阅读权限

2. EAN 码是用于（　　）的模块组合型条码。
　　　A. 所有物品　　　　　　　　　　B. ISO 下的商品范围
　　　C. 国际通用商品　　　　　　　　D. 公制与英制商品

3. EAN 码中由厂商自行制定的码是从右（　　）数字。
　　　A. 第 8 位至第 12 位　　　　　　B. 第 4 位至第 7 位
　　　C. 第 4 位至第 12 位　　　　　　D. 第 8 位至第 13 位

4. 储运条码的独特使用条件是（　　）。
　　　A. 商品不同
　　　B. 商品物流程序发生变化
　　　C. 储运状态
　　　D. 商品不同包装或同一包装中有不同商品组合

5. 贸易单元 128 码用于（　　）条件下。
　　　A. 复杂的国际贸易
　　　B. 任何物流和生产流程控制
　　　C. 储运状态不断变化
　　　D. 通用条形码与储运条码不足以表达商品内容

6. 应用于流动环境的扫描仪是（　　）。
   A. 掌上型扫描仪　　　　　　　　B. 激光自助扫描仪
   C. 便携式扫描仪　　　　　　　　D. 卡式扫描仪
7. 射频标志技术的终端是手持式便携数据扫描仪，具有（　　）功能。
   A. 无线通信　　　　　　　　　　B. 暂时存储
   C. 联网输送　　　　　　　　　　D. 自动扫描
8. POS 的统计功能表现为（　　）。
   A. 记录销售收入　　　　　　　　B. 将销售与库存信息自动分类打印
   C. 反映入出库差额　　　　　　　D. 传输销售与库存信息
9. POS 系统在物品入库管理中的运用必须依靠（　　）。
   A. POT　　　　　　　　　　　　B. EAN
   C. MIS　　　　　　　　　　　　D. RF
10. GPS 系统在物流作业中最普遍的应用是（　　）。
    A. 铁路货车监控　　　　　　　　B. 军事用途
    C. 港口堆场调度　　　　　　　　D. 汽车自动定位，货物跟踪
11. EDI 交易双方传递的文件是特定的格式，采用（　　）报文标准。
    A. UN/EDIFACT　　　　　　　　B. UN/TDED
    C. UM/ECE　　　　　　　　　　D. UN/CEFACT
12. MRP 系统最主要的目标是确定（　　），为进行生产库存提供必要的信息。
    A. 物料需求量　　　　　　　　　B. 每项物料在每个时区的需求量
    C. 生产计划量　　　　　　　　　D. 物料在不同时间的需求量
13. MRP Ⅱ 的管理要素范围在（　　）。
    A. 财务能力　　　　　　　　　　B. 制造能力
    C. 企业之外　　　　　　　　　　D. 企业之内
14. ERP 与 MRP Ⅱ 的根本区别在于（　　）。
    A. 市场地位　　　　　　　　　　B. 企业内部与外部资源管理
    C. 销售能力　　　　　　　　　　D. 企业供应链地位

（二）多项选择题（下列每题中的多个选项中，至少有 2 个是正确的，请将其代号填在括号中）

1. 储运单元条码分为（　　）。
   A. 定量储运单元条码（ITF-14）　　B. UPC 码
   C. 变量储运单元条码（ITF-14/ITF-6）　D. 交插二五条码

2. 通用商品条码的特点包括（   ）。
   A. 唯一性　　　　　　　　　　B. 无含义
   C. 全数字　　　　　　　　　　D. 一维特征
3. EDI 的组成要素为（   ）。
   A. EDI 通信网络　　　　　　　B. EDI 硬件和软件
   C. EDI 标准化　　　　　　　　D. EDI 法律平台
4. EDI 标准中首要的是单证标准化，包括（   ）。
   A. 单证代码标准化　　　　　　B. 单证格式标准化
   C. 记载信息标准化　　　　　　D. 信息描述标准化
5. ERP 在国内企业中的实施效果远不如 MRP，其原因是（   ）。
   A. MRP 应用不成熟　　　　　　B. 企业与外部传输的信息不准确
   C. 企业内部流程需要改造　　　D. 缺乏社会资源评估系统
6. ERP 软件可以提供的扩展功能模块是（   ）。
   A. CRM　　　　　　　　　　　B. SFA
   C. E-commerce　　　　　　　　D. SCM

辅导练习题参考答案

一、理论知识练习题

（一）单项选择题

1. D　　2. B　　3. A　　4. C　　5. B　　6. C　　7. B　　8. A　　9. B　　10. C
11. C　　12. B　　13. D　　14. C　　15. C

（二）多项选择题

1. BCD　　2. BD　　3. ABC　　4. ABC　　5. ABC
6. ABD　　7. ACD　　8. ABCD

二、操作技能练习题

（一）单项选择题

1. B　　2. C　　3. A　　4. D　　5. D　　6. C　　7. B　　8. B　　9. C　　10. D
11. A　　12. B　　13. D　　14. B

（二）多项选择题

1. ACD　　2. ABC　　3. ABC　　4. BCD　　5. BC
6. ABCD

第8章 物流英语

重点复习提示

一、物流概念与管理术语（23个）

after-sales service；cargo；claim；distribution requirements planning（DRP）；enterprise resource planning（ERP）；external logistics；freight；global positioning system（GPS）；goods；internal logistics；inventory control；just in time（JIT）；logistics modulus；material requirements planning（MRP）；NVOCC；outsourcing；returned logistics；reversed logistics；supplier；supply chain management（SCM）；supply logistics；third party logistics；virtual logistics

二、物流作业术语（29个）

automatic data collection（ADC）；carrier；combined transport；consignee；container liner；containerized transport；customer relationship management（CRM）；customer service；cycle stock；distribution；distribution processing；door to door；electronic business（EB）；electronic data interchange（EDI）；full container load（FCL）；handling/carrying；in bulk；international freight forwarding agent；international multimodal transport；less-than container load（LCL）；loading and unloading；package/packaging；recycling；safety stock；shipper；storing；tariff；transportation；zero stock

三、物流装备术语（31个）

bar code label（scanner）；bulk container；commodity inspection；container freight station；container terminal；container yard（CY）；conveyor；crane；customs declaration；firewall；fork lift truck；forty-foot equivalent unit（FEU）；gateway；goods shelf；goods yard；interchange terminal；liner；pallet；portable data terminal（PDT）；receiving space；shipping agency；shipping space；stacker；stereoscopic warehouse；tally；trucking；twenty-foot equivalent unit (TEU); vehicle; virtual warehouse; warehouse; yard

四、物流单证术语（20个）

air bill of lading; air way bill; bill of lading (B/L); cargo receipt; certificate of origin (CO); cost insurance and freight (CIF); customs declaration (C/D); document against acceptance (D/A); document against payment (D/P); free on board (FOB); house air way bill (HAWB); letter of credit (L/C); master air way bill (MAWB); multimodal transport document (MTD); ocean bill of lading; packing list (P/L); received for shipment B/L; shipping list; shipping order; warehouse receipt

辅导练习题

一、单项选择题（下列每题有4个选项，其中只有1个是正确的，请将其代号填在括号中）

1. "物流模数"的英文是（　　）。
   A. logistics model   B. logistics modulus
   C. logistics movement   D. logistics test

2. "企业物流"的英文是（　　）。
   A. factory logistics   B. business logistics
   C. enterprise logistics   D. internal logistics

3. "货物"的英文是（　　）。
   A. materials   B. commodity
   C. cargo   D. good

4. "虚拟物流"的英文是（　　）。
   A. empty logistics   B. plan logistics
   C. information logistics   D. virtual logistics

5. "集装运输"的英文是（　　）。
   A. containerized transport   B. container transport
   C. continue transport   D. union transport

6. "条形码标签"的英文是（　　）。
   A. label   B. bar label
   C. bar code and label   D. bar code label

7. "集装箱码头"的英文是（　　）。

　　A. container port　　　　　　　　B. container pier

　　C. container place　　　　　　　D. container terminal

8. "班轮"的英文是（　　）。

　　A. line ship transport　　　　　B. line shipping

　　C. liner　　　　　　　　　　　　D. liner transport

9. "国际多式联运"的英文是（　　）。

　　A. international transport

　　B. international multimodal transport

　　C. international multiform transport

　　D. international through transport

10. "一般原产地证"的英文是（　　）。

　　A. certificate of origin　　　　B. certificate of original

　　C. certificate of origins　　　 D. certificate of originals

二、多项选择题（下列每题中的多个选项中，至少有 2 个是正确的，请将其代号填在括号中）

1. The purpose of Just-In-Time is to meet demand instantly, with perfect （　　）.

　　A. quantity　　　　　　　　　　B. quality

　　C. cost　　　　　　　　　　　　D. punctuality

2. The basic functions of packaging in logistics are （　　）.

　　A. marketing　　　　　　　　　B. advertising

　　C. storing　　　　　　　　　　D. delivery

3. A standardized logistic system ensures better （　　） and distribution capacities.

　　A. inventory control　　　　　B. time management

　　C. location choices　　　　　D. customer management

4. Supply chain is defined as the network including （　　）.

　　A. retailers & wholesalers　　B. manufacturers

　　C. service providers　　　　 D. suppliers

5. In SCM.（　　）is called as upstream,（　　）is referred to downstream.

　　A. makers　　　　　　　　　　B. suppliers

　　C. customers　　　　　　　　D. distributors

6. Logistic information refers general logistics （　　）.

A. knowledge
B. materials
C. images
D. data

辅导练习题参考答案

一、单项选择题

1. B 2. D 3. C 4. D 5. A 6. D 7. D 8. C 9. B 10. A

二、多项选择题

1. BD 2. AD 3. ABD 4. ABCD 5. AD
6. ABCD

助理物流师

第1章 物品采购

重点复习提示

一、需求预测

1. 采购市场调查方法

（1）询问法。指调查者用被调查者愿意接受的方式向其提出问题，得到回答，获得所需要的资料。包括问卷调查法和面谈调查法。

（2）观察法。指调查人员在现场对调查对象进行直接观察记录，取得第一手资料的一种调查方法。

（3）实验法。实验法的形式包括实验室实验、现场实验、计算机模拟实验、计算机网络环境下人机结合实验等。

（4）文献检索法。文献检索法就是从浩繁的文献中检索出所需的信息的过程。文献检索分为手工检索和计算机检索。

2. 调查表设计

了解调查表的构成，掌握设计调查表的步骤。

3. 抽样调查技术

掌握各种抽样方法（随机抽样和非随机抽样），能合理确定样本的大小，并能判断抽样调查的误差。

4. 采购定性预测方法

掌握类推法、专家意见法、用户调查法、经验判断法、主观概率加权平均法等各种定性预测方法与技术。

5. 采购定量预测方法

掌握算术平均法、移动平均法、加权移动平均法、指数平滑法、回归预测法等各种定量预测方法的技术。

二、组织实施采购方案

1. 采购组织结构

采购组织结构是指企业采购中使用的采购组织模式和采购行为准则。包括：(1) 集中化采购；(2) 分散化采购；(3) 混合化采购。

2. 订单跟踪

订单跟踪包括：(1) 跟踪工艺文件；(2) 跟踪原材料；(3) 跟踪加工过程；(4) 跟踪组装与检测；(5) 跟踪包装入库。

3. 采购质量管理

建立采购质量管理保证体系，制定采购质量控制标准，对供货厂商的产品质量进行控制和对物料进行质量检验，是采购质量管理的主要内容，应掌握相关的内容和要求。

4. 采购成本确定与控制

运用生命周期成本法和目标成本法确定采购成本，并能对采购成本进行事前规划、事中分析和事后考核。

5. 采购货款和合同管理

(1) 采购合同的内容。

(2) 采购合同管理的环节。

(3) 订单的跟踪。

(4) 采购货款管理

1) 查询物品入库信息。

2) 准备付款申请单据。

3) 付款审批。

4) 资金平衡。

5) 向供应商付款。

6) 供应商收款。

三、供应商管理

1. 采购认证流程

掌握认证准备、初选供应商、初次试制认证、中试认证、批量认证、认证供应评价等采购认证流程的相关知识。

2. 现有供应商的考评方法

熟悉现有供应商的考评指标（包括：质量指标，供应指标，经济指标，支持、合作与服务指标），掌握现有供应商的考评分析方法（包括：线性权重法、层次分析法、多目标数学规划法）。

3. 对潜在供应商的考评方法

通过调查表或其他方式，考核潜在供应商的制造条件与技术水平、质量控制与售后服务、生产能力、管理能力和财务实力等条件。

辅导练习题

一、理论知识练习题

（一）单项选择题（下列每题有4个选项，其中只有1个是正确的，请将其代号填在括号中）

1.（　　）是采购作业成本分析的主要信息。

　　A. 成本诱因　　　　　　　　B. 财务制度

　　C. 管理制度　　　　　　　　D. 人力资源

2.（　　）是由于物料供应中断产生的经营性损失。

　　A. 订货成本　　　　　　　　B. 货损赔偿

　　C. 维持成本　　　　　　　　D. 缺货成本

3. 采购谈判有三大影响因素，下面不是采购谈判影响因素的是（　　）。

　　A. 谈判计划的制订　　　　　B. 谈判参与者

　　C. 市场状况　　　　　　　　D. 谈判时间

4.（　　）不属于采购认证流程。

　　A. 初选供应商　　　　　　　B. 批量认证

　　C. 确定供应商　　　　　　　D. 认证供应评估

5. 进行采购市场预测时，预测误差大小可以用平均绝对误差（MAD）来表示，其计算公式是（　　）。（$i=1, 2, \cdots, n$）

A. $\mathrm{MAD} = \dfrac{\sum[\text{实际值}(D_i) - \text{预测值}(F_i)]}{\text{期数}(n)}$

B. $\mathrm{MAD} = \dfrac{\sum[\text{预测值}(F_i) - \text{实际值}(D_i)]}{\text{期数}(n)}$

C. $\mathrm{MAD} = \dfrac{\sum[\text{预测值}(F_i) - \text{实际值}(D_i)]}{\sqrt{\text{期数}(n)}}$

D. $MAD = \dfrac{\sum[实际值(D_i) - 预测值(F_i)]}{\sqrt{期数(n)}}$

6. 通过利用采购量同某种因素（即变量）间相互关系的规律，建立方程，然后预测采购量变化情况，这种预测方法称为（　　）。

    A. 算术平均法　　　　　　　　B. 指数平滑法

    C. 加权移动平均法　　　　　　D. 回归预测法

7. 由采购单位选出供应条件较为有利的几个供应商，同他们分别进行协商，再确定合适的供应商。这种供应商选择方法称作（　　）。

    A. 直观判断法　　　　　　　　B. 评分法

    C. 采购成本比较法　　　　　　D. 协商选择法

8. 下列采购市场预测的方法中，属于定性预测方法的是（　　）。

    A. 加权移动平均法　　　　　　B. 特尔斐法

    C. 算术平均法　　　　　　　　D. 指数平滑法

9. 考评供应商时，属于定性指标的是（　　）。

    A. 来料批次合格率　　　　　　B. 准时交货率

    C. 订单变化接受率　　　　　　D. 投诉灵敏度

10. 集中采购的优势是（　　）。

    A. 价格竞争　　　　　　　　　B. 快速决策

    C. 集权管理　　　　　　　　　D. 提高谈判地位

11. 专家调查法又称（　　）。

    A. 类推法　　　　　　　　　　B. 特尔斐法

    C. 用户调查法　　　　　　　　D. 经验判断法

12. 采购的定性预测方法是确定预测目标在一定时期内的（　　）。

    A. 需求量　　　　　　　　　　B. 发展变化趋势

    C. 供求差异量　　　　　　　　D. 供应能力变量

13. 采购的定量预测方法中的算术平均法与移动平均法的区别是它们的（　　）不同。

    A. 预测时期　　　　　　　　　B. 绝对与相对均值

    C. 预测时期基数　　　　　　　D. 准确度

14. 确定价格有多种方法，最常见的是对请求报价单的回应、公开招标和（　　）。

    A. 服务　　　　　　　　　　　B. 谈判

    C. 公关　　　　　　　　　　　D. 会议

15. 采购流程包括：①确认供应商的支付发票；②选择供应商；③签发采购订单；④采

购申请；⑤价格谈判；⑥跟踪订单；⑦接收货物。其顺序为（　　）。

  A. ③⑥④②⑤⑦①   B. ⑤③⑥④②⑦①

  C. ⑦①④②⑤③⑥   D. ④②⑤③⑥⑦①

16. 一般订货处理过程包括：①按订单供应；②订单传递；③订单准备；④订单处理追踪；⑤订单登录。其顺序为（　　）。

  A. ③②⑤①④   B. ③④⑤①②

  C. ⑤①③②④   D. ⑤③②①④

17. 询价发生在（　　）阶段。

  A. 准备阶段   B. 正式谈判阶段

  C. 检查确认阶段   D. 外部论证阶段

18. 在物流采购市场调查中采用抽签法抽选调查单位的随机抽样方法是（　　）。

  A. 简单随机抽样   B. 分类随机抽样

  C. 分群随机抽样   D. 非随机抽样

19. 解决质量纠纷的条款是（　　）的组成内容。

  A. 物流质量控制标准   B. 质量保证协议

  C. 检验方法协定   D. 质量反馈协议

20. 对现有供应商考核的基本指标是（　　）。

  A. 质量合格率   B. 价格水平

  C. 换货率   D. 准时交货率

21. 许多正式的供应商分级方案都是从质量、数量、价格、交付时间等方面追踪供应商的绩效和（　　）。

  A. 诚信度   B. 服务

  C. 熟悉程度   D. 历史

（二）多项选择题（下列每题中的多个选项中，至少有2个是正确的，请将其代号填在括号中）

1. 采购调查的主要项目是：（　　）。

  A. 采购系统   B. 营销组织

  C. 所购商品   D. 生产系统

2. 询问调查技术包括：（　　）。

  A. 自由问答法   B. 二项与多项选择法

  C. 顺位法   D. 评定法

3. 对现有供应商的考评指标是：（　　）。

A. 质量与供应指标　　　　　　B. 订单周期指标
C. 经济指标　　　　　　　　　D. 服务指标

4. 采用询问调查技术进行采购市场调查时，基本方法有：（　　）。
A. 自由回答法　　　　　　　　B. 二项选择法
C. 多项选择法　　　　　　　　D. 顺位法

5. 采购市场调查的作用具体体现在（　　）。
A. 采购市场调查是企业进行经营决策的基础
B. 采购市场调查是调整采购计划的依据
C. 采购市场调查是改善企业经营管理的重要工具
D. 采购市场调查可以降低员工流失率

6. 在采购谈判中，涉及产品品种、规格、型号、包装等内容属于（　　）谈判，而涉及数量折扣、退货损失、技术培训费用等内容属于（　　）谈判。
A. 产品条件　　　　　　　　　B. 质量条件
C. 价格条件　　　　　　　　　D. 经济条件

7. 准时采购中选择供应商的原则有：（　　）。
A. 供应商的数量较多　　　　　B. 保持竞争力
C. 供应商与公司邻近　　　　　D. 投标竞争主要限于新设计的零部件

8. 采购市场定性预测方法有：（　　）。
A. 类推法　　　　　　　　　　B. 特尔斐法
C. 用户调查法　　　　　　　　D. 回归模型法

9. 采购的定量预测方法由（　　）组成。
A. 指数平滑法　　　　　　　　B. 回归预测法
C. 移动平均法　　　　　　　　D. 加权移动平均法

10. 采购方式策略是指确定采用的采购运作方式，例如：（　　）。
A. 订货点　　　　　　　　　　B. VMI 采购
C. 折扣策略　　　　　　　　　D. 定期采购

11. 选择采购方式是在综合分析（　　）的基础上进行。
A. 需求特性　　　　　　　　　B. 品种特性
C. 价格特性　　　　　　　　　D. 供应商特性

12. 采购作业流程包括：（　　）。
A. 结算　　　　　　　　　　　B. 需求描述
C. 确定适宜的价格　　　　　　D. 订货跟踪

13. 非随机抽样的常用方法有：（　　）。
    A. 判断抽样   B. 分类抽样
    C. 分群抽样   D. 配额抽样
14. 采购市场调查的随机抽样法有：（　　）。
    A. 简单随机抽样法   B. 分地区随机抽样法
    C. 分层随机抽样法   D. 分群随机抽样法
15. 资源市场调查包括：（　　）。
    A. 基本情况   B. 基本性质
    C. 品种质量   D. 品种数量

二、操作技能练习题

(一) 单项选择题（下列每题有4个选项，其中只有1个是正确的，请将其代号填在括号中）

1. 预测基本方法按主客观因素所起的作用可以分为（　　）。
    A. 主观预测和统计预测   B. 主观预测和客观预测
    C. 简单预测和综合预测   D. 因果预测和统计预测
2. （　　）不属于随机抽样调查方法。
    A. 判断抽样   B. 简单抽样
    C. 分类抽样   D. 分群抽样
3. 工序检验通常不包括（　　）。
    A. 首件检验   B. 巡回检验
    C. 末件检验   D. 完工检验
4. 采购成本通常不包括（　　）。
    A. 订购成本   B. 损耗成本
    C. 维持成本   D. 缺料成本
5. （　　）属于进货检验形式。
    A. 成批进货检验   B. 监控检验
    C. 工序检验   D. 巡回检验
6. 供应商评估考核过程包括：①供应商资料收集及初评；②索样及试作订单；③品质确认；④询议价；⑤签订采购协议。合理的顺序是（　　）。
    A. ①②③④⑤   B. ①③④⑤②
    C. ①④②③⑤   D. ④①③②⑤
7. 商品采购认证准备不包括（　　）的内容。

A. 初步选定供应商范围 B. 熟悉认证的采购项目
C. 预算价格 D. 了解项目的需求量

8. 对采购物料的采购成本价格进行市场调查和行业比较，一般在采购认证中处于（　　）环节。

A. 认证准备 B. 初选供应商
C. 初次试制认证 D. 中试认证

9. 分析不同价格和采购中各项费用的支出，以选择采购成本较低的供应商，这种供应商的选择方法称作（　　）。

A. 直观判断法 B. 评分法
C. 采购成本比较法 D. 招标采购法

10. 物流采购市场预测的最后一个程序是（　　）。

A. 确定预测目标
B. 收集分析数据资料
C. 选择预测方法，建立预测模型
D. 提出预测报告和策略性建议，追踪检查预测结果

11. 比较科学、精确，但需要精确计算，工作量较大，适用于生产企业制定产品的物料消耗定额的方法是（　　）。

A. 技术分析法 B. 统计分析法
C. 趋势分析法 D. 经验估计法

12. 物料切削消耗留量尺寸不包括（　　）。

A. 加工留量 B. 下料切削留量
C. 夹头损耗 D. 质量损耗

13. （　　）不是采购常用的单证。

A. 购买申请单 B. 询价表
C. 报价表 D. 比价议价记录表

14. 供应商考核选择步骤不包括（　　）。

A. 考察考核供应商 B. 广泛联系供应商
C. 考核选择供应商 D. 调查了解供应商

（二）多项选择题（下列每题中的多个选项中，至少有2个是正确的，请将其代号填在括号中）

1. 对潜在供应商的考评内容包括：（　　）。

A. 市场占有率 B. 制造条件

C. 技术水平 D. 生产能力

2. 对供应商实际的检验活动包括：（   ）。
   A. 完工检验 B. 进货检验
   C. 工序检验 D. 工艺检验

3. 采购成本控制策略采取（   ）。
   A. 事前规划策略 B. 及时采购策略
   C. 过程审计策略 D. 网上采购策略

4. 供应商的考核，交期交量可用（   ）来考核。
   A. 逾期率 B. 批退率
   C. 合格率 D. 交货率

5. 供应商交货时，验收的主要工作一般包括：（   ）。
   A. 点收数量 B. 选择供应商
   C. 检验品质 D. 与供应商达成质量保证协议

6. 建立健全采购质量标准化体系，才能保证采购工作有据可依，标准包括：（   ）。
   A. 岗位标准 B. 认证标准
   C. 操作标准 D. 产品质量标准

7. 对供应商调查的内容包括：（   ）。
   A. 机器设备情况 B. 供应商营业地点详细情况。
   C. 材料供应状况 D. 供应商的统计技术是否科学

8. （   ）不是选择供应商的因素。
   A. 运输时间 B. 运输程序
   C. 运输能力 D. 运输质量

9. 选择供应商的常用方法有：（   ）。
   A. 考核选择 B. 介绍选择
   C. 委托选择 D. 招标选择

10. 采用一元线性回归预测法的条件是：（   ）。
    A. 预测对象只受一个主要因素的影响
    B. 预测对象受多个主要因素的影响
    C. 预测对象与因素之间存在着明显的线性相关关系
    D. 预测对象与因素之间存在着明显的非线性相关关系

11. 采购招标选择的主要工作包括：（   ）。
    A. 确定供应商选择的竞争机制 B. 调查了解供应商

C. 考察考核供应商   D. 考核选择供应商

辅导练习题参考答案

一、理论知识练习题

(一) 单项选择题

1. A   2. D   3. A   4. C   5. A   6. D   7. D   8. B   9. A   10. D
11. B   12. D   13. C   14. B   15. D   16. A   17. B   18. A   19. C   20. D
21. B

(二) 多项选择题

1. AC   2. ABCD   3. ACD   4. ABCD   5. ABC
6. BC   7. BCD   8. ABC   9. ABCD   10. ACD
11. ABD   12. ABCD   13. AD   14. ACD   15. AB

二、操作技能练习题

(一) 单项选择题

1. A   2. A   3. D   4. B   5. A   6. A   7. A   8. A   9. C   10. D
11. A   12. D   13. C   14. B

(二) 多项选择题

1. BCD   2. ABC   3. BD   4. AD   5. AC
6. AC   7. ACD   8. ACD   9. AD   10. AC
11. BCD

第2章 仓储管理

重点复习提示

一、仓储作业管理

1. 商品入库作业流程

商品入库作业流程包括：生成入库单→分成入库分单→贴上条码标识→扫描托盘条码标识（或人工键入）→管理系统分配一个目的储存货位→操作人员驾驶堆垛机行驶至目的货位→操作成功后，确认反馈→成功完成本次操作。

2. 装卸搬运作业计划

能根据货物搬运的效率、搬运过程的流畅性和移动装运的规模经济性，拟订装卸搬运作业计划。

3. 储存作业管理内容

储存作业管理内容主要包括：商品保管场所的选址、商品保管场所的布置、商品储存规划、制订积载计划、商品堆垛设计、商品保管秩序的建立和商品养护的组织等。

4. 盘点作用与评估

经常与定期地盘点和检查有利于确定现存量，确认企业损益，核实商品管理成效。盘点评估主要包括：盘点数量差错、盘点数量差错率、盘点品项误差率、平均每件盘差品金额、盘差次数比率、平均每品项盘差次数率。

二、仓储业务方案的实施

1. 公共仓储费率确定

公共仓储通常以单位时间内占用了多少仓储空间作为计费标准。主要考虑：储存物品价值，易碎性，对其他货物造成的损坏，存储量与存储的规律性，重量、密度，服务。

2. 合同仓储费率计算

提供合同仓储服务的仓库是以较高标准设计的，专门用于处理诸如药品、电子产品以及高价值产品等货物。合同仓储公司将空间、劳务、设备组合到一起去满足客户对特殊货物的仓储需要。因此，合同仓储费率计算除了考虑公共仓储费率的确定因素外，还要考虑各项服务、责任分担等方面的成本与费用。

3. 合同仓储的必要性

（1）对产品的季节性补偿；（2）扩大地理覆盖面；（3）在测试新市场时增进灵活性；（4）取得管理专家意见；（5）提供资产平衡表外的资金；（6）降低运输成本。

4. 公共仓库与合同仓库的监控

（1）考核、论证仓储业务供应商和签订好合同，是保证仓储业务开展的前提条件。

（2）加强双方合作是保证仓储业务正常进行的基本条件。

（3）形成良好的争议处理程序和方法是保证仓储业务正常进行的重要条件。

三、库存管理

1. 库存分析内容与方法

库存分析内容与方法包括：（1）对现有库存的详细分析，其资金占用量及入库控制、储位管理、库存在货分布等；（2）详细掌握库存相关数据，加强对库存量控制以及跟踪管理；（3）根据商品库存、采购提前期确定各类物品的经济订购批量和订购时点；（4）进行盘点监督，确保对仓库货物的数量管理控制；（5）在实际调查分析的基础上编制库存计划，以最大限度降低库存成本。库存分析方法主要有 ABC 分析法和 CVA 管理法。

2. 合理库存量管理

传统的库存管理思想着眼于在企业已有的生产经营结构中应用经济批量模型求解经济批量，以使企业的库存总成本最低。但是对企业生产经营系统的改进则是降低企业库存水平最有效的手段。

3. ABC 分类法

能按照销售量、销售额、订货提前期、缺货成本把存货分成 A、B、C 三类，并采用不同控制方法进行管理，突出重点。A 类物资是客户数量少的重点管理、加强防范的关键物资；C 类物资则是种类众多、价值低廉、储存成本低的物资；B 类物资介于两者之间。ABC 分类法并不局限于分成三类，可以增加。但经验表明，最多不要超过五类，过多的种类反而会增加控制成本。

4. 经济批量模型

经济批量模型主要有：经济批量模型、数量折扣条件下的经济批量模型、延期购买条件下的经济批量模型等。

5. 订购点计算

当库存量下降到预先设定的某一点时，必须立即订货，当所订的货物尚未到达并入库之前，存储量应能按既定的服务水平满足提前订货时间的需求，计算公式为：

$$订购点＝平均每日需要量×备用天数＋保险储备量$$

6. 定量订货

定量订货法要求保持存货数量的记录，并在存货量降至一定水准时进行补充。这个系统以经济订货批量（EOQ）和订货点的原理为基础。在这种系统下，订货点和订货量都是固定的，检查期和需求率是可变的，前置时间可能是固定的也可能是可变的。

辅导练习题

一、理论知识练习题

（一）单项选择题（下列每题有 4 个选项，其中只有 1 个是正确的，请将其代号填在括号中）

1. （　　）是使用公共仓库的最大优点。
   A. 节省资金投入　　　　　　B. 缓解存储压力
   C. 降低投资风险　　　　　　D. 具有较高的柔性化水平

2. 统一分类、统一计量、统一品名和（　　）是仓库管理的基础工作。
   A. 统一编号　　　　　　　　B. 统一管理
   C. 统一人员　　　　　　　　D. 统一设备

3. 在制订仓库积载计划时，首先要确定（　　）。
   A. 物品储存期　　　　　　　B. 储存物特征
   C. 储存物流量　　　　　　　D. 储存物体积与重量

4. 安全库存量可以设立得较高的是（　　）商品的管理策略。
   A. 定期订货　　　　　　　　B. A 类
   C. B 类　　　　　　　　　　D. C 类

5. 托盘是为了使物品能有效地装卸、运输、保管，将其按一定（　　）组合放置于一定形状的台面上。
   A. 体积　　　　　　　　　　B. 数量
   C. 大小　　　　　　　　　　D. 标识

6. 最适宜装运袋装货物的托盘是（　　）。
   A. 平板托盘　　　　　　　　B. 滚轮托盘
   C. 箱形托盘　　　　　　　　D. 柱型托盘

7. 名义库存量也称（　　）。

A. 安全库存量 　　　　　　　　B. 最高库存量
C. 最低库存量 　　　　　　　　D. 平均库存量

8. 在采用经济订购批量公式确定订购批量时，其费用构成情况是（　　）最低。
   A. 年保管费用 　　　　　　　　B. 年储存费用
   C. 年采购费用 　　　　　　　　D. 年订购费用与保管费用

9. 费用是存储管理的重要指标，下列关于仓库存储费用的理解中，正确的是（　　）。
   A. 仓库存储费用由订货费、保管费构成
   B. 缺货会对企业的信誉产生影响，但因无法计算，故不能计算在缺货损失费内
   C. 降低存储量、缩短存储周期会降低订货费的支出
   D. 要以存储系统总费用最小为前提进行综合分析，确定一个合适的订货批量及订货间隔

10. 若 C_{1j} 表示 j 品种的储存成本，C_{2j} 表示 j 品种的订购成本，A_j 表示 j 品种的需求量，则多品种条件下的经济批量模型 Q_j 为：（　　）。

    A. $Q_j = \sqrt{\dfrac{2A_j C_{2j}}{C_{1j}}}$ $(j=1, 2 \cdots N)$ 　　B. $Q_j = \sqrt{\dfrac{A_j C_{1j}}{2C_{2j}}}$ $(j=1, 2 \cdots N)$

    C. $Q_j = \sqrt{\dfrac{2A_j C_{1j}}{C_{2j}}}$ $(j=1, 2 \cdots N)$ 　　D. $Q_j = \sqrt{\dfrac{A_j C_{1j}}{2C_{2j}}}$ $(j=1, 2 \cdots N)$

11. 下列关于CVA库存管理法的说法中，不正确的是（　　）。
    A. CVA即关键因素分析法，CVA是其简写
    B. CVA的基本思想是把存货按照关键性分成3～5类
    C. CVA管理法与ABC分类法因管理方法不同，不能结合使用
    D. 根据CVA管理法，处于最高优先级的关键物资不允许缺货

12. 下列关于仓库商品储存量的理解，正确的是（　　）。
    A. 单位面积储存量在主观上会受到储位管理、调度安排、堆垛技术条件的影响
    B. 储存以重量吨为单位计算的商品，测定单位面积储存量时，只要核定库房高度利用程度即可
    C. 储存以体积吨为单位计算的商品，测定单位面积储存量时，只要核定库房载重量利用程度即可
    D. 装卸机械不会影响到仓库单位面积储存量

13. 下列关于仓储合同的说法中，不正确的是（　　）。
    A. 仓储合同的标的物必须是动产，不动产不能成为仓储合同的标的物
    B. 订立仓储合同必须坚持自愿与协商一致的原则

C. 根据我国合同法，仓储合同的形式只能是书面形式

D. 仓储合同是不要式合同，当事人可以协议采用任何合同格式

14. 在下列选项中，与仓库仓储作业效率有关的是（　　）。
   A. 商品质量检验技术　　　　　　B. 商品数量检验技术
   C. 商品保养技术　　　　　　　　D. 装卸与运输作业组织

15. 使用合同仓储的顾客，通常不采用（　　）方法租用仓储空间。
   A. 固定租用　　　　　　　　　　B. 灵活租用
   C. 共同租用　　　　　　　　　　D. 转租

16. 储存合理化的实施要点是在储存物的 ABC 分析基础上实施重点管理，（　　）。
   A. 形成了一定的社会总规模前提下，追求经济规模
   B. 形成了一定的社会总规模前提下，追求效益规模
   C. 形成了一定的社会总规模前提下，追求库存规模
   D. 形成了一定的社会总规模前提下，追求利润规模

17. 库存控制的关键为：订购点、订购量和（　　）。
   A. 最低库存量　　　　　　　　　B. 安全库存量
   C. 库存基准　　　　　　　　　　D. 实际最低库存量

18. 经济订购批量的费用构成是（　　）。
   A. 年保管费用最低　　　　　　　B. 年订储费用最低
   C. 年保管费用与年订购费用相等　D. 年订购费用最低

（二）多项选择题（下列每题中的多个选项中，至少有 2 个是正确的，请将其代号填在括号中）

1. 仓库内部布置主要包括：（　　）。
   A. 仓库通道布置　　　　　　　　B. 仓库总平面布置
   C. 仓库作业区布置　　　　　　　D. 库房内部布置

2. 仓库管理系统由若干子系统构成，包括：（　　）。
   A. 作业系统　　　　　　　　　　B. 入库系统
   C. 保管系统　　　　　　　　　　D. 出库系统

3. 仓库作业满足搬运的最大数量或容量有可能（　　）。
   A. 增加单票货物移动的复杂性　　B. 减少大量的货物移动
   C. 增加货物损坏的可能性　　　　D. 降低仓库成本

4. 常见的托盘按结构为（　　）。
   A. 平板托盘　　　　　　　　　　B. 中空托盘

C. 箱形托盘　　　　　　　　　　D. 柱型托盘

5. （　　）是集装系统的支柱。
   A. 叉车　　　　　　　　　　　B. 托盘
   C. 集装箱　　　　　　　　　　D. 货架

6. 影响仓库规模的条件包括：（　　）。
   A. 商品数量　　　　　　　　　B. 仓库数量
   C. 商品储存时间　　　　　　　D. 仓库容量

7. （　　）属于仓库保管费。
   A. 资金利息　　　　　　　　　B. 设备折旧费
   C. 仓库经费　　　　　　　　　D. 物料购入费

8. 下列关于盘点评估指标的公式中正确的是：（　　）。
   A. 盘点数量差错＝实际库存数－账面库存数
   B. 盘点数量误差率＝盘点误差数量/实际库存数
   C. 盘点数量误差率＝盘点误差品项数/盘点实际品项数
   D. 盘点次数比率＝盘点误差次数/实际库存数

9. 货物入库的主要单据、凭证包括：（　　）。
   A. 存货人或供货单位提供的质量证明书或合格证
   B. 存货人提供的入库通知单、仓储合同
   C. 存货人或供货单位提供的装箱单、磅码单、发货明细表
   D. 如果在接运时已有质量残损或差错，应具有承运人填写的商务记录或普通记录，以及提运员、接运员或送货员的交接记录等

10. 从仓库的所有权角度，仓库可划分为：（　　）。
    A. 公共仓库　　　　　　　　　B. 自有仓库
    C. 合同仓库　　　　　　　　　D. 半成品仓库

11. 保税仓库允许存放的货物范围包括：（　　）。
    A. 缓办纳税手续的进出口货物　B. 需要作进口技术处理的货物
    C. 内销货物　　　　　　　　　D. 来料加工后复出的货物

12. 流通加工的类型是：（　　）。
    A. 改变物料外形流通加工　　　B. 延续性流通加工
    C. 促进销售的流通加工　　　　D. 后勤服务性流通加工

13. 仓储运营的方式有：（　　）。
    A. 自营仓储　　　　　　　　　B. 公共仓储

C. 合同仓储　　　　　　　　　D. 独立仓储

14. 合同仓储通过（　　）诸方面降低储存成本。

　　A. 专业服务　　　　　　　　B. 保管质量

　　C. 物品规模存量　　　　　　D. 降低运输支出

15. 公共仓库一般可使企业获得如下好处（　　）。

　　A. 较高的柔性化水平　　　　B. 节约资金投入

　　C. 缓解存储压力　　　　　　D. 减少投资风险

16. 合同仓储业务中，当保管人验收时发现入库货物与约定不符时，应及时与货主就（　　）进行沟通。

　　A. 货物与约定不符之处　　　B. 变更合同

　　C. 追究违约责任　　　　　　D. 处理的建议

17. 仓库存储费用主要包括（　　）。

　　A. 仓库设施折旧费　　　　　B. 订货费

　　C. 保管费　　　　　　　　　D. 缺货损失费

18. 储存合理化的概念包括：（　　）。

　　A. 质量标志　　　　　　　　B. 时间标志

　　C. 结构标志　　　　　　　　D. 分布标志

19. 制定物料经常储备定额的方法主要有：（　　）。

　　A. 订货点法　　　　　　　　B. 以期定量法

　　C. 加权平均法　　　　　　　D. 经济订购批量法

二、操作技能练习题

(一) 单项选择题（下列每题有 4 个选项，其中只有 1 个是正确的，请将其代号填在括号中）

1. （　　）是 B 类物资管理策略。

　　A. 每月盘点一次　　　　　　B. 每两三周盘点一次

　　C. 大量采购　　　　　　　　D. 少量采购

2. （　　）不是计算盘点差错率的指标。

　　A. 盘点品项误差率　　　　　B. 盘差损失率

　　C. 平均每件盘差品金额　　　D. 盘差次数比率

3. 订货费不包括（　　）。

　　A. 差旅费　　　　　　　　　B. 装卸搬运费

　　C. 人工核对费　　　　　　　D. 联络通信费

4. 合同仓储与自营仓储或传统的公共仓储相比的主要优势是（   ）。

   A. 降低成本　　　　　　　　　B. 降低风险

   C. 增大投资收益　　　　　　　D. 增大仓储量

5. 物料管理 ABC 分析法的基本原理是（   ）管理。

   A. 对客户区别　　　　　　　　B. 对物料的差异化

   C. 对关键少数的重点　　　　　D. 物品重要性

6. 延期购买条件下的经济批量（   ）正常条件下的经济批量。

   A. 等于　　　　　　　　　　　B. 小于

   C. 大于　　　　　　　　　　　D. 近似

7. 利用自用仓库的企业，其大部分（   ）成本是固定的。

   A. 资金占用　　　　　　　　　B. 仓储运作

   C. 仓储维护　　　　　　　　　D. 仓储风险

8. 仓储资金占用成本是指（   ）。

   A. 利息费用　　　　　　　　　B. 设备折旧及税金等费用

   C. 搬运装卸成本　　　　　　　D. 库存商品贬值、损坏等

9. （   ）不属于缺货成本。

   A. 安全库存成本　　　　　　　B. 停工损失成本

   C. 丢失客户成本　　　　　　　D. 紧急购入成本

10. 商品堆码时，货棚内和露天堆码都应排水畅通，地势高于四周地面，堆垛时要垫高（   ）cm。

    A. 20～30　　　　　　　　　　B. 15～20

    C. 30～40　　　　　　　　　　D. 40～50

11. 货位编号 5—3—2—11 指 5 号库房、3 号货架、第 2 层、11 号货位，这种货位编码法称为（   ）。

    A. 区段法　　　　　　　　　　B. 地址法

    C. 品类群法　　　　　　　　　D. 相关法

12. 在仓库总平面布置中，（   ）的位置往往受外部条件的限制，而且在很大程度上决定着仓库总平面布置的走向，所以应首先确定。

    A. 铁路专用线　　　　　　　　B. 货场

    C. 库房　　　　　　　　　　　D. 生活区

13. 商品堆垛应合理确定垛距和通道宽度。垛距一般为 0.5～0.8 m，主要通道应为（   ）m。

A. 1~2　　　　　　　　　　　B. 2.5~4
C. 4~5　　　　　　　　　　　D. 5~6

14. CVA 分析法中归为较低优先级的库存产品应采取的管理措施是（　　）。

A. 不许缺货　　　　　　　　B. 允许偶尔缺货
C. 允许合理范围内缺货　　　D. 允许缺货

15. 某厂某标准件年需要量为 8 000 件，每件年存储费用为 6 元，每件缺货损失费为 2 元，每次订购费为 60 元，经济订购批量为（　　）件。

A. 400　　　　　　　　　　　B. 600
C. 800　　　　　　　　　　　D. 1 000

16. 某厂某物料年需要量为 4 500 kg，每次订购费用 20 元，每千克年保管费为 2 元，经济订购批量为（　　）kg。

A. 300　　　　　　　　　　　B. 450
C. 600　　　　　　　　　　　D. 800

17. 某厂全年需要某种物料 7 200 t，每次订购费为 120 元，存储费用每月每吨为 10 元，经济订购批量为（　　）t。

A. 180　　　　　　　　　　　B. 160
C. 120　　　　　　　　　　　D. 100

(二) 多项选择题（下列每题中的多个选项中，至少有 2 个是正确的，请将其代号填在括号中）

1. 拟订装卸搬运作业计划应考虑（　　）。

A. 移动装运的规模经济性　　B. 搬运过程流畅性
C. 搬运设备之间转移货物是否频繁　　D. 搬运效率

2. 为了搞好商品养护工作，仓管人员必须研究（　　）。

A. 对外因的控制技术　　　　B. 制定货物的安全储存期限
C. 制定货物的合理损耗率　　D. 各类养护设备

3. 库存商品盘点作业的作用表现为：（　　）。

A. 确定现有量　　　　　　　B. 确认企业损益
C. 确定需求量　　　　　　　D. 核实管理成效

4. 属于储位指派法则的有：（　　）。

A. 弹性原则　　　　　　　　B. 商品特性法则
C. 先进先出原则　　　　　　D. 产品相关性原则

5. 预定储位应做（　　）工作。

A. 组织人力 B. 安排仓容
C. 安排外运车辆 D. 货主资信调查

6. 仓库作业区布置的基本任务包括：（　　）。
   A. 减少运动的距离 B. 有效利用时间
   C. 充分利用设备 D. 充分利用仓库面积

7. 仓储作业技术涉及：（　　）。
   A. 商品储存质量 B. 作业安全
   C. 作业效率 D. 作业经济效果

8. 库房合理布置的中心问题是协调（　　）等不同需要的矛盾。
   A. 商品储存 B. 现有可用资源
   C. 市场需求 D. 库内作业

9. 制订仓库积载计划需要考虑（　　）等存储货物的特征。
   A. 流量 B. 形状
   C. 重量 D. 体积

10. 存货分类方法有：（　　）。
    A. 价值分类法 B. ABC 分类法
    C. CVA 管理法 D. 存货周期分类法

11. ABC 分类法按照（　　）把存货分在 A、B、C 三类。
    A. 销售量 B. 销售额
    C. 缺货成本 D. 订货提前期

12. CVA 管理法在（　　）方面对 ABC 分类法有所帮助。
    A. 对 C 类物品相应关注 B. 储存成本与服务一致化
    C. 按物品的关键性分类存货 D. 分清存货品种主次，有更强的目的性

13. （　　）是经济批量模型的参数。
    A. 每年平均供应价格 B. 每年的需求量
    C. 每年的采购进货成本 D. 年保管储存成本

14. 实施订购点控制的关键是正确确定（　　）。
    A. 安全库存点 B. 订货周期
    C. 订购点 D. 订购批量

15. 常用的存储策略为：（　　）。
    A. 经济批量订购制 B. 订货点设置方式制
    C. 定量订购制 D. 定期订购制

16. 公共仓库与合同仓库的监控系统包括：（　　）。

   A. 每时期的成本　　　　　　　　B. 以订单、箱或重量表示的产出

   C. 投入产出比率　　　　　　　　D. 服务水平和生产率目标

17. 定期订货系统可用于以下情况（　　）。

   A. 企业未建立自动化的库存连续盘点制度

   B. 买方按固定订货间隔期订货，卖方可以给予大笔折扣

   C. 订货的数量是固定的

   D. 企业按产地交货价格购入生产所需原材料，同时尽量利用自己的运输车辆，将原材料运回工厂

18. 定量订货系统以（　　）为基础。

   A. 经济订货批量　　　　　　　　B. 固定的订货间隔期

   C. 订货点　　　　　　　　　　　D. 每次订货数量变化

19. 订货点技术的优点是：（　　）。

   A. 能够应用于独立需求物资进行资源配置

   B. 操作简单，运行成本低

   C. 适用于相关需求物资进行资源配置

   D. 适合于客户未来需求不间断且均匀稳定的情况

辅导练习题参考答案

一、理论知识练习题

（一）单项选择题

1. A　　2. A　　3. C　　4. D　　5. A　　6. C　　7. B　　8. A　　9. D　　10. A

11. C　　12. A　　13. C　　14. B　　15. C　　16. A　　17. C　　18. B

（二）多项选择题

1. BCD　　2. BCD　　3. ABD　　4. ACD　　5. BC

6. AC　　7. ABC　　8. ABC　　9. ABCD　　10. ABC

11. ABD　　12. BCD　　13. ABC　　14. AD　　15. ABCD

16. ACD　　17. BCD　　18. ABCD　　19. BD

二、操作技能练习题

（一）单项选择题

1. B　　2. B　　3. B　　4. A　　5. C　　6. C　　7. B　　8. A　　9. A　　10. C

11. B 12. A 13. B 14. D 15. C 16. A 17. C

(二) 多项选择题

1. ABD 2. ABC 3. ABD 4. AB 5. AB
6. ABD 7. AB 8. AD 9. ACD 10. BC
11. ABCD 12. ACD 13. BCD 14. CD 15. CD
16. ABCD 17. ABD 18. AC 19. ABD

第 3 章 配送管理

重点复习提示

一、编制配送作业计划

1. 配送作业流程分析

将配送中心的作业活动加以分类,并整理出现有的作业流程,再建立改进的作业流程规划。可利用作业流程分析图对操作、搬运、检验、存储保管等不同性质的作业加以分类,并整理统计各作业阶段的储运单位及作业量,标示该作业所在区域,然后计算物流量的大小和分布。

2. 编制配送计划的依据

(1) 根据订货合同确定客户的送达地、接货人、接货方式,客户订货的品种、规格、数量及送货时间等。

(2) 根据配送商品的性能、状态和运输要求,决定运输工具及装卸搬运的方法。

(3) 根据分日、分时的运力配置情况,决定是否要临时增减配送业务。

(4) 充分考虑配送中心到送达地之间的道路水平和交通条件。

(5) 调查各配送地点的商品品种、规格、数量是否适应配送任务的完成。

3. 拣货作业优化

分拣作业是仓储物流中心最重要也是最占成本的作业之一,它是整个配送作业系统的核心。

(1) 拣货单位。拣货单位可分成托盘、箱和单件三种。一般而言,托盘是体积、重量最大的拣货单位,其次为箱,最小者为单件。

(2) 拣货方式。最简单的拣货划分方式是将其分为按订单拣取、批量拣取与复合拣取三种方式。

(3) 拣货策略。拣货策略是影响拣货作业效率的关键,主要包括分区、订单分割、订单分批、分类四个因素,这四个因素相互作用可产生多种拣货策略。

4. 配送路线优化的原则

(1) 确定目标。目标的选择是根据配送的具体要求、配送中心的实力及客观条件来定。

1) 以效益最高为目标的选择，计算时以利润的数值最大为目标值。
2) 以成本最低为目标的选择，实际上也是以效益为目标。
3) 以路程最短为目标的选择，当成本与路程相关性较强时可以采用。
4) 以 t·km 最小为目标的选择，在"节约里程法"的计算中，采用这个目标。
5) 以准确性最高为目标的选择，是配送中心重要的服务指标。

另外，还可以选择运力利用最合理、劳动消耗最低等作为目标。

(2) 确定配送路线的约束条件

1) 满足所有收货人对货物品种、规格、数量的要求。
2) 满足收货人对货物发到时间的要求。
3) 在允许通行的时间范围进行配送。
4) 各配送路线的货物量不得超过车辆容积和载重量的限制。
5) 在配送中心现有运力允许的范围内配送。

5. 配送路线优化的方法

根据配送中心数量与客户数量的不同，配送方式可以分为三种类型：一对一式配送、一对多式配送、多对多式配送。

二、组织配送作业

1. 配送中心模式

配送中心因其各自的服务对象不同，其组织形式和服务功能也不尽相同，因此形成了不同的运营模式和经济功能的配送中心：(1) 按经济功能分有供应型配送中心、销售型配送中心、储存型配送中心；(2) 按物流设施归属分有自有型配送中心、公共型配送中心、合作型配送中心；(3) 按服务范围和服务对象分有城市配送中心、区域配送中心。熟悉各类配送中心的特点。

2. 配送中心岗位设置

根据各配送中心的规模、设施设备、作业内容、服务对象等设置必要的岗位，包括：采购或进货管理组、储存管理组、加工管理组、配货组、送货组、客户服务组、财务管理组、退货作业组等。

3. 配送作业合理化

配送合理化标志包括：

(1) 库存标志：库存总量和库存周转。
(2) 资金标志：资金总量、资金周转和资金投向的改变。
(3) 成本和效益标志：总效益、宏观效益、微观效益、资源筹措成本。

（4）供应保证标志：缺货次数、配送企业集中库存量和即时配送的能力及速度。

（5）社会运力节约标志：社会车辆总数减少，而承运量增加；社会车辆空驶减少为合理；一家一户自提自运减少，社会化运输增加。

（6）用户企业仓库、供应、进货人力物力节约标志。

（7）物流合理化标志。

4. 配送中心库存合理化指标

配送中心库存合理化指标包括：掌握设施空间利用率、库存周转率、存货管理费率、呆废货品率等考核方法和改善措施。

5. 配送中心送货合理化指标

配送中心送货合理化指标包括：人均作业量、车辆平均作业量、空驶率、车辆运行状况、外包车比率、配送成本、配送延误率等考核方法和改善措施。

辅导练习题

一、理论知识练习题

（一）单项选择题（下列每题有4个选项，其中只有1个是正确的，请将其代号填在括号中）

1. 配送中心的业务活动以（　　）发出的订货信息作为驱动源。
   A. 生产订单　　　　　　　　B. 客户订单
   C. 采购订单　　　　　　　　D. 内部订单

2. 配送中心进货作业不包括（　　）。
   A. 订货　　　　　　　　　　B. 盘点
   C. 接货　　　　　　　　　　D. 验收入库

3. 组织合理化配送作业不包括（　　）。
   A. 订货发货合理化　　　　　B. 商品检验合理化
   C. 备货作业合理化　　　　　D. 送货时间合理化

4. 配送中心货物数量验收方法不包括（　　）。
   A. 标记法　　　　　　　　　B. 条码法
   C. 分批清点法　　　　　　　D. 定额装载法

5. 以货主为主体的协同配送不包括（　　）。
   A. 厂家　　　　　　　　　　B. 批发商
   C. 运送业者　　　　　　　　D. 零售商

6. 按订单或出库单的要求，从储存场所选出物品，并放置在指定地点的作业是（   ）。

  A. 分货   B. 拣选

  C. 流通加工   D. 保管

7. 下列选项中不属于配送中心主要功能的是（   ）。

  A. 储存功能   B. 分拣功能

  C. 配送功能   D. 计划功能

8. 下列选项中，按配送中心功能划分配送中心的是（   ）。

  A. 城市配送中心   B. 流通加工配送中心

  C. 共同型配送中心   D. 第三方配送中心

9. 下列选项中，按配送区域划分配送中心的是（   ）。

  A. 城市配送中心   B. 流通加工配送中心

  C. 家电商品配送中心   D. 第三方配送中心

10. 订单分批是将（   ），从而提高拣货作业效率。

  A. 订单按批量分批   B. 订单按同类货品分类

  C. 多张订单合成一批   D. 同期订单合成一批

11. （   ）不是影响配送作业的拣货策略。

  A. 分区   B. 资源分配

  C. 订单分割   D. 分类

12. （   ）不属于按拣货单位分区。

  A. 箱装拣货区   B. 单车拣货区

  C. 拣货人员工作区   D. 台车拣货区

13. 按拣货方式分区是根据各货品的出货量大小及拣取频率分类，（   ）。

  A. 再确定适宜的持货程序   B. 再决定运输工具

  C. 再确定相应的拣货设备及方式   D. 再决定拣选路线及作业时间

14. 按拣货单位分区的目的是将（   ），使拣取与搬运作业单元化，并简化拣取作业。

  A. 储存单位与拣货单位分类统一   B. 拣货单位分类

  C. 储存单位分类   D. 物品分类统一

15. 订单分割是将订单分成若干子订单（   ），以缩短拣货的时间。

  A. 由相同拣货人员从始至终执行

  B. 交给不同拣货人员同时拣货作业

  C. 交由不同人员，在不同时间执行拣货作业

D. 交由不同拣货人员独立拣货

16. 工作分区优点是缩短拣货时间,其表现方式之一是( )。
    A. 订单别拣货　　　　　　　B. 批量别拣货
    C. 复合拣货　　　　　　　　D. 接力式拣货

17. 订单分批的总合计量分批方式是( ),由此可使拣取路径最短。
    A. 订单总量加总再行拣取
    B. 单一货品总量集合拣取
    C. 一定时期内客户加总,再行拣取货品
    D. 累积订单中每种货品的总量,再按此总量拣取

18. 智慧型分批是将拣取路径相近的订单分成一批,其优势是( )。
    A. 成本高　　　　　　　　　B. 减少送货成本
    C. 速度快　　　　　　　　　D. 隔日订单处理

19. 订单分批中的时窗分批将短暂而固定时间间隔中的订单集合成一批拣取,适合( )订单形态。
    A. 个体消费　　　　　　　　B. 零售商店
    C. 到达时间短而平均　　　　D. 密集型

20. 固定订单量分批方式将订单累积达到设定数量时开始拣货作业,它适合于( )。
    A. 大批量少客户订单　　　　B. 低成本作业
    C. 高作业效率　　　　　　　D. 维持稳定的作业效率而减缓处理速度

21. 采用重力式货架拣选具有许多优点。例如,节约仓库面积、入库与出库分置、货架两侧互不干扰、( )。
    A. 拣选方便　　　　　　　　B. 减少差错
    C. 先进先出　　　　　　　　D. 保证质量

(二) 多项选择题(下列每题中的多个选项中,至少有2个是正确的,请将其代号填在括号中)

1. 配送中心统一进货的主要目的是( )。
    A. 避免库存分散　　　　　　B. 减少安全库存
    C. 降低整体库存水平　　　　D. 提高资金周转速度

2. 连续检测补货系统有( )。
    A. 人工检测补货系统　　　　B. 订货点补货系统
    C. 定期检测补货系统　　　　D. 经常库存与安全库存补货系统

3. 下列选项中属于按经营主体划分的配送中心有( )。

A. 商业货物配送中心　　　　　　　B. 共同配送中心
C. 公共配送中心　　　　　　　　　D. 零售商主导型配送中心

4. （　　）因素会影响配送中心设备的选择。
A. 使用方法　　　　　　　　　　　B. 作业能力
C. 作业面积　　　　　　　　　　　D. 价格

5. 配送中心的基本要求有：（　　）。
A. 主要为特定的客户服务　　　　　B. 配送功能健全
C. 辐射范围较大　　　　　　　　　D. 以配送为主，储存为辅

6. 配送中心的配送计划一般包括：（　　）。
A. 配送主计划　　　　　　　　　　B. 每日配送计划
C. 特殊配送计划　　　　　　　　　D. 车辆使用计划

7. 配送资源筹措不合理的表现形式有：（　　）。
A. 配送量计划不准
B. 运输路线设计不当
C. 未考虑与资源供应商建立长期、稳定的供需关系
D. 资源筹措过当

8. 配送作业合理化的标志包括：（　　）。
A. 库存标志　　　　　　　　　　　B. 资金标志
C. 保证供应标志　　　　　　　　　D. 业务外包比例标志

9. 衡量配送合理化资金标志的标准有：（　　）。
A. 资金价值　　　　　　　　　　　B. 库存总量
C. 资金总量　　　　　　　　　　　D. 资金周转

10. 判断配送作业合理化的成本效益标志有：（　　）。
A. 总效益　　　　　　　　　　　　B. 宏观效益
C. 微观效益　　　　　　　　　　　D. 资源筹措成本

11. 保证供应的标志有：（　　）。
A. 库存周转　　　　　　　　　　　B. 即时配送的能力及速度
C. 缺货次数　　　　　　　　　　　D. 配送企业集中库存量

12. 配送方案的内容包括：（　　）。
A. 配送方式　　　　　　　　　　　B. 配送线路
C. 配送时刻表　　　　　　　　　　D. 运力调配计划

13. 拣货作业系统的重要组成元素包括：（　　）。

A. 拣货单位　　　　　　　　　B. 拣货方式

C. 拣货策略　　　　　　　　　D. 拣货信息

14. 拣货信息的来源方式包括：（　　）。

A. 传票　　　　　　　　　　　B. 拣货单

C. 计算机条形码　　　　　　　D. 自动拣货系统

15. 分拣设备的工作动作一般可分为：（　　）。

A. 寻找　　　　　　　　　　　B. 集中

C. 拣取　　　　　　　　　　　D. 搬送

16. 拣货单位包括：（　　）。

A. 箱　　　　　　　　　　　　B. 单件

C. 托盘　　　　　　　　　　　D. 货架

二、操作技能练习题

(一) 单项选择题（下列每题有 4 个选项，其中只有 1 个是正确的，请将其代号填在括号中）

1. （　　）不属于按拣货单位分区。

A. 箱装拣货区　　　　　　　　B. 单车拣货区

C. 叉车拣货区　　　　　　　　D. 台车拣货区

2. （　　）属于工作分区方式。

A. 接力式拣货　　　　　　　　B. 摘果式拣货

C. 播种式拣货　　　　　　　　D. ABC 群组划分拣货

3. （　　）不属于配送订单处理程序。

A. 接受订单　　　　　　　　　B. 订单补货

C. 订单数据处理　　　　　　　D. 订单状态管理

4. （　　）不属于订单分批作业。

A. 总合计量分批　　　　　　　B. 定时分批

C. 智慧型分批　　　　　　　　D. 定区分批

5. 订单分批中，拣取路径最短的是（　　）。

A. 总合计量分批　　　　　　　B. 定时分批

C. 智慧型分批　　　　　　　　D. 定区分批

6. 将拣取路径相近的订单分成一批的分批方式为（　　）。

A. 总合计量分批　　　　　　　B. 定时分批

C. 智慧型分批　　　　　　　　D. 定区分批

7. （　　）不属于配送中心客户服务组的工作职责。
   A. 处理客户投诉　　　　　　　　B. 受理客户退货请求
   C. 核对配送完成表单　　　　　　D. 接受和传递客户信息

8. 配送主计划是针对客户的（　　）进行的配送资源的安排。
   A. 已知需求　　　　　　　　　　B. 未知需求
   C. 随机需求　　　　　　　　　　D. 不稳定需求

9. 订单处理的第一步是（　　）。
   A. 接受订单　　　　　　　　　　B. 订单分类
   C. 确认订单　　　　　　　　　　D. 处理订单数据

10. 配送成本中的配装费用不包括（　　）费。
    A. 配装材料　　　　　　　　　　B. 配装辅助
    C. 配装人工　　　　　　　　　　D. 配装加工

11. 在单个客户配送数量不能达到车辆的有效载运负荷时，应进行（　　）。
    A. 集货　　　　　　　　　　　　B. 配货
    C. 配装　　　　　　　　　　　　D. 补货

12. 按客户的要求分拣并进行必要的组合和集装，并送入指定发货区的作业称为（　　）。
    A. 集货　　　　　　　　　　　　B. 配货
    C. 配装　　　　　　　　　　　　D. 分拣

13. （　　）作业是将货物从保管区域运至拣货区的工作。
    A. 理货　　　　　　　　　　　　B. 分拣
    C. 补货　　　　　　　　　　　　D. 配装

14. 配送点接到配送计划后，应审核库存商品是否能保证配送计划的完成。当数量不足配送计划要求时，要根据配送计划组织（　　）。
    A. 理货　　　　　　　　　　　　B. 分拣
    C. 进货　　　　　　　　　　　　D. 包装

（二）多项选择题（下列每题中的多个选项中，至少有2个是正确的，请将其代号填在括号中）

1. 在订货点补货系统中，确定订货点的因素是：（　　）。
   A. 目前存货水平　　　　　　　　B. 订货提前期
   C. 安全库存　　　　　　　　　　D. 前置期的安全库存

2. 对配送货物进行重新包装、打捆是为了（　　）。

A. 实现成组化搬运 　　　　　　　B. 降低货损

C. 减少货票数量 　　　　　　　　D. 实现配送标准化作业

3. 实施配送中心及时化作业的内容包括：（　　）。

A. 生产供应及时化 　　　　　　　B. 货物送达及时化

C. 内部补货及时化 　　　　　　　D. 库存管理及时化

4. 对配送路线的约束条件包括：（　　）。

A. 满足所有货主对货物送达时间要求　B. 在配送中心现有运力允许范围内

C. 主要送货路线由高速公路网络组成　D. 公路收费为国家规定限额以内

5. 配送定价方式主要有：（　　）。

A. 单一价格 　　　　　　　　　　B. 递远递减

C. 分区价格 　　　　　　　　　　D. 分线价格

6. 制订配送计划后，可以通过（　　）等方式及时下达到客户。

A. 计算机网络 　　　　　　　　　B. 传真

C. 手机短信 　　　　　　　　　　D. 电话

7. 在配送路线优化的节约里程法中有几个基本的假设前提条件，它们是：（　　）。

A. 配送的是同一货主的货物 　　　B. 配送的是同一种货物

C. 客户的坐标及需求量为已知 　　D. 配送中心有足够的运输能力

8. 配送计划执行的步骤是：（　　）。

A. 按配送计划组织进货 　　　　　B. 配货发运

C. 设计配送车辆运行路线 　　　　D. 送达服务

9. 配送中心送货合理化指标主要有：（　　）。

A. 车辆平均作业量 　　　　　　　B. 空驶率

C. 外包车比率 　　　　　　　　　D. 配送延误率

10. 影响拣货策略的因素主要有：（　　）。

A. 分区 　　　　　　　　　　　　B. 订单分批

C. 订单分割 　　　　　　　　　　D. 分类

11. 分区拣货方式细分为：（　　）。

A. 按货品分区 　　　　　　　　　B. 按拣货单位分区

C. 按拣货方式分区 　　　　　　　D. 工作分区

12. 拣货的策略有：（　　）。

A. 分区拣货策略 　　　　　　　　B. 订单分割拣货策略

C. 订单分批拣货策略 　　　　　　D. 分类拣货策略

13. 拣货订单分批策略主要有：（　　）。
    A. 总合计量分批　　　　　　　B. 拣取后集中分批
    C. 定时分批　　　　　　　　　D. 固定批量分批
14. 分类拣货策略有：（　　）方式。
    A. 货品分类　　　　　　　　　B. 拣货时分类
    C. 拣取后集中分类　　　　　　D. 按收到订单时间间隔分类
15. 实施合理化配送服务主要有：（　　）步骤。
    A. 制定配送方案　　　　　　　B. 明确配送任务
    C. 发货　　　　　　　　　　　D. 送货
16. 最简单的拣货划分方式是将其分为（　　）。
    A. 按订单拣取　　　　　　　　B. 分区拣取
    C. 批量拣取　　　　　　　　　D. 复合拣取
17. 订单分批方式有：（　　）。
    A. 单品合计量分批　　　　　　B. 时窗分批
    C. 固定订单量分批　　　　　　D. 智慧型分批
18. 在拣货过程中所使用的设备包括：（　　）。
    A. 储存设备　　　　　　　　　B. 搬运设备
    C. 分类设备　　　　　　　　　D. 信息设备
19. 拆零补货方式有：（　　）。
    A. 自动仓库补货方式　　　　　B. 直接补货方式
    C. 间接补货方式　　　　　　　D. 拣货区采取复合制的补货方式

辅导练习题参考答案

一、理论知识练习题
（一）单项选择题

1. B　2. B　3. D　4. B　5. C　6. B　7. D　8. B　9. A　10. C
11. B　12. C　13. B　14. A　15. B　16. D　17. C　18. C　19. C　20. D
21. C

（二）多项选择题

1. AC　2. BD　3. BD　4. ABCD　5. ABCD
6. ABC　7. ACD　8. ABC　9. ACD　10. ABCD

11. BCD	12. ABCD	13. ABCD	14. ABCD	15. ACD
16. ABC				

二、操作技能练习题

(一) 单项选择题

1. C	2. A	3. B	4. D	5. A	6. D	7. D	8. A	9. A	10. A
11. C	12. A	13. C	14. C						

(二) 多项选择题

1. CD	2. AB	3. ABD	4. AB	5. ACD
6. AB	7. BCD	8. ABD	9. ABD	10. ABCD
11. BCD	12. ABCD	13. ABCD	14. BC	15. ABCD
16. ACD	17. ABCD	18. ABCD	19. ABCD	

第4章 运输管理

重点复习提示

一、选择运输方式

1. 货物运输市场营销

表现为两种营销渠道：货运客户服务渠道与货物运输代理服务渠道。货运客户服务将货运客户分类，实行差别化服务。货物运输代理是中介公司代表货主办理有关货物运输、仓储、装卸、包装、检验、报关等一系列业务，同时也代表承运方在市场揽货、出租与安排运输工具。

2. 运输客户分类与差异化服务

货运客户按层次分为一般客户、潜力客户和关键客户。对一般客户的服务主要是价格杠杆作用；对潜力客户实行定制化的一对一客户服务，满足其特殊要求；对关键客户要注重长期战略关系，在对待潜力客户服务的基础上，增加运输延伸服务。

3. 运输方式选择方法

（1）根据运输方式特点选择运输方式。不同的运输方式有各自不同的特点和适用范围，因此在选择运输方式时，要根据具体条件加以分析来选择合适的运输方式。

（2）运输方式选择的定量方法。包括成本比较法和竞争因素法。

4. 运输工具实载率指标

$$单一运输工具实载率 = \frac{合同运距 \times 标定载重}{实际载重 \times 实际行驶里程} \times 100\%$$

$$企业运输工具实载率 = \frac{实际完成货物周转量}{运输工具的总吨位 \times 实际行驶里程} \times 100\%$$

5. 运输合同管理

当事人为托运方、承运方和收货方。合同的主要条款是：货物的起运地点与到达地点；托运方或收货方应付运费和杂费；承运方不得拒绝托运方正常与合理的运输要求；承运方应当在约定期间或合理期间内，按约定运输路线将货物安全运到约定地点；违约货物运输的处理。

合同纠纷与解决：先协商，再仲裁，后诉讼。

二、运输组织

1. 货物运输计划内容

货物运输计划包括货物运输量计划、运输工具计划和运输工具运用计划，其中最主要的为年度运输量计划，它表示在计划期内完成的货物运输量和周转量。

2. 货物运输调度内容

货物运输调度主要是对运输工具的调度，包括检查运输作业准备、货源、运载工具、装卸设备和作业人员就绪；检查运输工具作业计划的执行情况；根据货物流量、流向和变化规律，利用配载网络组织货源的配载；设计与调整运输路线；对运输工具和货物的实时监控。

3. 运输的装载和配载管理

（1）运输的装载管理。运输的装载管理就是要在统一包装规格基础上，根据不同商品的性能和包装形状，结合所使用运输工具的有效容积和载重量，运用配装、积载、堆码等装载方法和技巧，结合数学方法，提高运输工具的商品装载量。

（2）运输的配载管理。合理配载可以提高运输效益和效率，配载合理化，要视通过配载是否降低了社会库存总量；是否降低了商品流通费用，加快了资金周转，提高了物流效率，减少了物流损失；是否节约了社会运力等。

4. 货物运输单证及流转

货物运输包括三种基本单证：货物运单（提单）、运费单（货票）和索赔单。托运人在托运货物时填写货物运单，交给承运人审核，双方签字，运输合同成立；凭货物运单，承运方财务开立运费单（货票）交给托运人付费，在承运方内部货票转为财务凭证、统计单据和作业依据；在托运方货票既是内部财务凭证，也是提货凭据。在发生货运事故后，托运方或收货方填写索赔单，递交承运方请求赔偿。

（1）公路货运单证流转。托运人在托运货物时填写托运单，一式三份，第一份交给发货人，第二份随货物转移，第三份由承运人留存。根据托运单，承运人财务部门给托运人开具货票，托运人按货票付运费和杂费，货票由承运人留底并送车队统计，收货凭货票在到达站提货。根据货票，企业调度发给汽车驾驶员行车路单，运行结束，交回车队统计。

（2）铁路货运单证流转。货物运单由托运和领货凭证两部分组成。传递过程为：

1) 货物运单：托运→发站→到站→收货人。

2) 领货凭证：托运人→发站→托运人→收货人→到站。

（3）水路货物运单流转。直达的水路货物运单有5联：起运港承运方或代理联作为承运方运输货物的依据；托运方联作为货物凭证和支付运费的收据；到达港经营方联作为港口交接货物时检验货物的依据；收货方联是收到货物的证据；收货方提货时使用联，凭该联向承运方或港口提取货物。

5. 运输合理化

运输合理化包括运输距离、运输环节、运输工具、运输时间和运费费用的合理化。

辅导练习题

一、理论知识练习题

（一）单项选择题（下列每题有4个选项，其中只有1个是正确的，请将其代号填在括号中）

1. 货运一般客户对运价反应最灵敏，一般客户决定货运企业的（　　）。

　　A. 运营状况　　　　　　　　　B. 稳定赢利

　　C. 短期收支平衡　　　　　　　D. 长期财务收益

2. 国内航线普通货物的运费由航空公司根据民航主管部门发布的（　　），制定本公司不同启运港的运价表。

　　A. 统一费率表　　　　　　　　B. 不同货种，不同航线费率表

　　C. 公布运价　　　　　　　　　D. 协商运价

3. 定期租船除支付租金外，还要（　　）的费用。

　　A. 支付税金　　　　　　　　　B. 承担与航行有关

　　C. 支付船舶修理费和保险费　　D. 承担提前退租金的罚金

4. 货物运输发生纠纷后，承运与托运双方不能自行协商解决，（　　）是首要的选择。

　　A. 诉讼　　　　　　　　　　　B. 仲裁

　　C. 上诉　　　　　　　　　　　D. 申请扣押对方资产

5. 运输合同主要表现为承运人与托运人双方签署（　　）。

　　A. 运输合同　　　　　　　　　B. 运费协议

　　C. 运输单证　　　　　　　　　D. 托运单

6. 货物运输调度的对象是（　　）。

　　A. 运输工具　　　　　　　　　B. 货物的配载

　　C. 运输线路　　　　　　　　　D. 实际承运人

7. 货物运输单证的流转程序是（　　）。

　　A. 运输合同→托运单→行车路单→货票

　　B. 托运单→货票→提货单

C. 托运单→装货单→货票→提货单

D. 提单→装货单→运费单→到货通知单→提货单

8. 运输企业的关键客户一般为（　　）。

   A. 临时客户　　　　　　　　　B. 一次性托运大宗货物的客户

   C. 潜力客户　　　　　　　　　D. 致力于发展长期稳定伙伴关系的客户

9. 运输企业实行差别化服务指的是（　　）。

   A. 统一价格　　　　　　　　　B. 尽可能采用低价运输

   C. 不同客户不同服务水平　　　D. 不同客户相同服务水平

10. 干线货物运输不是（　　）货物运输。

    A. 大运量　　　　　　　　　　B. 快速

    C. 短距离　　　　　　　　　　D. 大范围

11. 下列选项中，（　　）是降低运输成本的方法。

    A. 降低产品密度　　　　　　　B. 增加产品密度

    C. 增加运输距离　　　　　　　D. 缩小运输责任范围

12. 可以实现"门至门"运输的运输方式为（　　）运输。

    A. 铁路　　　　　　　　　　　B. 水路

    C. 公路　　　　　　　　　　　D. 航空

13. （　　）不是水路运输的优点。

    A. 建设投资少　　　　　　　　B. 管理复杂

    C. 运输成本低　　　　　　　　D. 劳动生产率高

14. 多式联运是采用（　　）不同运输方式组合的运输方式。

    A. 陆海　　　　　　　　　　　B. 公路与铁路

    C. 公路与航空　　　　　　　　D. 两种以上

15. （　　）不是影响运输价格水平的竞争因素。

    A. 运输速度　　　　　　　　　B. 门至门运输

    C. 货物完好程度　　　　　　　D. 运输组织能力

16. （　　）不属于运输的功能。

    A. 产品转移　　　　　　　　　B. 保证供货

    C. 产品储存　　　　　　　　　D. 产品运输

17. 计算铁路货物运输普通运价的程序包括：①查出发到基价和运行基价；②计算运费；③计算其他费用；④算出运价里程；⑤确定运价物品号码。其顺序为（　　）。

    A. ③④⑤①②　　　　　　　　B. ④①⑤②③

  C. ④⑤①②③   D. ③⑤①②④

18. 运输是物流中最重要的功能要素之一，物流合理化在很大程度上依赖于（ ）合理化。

  A. 运输   B. 计划
  C. 调度   D. 路线

19. （ ）是铁路计算运费的统一运价。

  A. 普通运价   B. 基准运价
  C. 最低运价   D. 基本运输费率

20. 公路托运货物按（ ）计费。

  A. 体积和规定重量折算标准   B. 过磅称重
  C. 标准件重量   D. 车辆

21. 定期租船除支付租金以外，还需承担（ ）的费用。

  A. 税金   B. 与航行有关
  C. 船舶修理与保险   D. 提前退租罚金

22. （ ）不是FAK包箱费率的特点。

  A. 不细分箱内货物   B. 不计货重
  C. 统一收取   D. 按不同货物等级制定

23. 国内航空货物在计算体积重量时以（ ）cm^3折算为1 kg。

  A. 5 000   B. 6 000
  C. 7 000   D. 8 000

24. （ ）不是FCB包箱费率的特点。

  A. 按不同货物等级制定   B. 按不同货类
  C. 按计算标准制订费率   D. 不细分箱内货物

25. （ ）是FCS包箱费率的特点。

  A. 不细分箱内货物   B. 不计货重
  C. 统一收取   D. 按不同货物等级制定

26. 国际航空货物在计算体积重量时以（ ）cm^3折算为1 kg。

  A. 5 000   B. 6 000
  C. 7 000   D. 8 000

27. （ ）是FAK包箱费率的特点。

  A. 按不同货物等级制定   B. 按不同货类
  C. 按计算标准制定费率   D. 不细分箱内货物

28. （　　）不属于货物运输合同纠纷的仲裁解决方法的特点。
    A. 合同约定的解决机制　　　　B. 裁决对双方都有约束力
    C. 受当地法律、法规约束　　　D. 成本较低，处理时间较短

29. （　　）不属于货物运输合同诉讼的特点。
    A. 仲裁之前的选择　　　　　　B. 向有管辖权的法院起诉
    C. 按规定的诉讼程序进行　　　D. 依据适用法律的纠纷事实进行审理

（二）多项选择题（下列每题中的多个选项中，至少有 2 个是正确的，请将其代号填在括号中）

1. 货物运输计划包括：（　　）。
   A. 货运客户开发计划　　　　　B. 货物运输量计划
   C. 运输工具计划　　　　　　　D. 运输工具运用计划

2. 运输路线合理化的方法是：（　　）。
   A. 直线法　　　　　　　　　　B. 表上作业法
   C. 图上作业法　　　　　　　　D. 吨千米收入与支出对比法

3. 海上货物运输基本险别包括：（　　）。
   A. 海上运输平安险　　　　　　B. 海上运输水渍险
   C. 海上运输附加险　　　　　　D. 海上运输一切险

4. 运输企业的关键客户具有（　　）的特点。
   A. 运量稳定　　　　　　　　　B. 合作伙伴关系
   C. 长期合同　　　　　　　　　D. 短期合同

5. 运输经济具有（　　）特点。
   A. 运输网络经济　　　　　　　B. 运输密度经济
   C. 单位费用递远递减　　　　　D. 范围经济

6. 铁路运输计费基价包括：（　　）。
   A. 发到基价　　　　　　　　　B. 运行基价
   C. 里程基价　　　　　　　　　D. 货主基价

7. 运输的功能包括：（　　）。
   A. 产品转移　　　　　　　　　B. 使用价值实现
   C. 增加就业　　　　　　　　　D. 产品储存

8. 运输的作用有：（　　）。
   A. 可以创造出商品的空间效用和时间效用
   B. 可以扩大商品的市场范围

C. 可以保证商品价格的稳定性

D. 能够促进社会分工的发展

9. 就物流系统而言，运输要素有：（　　）。

　　A. 运输成本　　　　　　　　B. 运输速度

　　C. 运输一致性　　　　　　　D. 运输的组合

10. 集装箱海运包箱费率包括：（　　）。

　　A. FOB 包箱费率　　　　　　B. FAK 包箱费率

　　C. FCS 包箱费率　　　　　　D. CPT 包箱费率

11. 属于运输纠纷的有：（　　）。

　　A. 货物品质　　　　　　　　B. 货损货差

　　C. 货物灭失　　　　　　　　D. 货物延迟交付

12. 商品不合理运输主要有：（　　）。

　　A. 迂回运输　　　　　　　　B. 过远运输

　　C. 对流运输　　　　　　　　D. 倒流运输

13. 运输合理化的实施途径包括：（　　）。

　　A. 开展联合运输　　　　　　B. 配载运输

　　C. 扩大集装箱运输份额　　　D. "四就"直拨运输

14. 多式联运指根据实际运输要求，将不同的运输方式组合成综合性一体化运输，通过（　　）由各运输区段的承运人共同完成货物的全程运输的运输组织形式。

　　A. 一次托运　　　　　　　　B. 一次计费

　　C. 一次保险式　　　　　　　D. 一张单证

15. 按运输计划内容分，可分为：（　　）。

　　A. 货物运输量计划　　　　　B. 装卸搬运计划

　　C. 运输工具计划　　　　　　D. 运输工具运用计划

二、操作技能练习题

（一）单项选择题（下列每题有 4 个选项，其中只有 1 个是正确的，请将其代号填在括号中）

1. 货运企业必须对不同客户实行（　　）服务，以确保资源的有效运用。

　　A. 差别化　　　　　　　　　B. 定制式

　　C. 不同　　　　　　　　　　D. 按地区级差

2. 铁路普通运价的整车货物运价按货物类别每吨（　　）和每吨千米运行基价组成。

　　A. 普通运价　　　　　　　　B. 发到基价

C. 基准运价 D. 基本费率

3. 汽车轻泡货物运输的计费重量按（　　）计算。

   A. 货物比重 B. 体积

   C. 体积和重量计费为高者 D. 每立方米折算为 333 kg

4. FAK 包箱费率是（　　）使用最广泛的包箱费率。

   A. 按不同货物种类

   B. 按不同货物等级与配载

   C. 按不同货物运往不同区域

   D. 不分货物种类、等级、货量，按箱收取

5. 班轮运费按货物的重量和体积，（　　）计算运费。

   A. 查表按货物比重 B. 将两者运费的各半相加

   C. 选择其中收取运费较高者 D. 选择其中较低者

6. 不属于货物运输代理的是（　　）。

   A. 租船代理 B. 揽货代理

   C. 船务代理 D. 货运代理

7. 运输合同中最基本的条款是（　　）。

   A. 承运人的严格责任和限额赔偿责任并存

   B. 承运人对货物损失的全部赔偿

   C. 承运人以运费为限额赔偿责任

   D. 承运人与托运人共同违约赔偿责任

8. 在发生货物损失的索赔时，多式联运经营人必须先行向托运货主支付赔偿，再（　　）。

   A. 起诉责任人 B. 根据发生地法律，向承运人索赔

   C. 向分承运人索赔 D. 根据分合同向责任区段的承运人追偿

9. 装箱单是根据（　　）制作的，作为集装箱发货人和货运站与集装箱码头堆场间的货物交接单。

   A. 移交货物 B. 已装入集装箱内的承运货物

   C. 托运费要求 D. 托运人与收货人的要求

10. 公路运输的行车路单是根据（　　）签发的。

    A. 承运合同 B. 托运单

    C. 货票 D. 计划单

11. （　　）是铁路运价的基本形式。

A. 普通运价 B. 地方运价
C. 优待运价 D. 联运运价

12. 运输计划性最强的运输方式是（ ）。
   A. 铁路 B. 公路
   C. 航空 D. 水运

13. 能够说明货物运输量稳定的运输方案是（ ）。
   A. 小时运输方案 B. 日运输方案
   C. 趟次运输方案 D. 月度运输方案

14. （ ）能增加装卸环节。
   A. 重复运输 B. 合理运输
   C. 过远运输 D. 对流运输

15. 将一箱玫瑰（约合0.5体积吨）从广州运往北京，选用（ ）方式比较合适。
   A. 航空运输 B. 水路运输
   C. 公路运输 D. 铁路运输

16. 我国铁路货物运价里程表采用（ ）。
   A. 节约法 B. 最短路径法
   C. 边际成本法 D. 网络图法

17. 从郑州铁路北站到广州铁路东站里程为 2 180 km，商品运价号码为 8#，基价为 10.7 元/t，运行基价为 0.049 元/（t·km），其运费为（ ）元/t。
   A. 98.77 B. 103.66
   C. 110.87 D. 117.52

18. 从某地到某地铁路里程为 2 080 km，商品运价号码为 7#，基价为 9.60 元/t，运行基价为 0.043 7 元/（t·km），发运商品 43 t，用一辆 50 t 货车装运，计算其运费为（ ）元。
   A. 4 498.77 B. 5 003.66
   C. 5 024.80 D. 4 688.90

19. 铁路普通运价的集装箱货物运价由（ ）组成。
   A. 每箱基准运价
   B. 每箱内货品的发到基价和运行基价
   C. 每箱的发到基价和每箱公里的运行基价
   D. 每箱净重的发到基价和每箱公里的运行基价

20. 公路运输一批货物毛重 25 kg，体积 0.80 m×0.50 m×0.75 m，该批货物按

（　　）计费。

  A. 轻泡货   B. 重货

  C. 普通货   D. 特殊货

21. 按照《汽车货物运价规则》，轻泡货每立方米折算为（　　）kg。

  A. 333   B. 666

  C. 1 000   D. 2 000

22. 班轮运费基本运费确定，包括：①按等级查到基本运价；②运费计算标准和等级；③选定相关运价标准。其顺序为（　　）。

  A. ③②①   B. ②①③

  C. ①③②   D. ③①②

23. （　　）不是班轮基本运费的确定方法。

  A. 选定相关运价标准   B. 查出转船附加费

  C. 按等级查基本运价   D. 查计费标准和等级

24. 班轮运费的计算公式为（　　）。

  A. （基本运费＋航行公里数）×货运量

  B. （货品等级费率＋航行公里数）×货运量

  C. 货运量×航程

  D. （货运量×航程）×（1＋附加费率系数）

25. 国内航线普通货物的运费由航空公司根据民航主管机关颁布的（　　），制定本公司不同启运港的运价表。

  A. 统一费率表   B. 不同货种、不同航线费率表

  C. 公布运价   D. 协商运价

26. 国际航空普通货物运费是航空公司按（　　），编制本公司不同启运港的运价费。

  A. 国际航空协会制定的三个不同区划费率

  B. 国际航空协会制定的费率

  C. 市场运费水平

  D. 航空公司联盟的费率标准

27. 航空普通货物运费率最高的是（　　）。

  A. 45 kg 以下   B. 45～100 kg

  C. 100～300 kg   D. 300 kg 以上

28. 表上作业法的关键步骤是（　　），以寻求运费最少的调运方案。

  A. 在表上求最短运输路线

B. 用矩阵对角法多次试算

C. 求解最优方案的数字表征——检验数

D. 在确定路线上平均提送货的距离最短

29. 运输路线合理化的图上作业法以（　　）确定最优调运方案。

A. 图上试算法　　　　　　　　B. 运距与运量乘积最小

C. 图上流向路径最短　　　　　D. 无迂回流向图

（二）多项选择题（下列每题中的多个选项中，至少有2个是正确的，请将其代号填在括号中）

1. 班轮运费的确定程序是（　　），按等级查到基本运价。

A. 选定船公司的运价表

B. 在货物分组表中查明运费计算标准和等级

C. 查航线费率

D. 在等级费率表中查出相应航线、启运港与目的港，按等级查到基本运价

2. 运输工具实载率包含的统计内容有：（　　）。

A. 单一运输工具实载率

B. 单一运输工具的平均费率

C. 所有运输工具平均实载率

D. 企业一定时期内货物周转量与发生吨千米数之比

3. 海上货物运输附加险有：（　　）。

A. 共同海损的牺牲　　　　　　B. 自然环境引起的船员疾病

C. 一般附加险　　　　　　　　D. 特殊附加险

4. 表上作业法的基本步骤是：（　　）。

A. 找出调运方案问题　　　　　B. 列出调运物资平衡表和运价表

C. 确定初始调运方案　　　　　D. 方案的检验与调整

5. 图上作业法的运算步骤是：（　　）。

A. 作一个无对流的运输流向图　B. 将路线长度与货运量相乘

C. 减除最长运行路线　　　　　D. 去掉迂回路线，调整为最优路径

6. "四就"直拨指的是：（　　）。

A. 就厂　　　　　　　　　　　B. 就车站

C. 就仓库　　　　　　　　　　D. 就车船

7. 提高运输合理化水平的途径有：（　　）。

A. 联合运输　　　　　　　　　B. 配载运输

C. "四就"直拨运输　　　　　　　　D. 提高集装箱运输比重

8. 能够影响运输合理化的因素有：（　　）。
   A. 运输距离　　　　　　　　　　B. 运输环节
   C. 运输工具　　　　　　　　　　D. 运输时间

9. 铁路货票的作用是：（　　）。
   A. 铁路运输的凭证　　　　　　　B. 运货物的依据
   C. 财务凭证　　　　　　　　　　D. 运输交接的凭证

10. 海轮班轮运费由（　　）组成。
    A. 每吨发到基价　　　　　　　　B. 基本运费
    C. 保险费　　　　　　　　　　　D. 附加运费

11. 海运集装箱运费分为：（　　）。
    A. 以杂货运费的每运费吨计算
    B. 以集装箱为单位的包箱价计算
    C. 以船公司费率为基准，附加吨位费计费
    D. 以船公司费率为基准，附加箱价计算

12. 一批货物毛重 30 kg，体积为 0.80 m×0.50 m×0.75 m，该批货物属于（　　），国内航空运输计费重量为（　　）。
    A. 轻泡货　　　　　　　　　　　B. 40 kg
    C. 55 kg　　　　　　　　　　　D. 60 kg

13. 采用图上作业法求解平衡运输问题的物资调运最优方案，包括：（　　）等计算步骤。
    A. 采用位势法检查检验数　　　　B. 用内、外圈长与半圈长的关系进行检验
    C. 如达不到检验要求则进行调整　D. 如达到了检验要求则计算完成

14. （　　）是运输方式选择的依据。
    A. 服务成本　　　　　　　　　　B. 竞争因素
    C. 平均运达时间（速度）　　　　D. 运达时间的变动性（可靠性）

15. 运输合同订立的原则是：（　　）。
    A. 合法规范的原则　　　　　　　B. 平等互利的原则
    C. 协商一致的原则　　　　　　　D. 等价有偿原则

16. 运输合同当事人订立合同要经过（　　）程序。
    A. 邀请要约　　　　　　　　　　B. 要约
    C. 还盘　　　　　　　　　　　　D. 承诺

17. 目前，我国解决运输纠纷一般有（ ）等途径。
    A. 协商解决　　　　　　　　B. 调解
    C. 仲裁　　　　　　　　　　D. 诉讼
18. 由于承运人发生（ ）过错，致使托运人或收货人物质的损失，应由承运人负赔偿责任。
    A. 逾期送达责任　　　　　　B. 货损货差责任
    C. 错运错交责任　　　　　　D. 故意行为责任

辅导练习题参考答案

一、理论知识练习题
（一）单项选择题

1. C　2. C　3. B　4. B　5. D　6. A　7. C　8. D　9. C　10. C
11. B　12. C　13. B　14. D　15. D　16. B　17. C　18. A　19. A　20. B
21. B　22. D　23. B　24. D　25. B　26. C　27. D　28. C　29. A

（二）多项选择题

1. BCD　2. BC　3. ABD　4. ABC　5. ABCD
6. AB　7. AD　8. ABCD　9. ABC　10. BC
11. BCD　12. ABCD　13. ABCD　14. ABCD　15. ACD

二、操作技能练习题
（一）单项选择题

1. A　2. B　3. D　4. D　5. C　6. B　7. A　8. D　9. B　10. C
11. A　12. A　13. D　14. A　15. A　16. B　17. D　18. C　19. C　20. A
21. A　22. A　23. B　24. A　25. C　26. A　27. A　28. C　29. D

（二）多项选择题

1. ABD　2. AD　3. CD　4. BCD　5. ACD
6. ABCD　7. ABCD　8. ABCD　9. ABCD　10. BD
11. AB　12. AC　13. ACD　14. ACD　15. ABCD
16. BD　17. ABCD　18. ABCD

第5章 生产物流管理

重点复习提示

一、制定生产物流方案

1. 生产物流系统的内容

生产物流是企业物流的主体，它与整个生产工艺过程共生，实际上已构成了生产工艺过程的一部分。它的大致过程是：原料、零部件、燃料等辅助材料从企业仓库或企业的外部进入生产线的开始端口，再进一步伴随着生产过程逐个环节地流动，在流动的过程中本身被加工，同时产生一些废料和余料，直到生产加工终结，流入成品库为止。

（1）生产物流的基本模式。在生产物流的形成过程和流动方式上，企业的生产类型起着决定性的作用。不同的生产类型决定着企业生产结构、工艺流程、工艺装备的特点，生产过程的组织形式以及生产管理方法。同时，也决定了与之相匹配的生产物流类型。

（2）生产物流系统的作业环节。生产物流系统的作业环节与生产过程是密不可分的。最基本的生产物流作业系统有三个基本作业环节：进入生产的物流系统、完成生产中的物流系统、退出生产过程的物流系统。

1）生产物流系统的基本作业环节。

2）生产物流作业系统的特征分析。

（3）生产物流管理的内容

1）物流资源的投入管理。

2）生产转换过程的物流管理：①工厂物流布置；②物料的准备管理；③物料流的配送管理。

3）生产物流的输出管理。

2. 生产物流的组织

（1）按空间组织生产物流。生产物流的空间组织是相对于企业生产区域而言的，目标是如何缩短物料在工艺流程中的移动距离。一般有三种专业化组织形式，即工艺专业化、对象专业化、成组工艺。

(2) 按时间组织生产物流：1) 顺序移动方式；2) 平行移动方式；3) 平行顺序移动方式。

3. 生产物流方案

掌握作坊式手工生产（单件生产）、大批量生产（福特流水线式生产）、多品种小批量生产（精益生产）等不同生产模式下生产物流方案的特点和制定方法。

4. 主生产计划与粗能力计划

主生产计划是 MRP 的主要输入信息，MRP 将根据主生产计划具体确定企业各生产单位在不同时间段（月、旬、周）的具体生产任务，也即确定生产什么和什么时间生产。

粗能力计划只对主生产计划所需的关键生产能力进行估算，给出能力需求的概况。它是计算量小，占用计算机时间比较少，比较粗略、快速的能力核定方法。它通常只考虑关键工作中心及相关的工艺路线。

5. 产品结构信息

产品结构信息又称材料清单 BOM，表示企业最终产品与部件、组件和零件的结构关系。

6. 库存状态信息

库存状态信息是保存在企业数据库中所有产品、零部件、在制品、原材料等存在状态的信息。掌握现有库存量、预计入库量（在途量）、安全库存量、提前期、订购（生产）批量和其他信息（如组装废品系数、零件废品系数、材料利用率系数等信息）的计算方法。

二、实施生产物流方案

1. 生产物流系统控制方式

（1）反馈控制。反馈控制是控制主体根据设立的目标，发布控制指令，控制对象根据下达的命令执行规定的动作，将系统状态信息传递到控制主体，经过与目标进行比较，确定调整量，通过控制对象来实施。

（2）前馈控制。前馈控制着眼于对系统的未来状态的预测，事先采取措施应付即将发生的情况。这种控制带有主动性。

2. 生产物流控制内容与程序

掌握生产物流控制的内容（进度控制、在制品管理、偏差的测定和处理）和控制的程序（包括：制定期量标准、制订计划、物流信息的收集传送和处理、短期调整、长期调整及其有效性的评估）。

3. 生产物流过程中的信息收集与处理

鉴于生产物流系统控制的复杂性，应特别注意：建立统一完善的数据采集系统；加快对反馈信息的响应速度；精心设计生产物流控制系统。

4. 物流推动控制原理

基本方式是根据最终需求量,在考虑各阶段的生产提前期之后,向各阶段发布生产指令,投料以后,各工序按预先制订好的计划完成各自的加工任务,然后将完工零件运送到下一工序,在那里排队等待加工。

推动控制原理的特点是集中控制,每阶段物流活动服从集中控制的指令,从这方面看,各阶段没有独立影响本阶段局部库存的能力,这就意味着这种控制原理不能使各阶段的库存保持期望水平,系统中经常存在大量的一时并不需要的在制品,严重地影响了生产系统的经济效益。

5. 物流牵引控制原理

基本方式是在最后阶段按照外部需求,向前一阶段提出物流供应要求,前一段按本阶段的物流需求量向上一阶段提出要求。以此类推,接受要求的阶段再重复地向前阶段提出要求。这种方式称为牵引方式。这种方式在形式上是多道工序,但由指令方式不难看出,由于各阶段各自独立的发布指令,所以实质上是前一阶段的重复。采用此方式的物流控制原理称为物流牵引控制原理。

牵引控制原理的特点是分散控制,每一分散控制的目标是满足局部需求,在这种控制原理中,所有的局部控制使本阶段达到要求。然而由于没有实时的协调,满足需求和降低库存费用的总目标在各个局部控制中没有考虑。因此,采用这种控制原理,系统中总的库存水平一般高于基准的库存水平。牵引式系统可以真正实现按需生产。

辅导练习题

一、理论知识练习题

(一) 单项选择题(下列每题有4个选项,其中只有1个是正确的,请将其代号填在括号中)

1. ( ) 不是物料需求计划的目标。

   A. 保证尽可能低的库存水平

   B. 对资源进行计划与保证

   C. 及时取得所需要的原材料及零部件

   D. 零部件、外购配套件与装配需求紧密衔接

2. 物流拉动控制的特点是 ( )。

   A. 分散控制   B. 集中控制

   C. 单独控制   D. 有效控制

3. （　　）不属于库存状态信息。
   A. 安全库存量　　　　　　　　B. 提前期
   C. 缺货损失　　　　　　　　　D. 在途量

4. （　　）不属于生产物流控制的内容。
   A. 进度控制　　　　　　　　　B. 制成品管理
   C. 在制品管理　　　　　　　　D. 偏差的测定和处理

5. （　　）型生产过程一般采用通用设备。
   A. 单件小批量　　　　　　　　B. 项目
   C. 多品种小批量　　　　　　　D. 单一品种大批量

6. 生产物流控制的核心是（　　）。
   A. 在制品　　　　　　　　　　B. 过程
   C. 进度　　　　　　　　　　　D. 偏差

7. 根据最终需求量并考虑各阶段生产提前期，向各阶段发布生产指令量的方式是（　　）控制方式。
   A. 前馈　　　　　　　　　　　B. 后馈
   C. 推进　　　　　　　　　　　D. 拉动

8. 准时制生产的目标是（　　）。
   A. 节约装配时间、减少装配中可能出现的问题
   B. 通过产品的合理设计使产品易生产
   C. 彻底消除无效劳动造成的损失
   D. 有效地利用各种生产资源

9. MRP 的三种输入信息中，应将计划时间内每一时间周期最终成品的计划生产量记入（　　）。
   A. 零件需要明细表　　　　　　B. 产品结构信息
   C. 库存状态信息　　　　　　　D. 主生产计划

10. （　　）不属于生产物流的基本特征。
    A. 平行性　　　　　　　　　　B. 比例性
    C. 快速性　　　　　　　　　　D. 均衡性

11. （　　）不是生产系统中物流的特征。
    A. 物料按照工艺流程流动　　　B. 不同生产类型有共同的特征
    C. 物流作业与生产作业紧密相关　D. 物流连续按比例运转

12. （　　）不属于生产物流计划的任务。

A. 保证生产计划的顺利完成 B. 防范偶发事件
C. 为均衡生产创造条件 D. 加强在制品管理

13. 企业计划期内生产物流供应活动的行动纲领是（　　）。
    A. 生产物流计划 B. 供应计划
    C. 销售计划 D. 生产计划

14. 生产物流管理的核心是物料的（　　）。
    A. 运行时间成本 B. 消耗成本
    C. 运行线路 D. 运行组织机构

15. 多品种小批量生产模式是（　　）生产。
    A. 竞争力最高的 B. 资源消耗成本最低的
    C. 流程整体优化的精益 D. 产品性价比最高的

16. （　　）不属于生产物流的空间组织形式。
    A. 工艺专业化 B. 对象专业化
    C. 成组工艺化 D. 移动顺序化

17. （　　）与生产物流的类型相关。
    A. 产品的成本、质量 B. 产品的品种、产量、专业化程度
    C. 产品的销售、交货期 D. 产品的设计工艺

18. 单一品种大批量型生产物流的特征是物料（　　）。
    A. 采购大批量
    B. 需求同一性
    C. 需求的外部独立性与内部相关性容易计划和控制
    D. 供应商成本低，外部物流相对易安排

19. 按照某种产品（或零件）的加工顺序来排列各种机器设备和工作地的生产物流组织方式称为（　　）。
    A. 工艺专业化 B. 对象专业化
    C. 成组工艺化 D. 顺序移动法

20. 按照设备功能来排列各种机器设备和工作地的生产物流组织方式称为（　　）。
    A. 工艺专业化 B. 对象专业化
    C. 成组工艺化 D. 设备定位布置法

21. 把设备和工作地按照一定的零件族（组）的工艺要求进行布置的生产物流组织方式称为（　　）。
    A. 工艺专业化 B. 对象专业化

C. 成组工艺化 D. 成组平行移动法

22. （ ）不属于生产物流控制的内容。
    A. 进度控制 B. 制成品管理
    C. 在制品管理 D. 偏差的测定和处理

23. （ ）不属于生产物流控制系统要素。
    A. 战略控制和决策控制 B. 目标控制和程序控制
    C. 强制控制和弹性控制 D. 管理控制和作业控制

24. 物流系统往往是大规模复杂系统，简单地直接使用（ ），不一定能取得预想的效果。
    A. 集中控制 B. 反馈控制
    C. 进度控制 D. 前馈控制

25. 在实际的生产物流系统中，（ ）的对象是全局，是指为使系统整体达到最佳效益而按照总体计划来调节各个环节、各个部门的生产活动。
    A. 作业控制 B. 管理控制
    C. 目标控制 D. 程序控制

26. 生产物流系统的反馈控制方式是（ ）。
    A. 从输出影响输入 B. 从输出端信息调整控制对象
    C. 废料与再生资源影响新物料需求 D. 逆控制法

27. 生产物流拉引控制原理的基本方式是在最后阶段按照（ ），向前一阶段提出物流供应要求，前一阶段按本阶段的物流需求量向上一阶段提出要求。
    A. 外部需求 B. 内部需求
    C. 流程需求 D. 物料需求

28. 物流推进控制的特点是（ ）。
    A. 最终阶段控制 B. 初始阶段控制
    C. 集中控制 D. 分散控制

29. 物流控制从制定（ ）标准开始，所制定的标准要保持先进与合理的水平，随着生产条件的变化，标准要定期和不定期地进行修订。
    A. 系统 B. 处理
    C. 期量 D. 执行

30. 在制品管理不包括对在制品进行（ ）。
    A. 静态控制 B. 外协控制
    C. 动态控制 D. 占有量控制

31. 准时生产JIT的目标是（　　）。
    A. 节约装配时间、减少装配中可能出现的问题
    B. 通过产品的合理设计，使产品易生产
    C. 彻底消除无效劳动造成的浪费
    D. 有效地利用各种生产资源

32. 不符合拉动式生产物流管理原理的是（　　）。
    A. 必要的时间将必要数量的物料送到必要的地点
    B. 必要的生产工具、工位器具要按位置摆放挂牌明示，保持现场无杂物
    C. 根据后道工序的需要确定投入和产出
    D. 重视库存的重要作用，防止缺料造成生产停顿

33. 看板使用的规则之一是只生产（　　）需要的工件数量。
    A. 后道工序　　　　　　　　B. 前道工序
    C. 加工工序　　　　　　　　D. 毛坯工序

34. 准时生产JIT强调（　　）的意义。
    A. 不发生任何延误　　　　　B. 零库存生产
    C. 零资金占用　　　　　　　D. 安全库存

35. 精益物流的核心管理思想是（　　）。
    A. 杜绝生产流程中包括库存在内的一切消费
    B. 减少库存
    C. 转移库存
    D. 实现零库存

36. 核心思想在于"消除一切不必要的浪费"，在生产物流管理的实践中尽力消除不增值活动和不必要环节的管理方法是（　　）。
    A. TQC　　　　　　　　　　B. BPR
    C. MRP　　　　　　　　　　D. JIT

37. （　　）的基本思想是把MRP同其他所有与生产经营活动直接相关的工作和资源，以及财务计划连成一个整体，实现企业管理的系统化。
    A. ERP　　　　　　　　　　B. JIT
    C. DRP　　　　　　　　　　D. MRPⅡ

38. （　　）不是看板操作规则。
    A. 没有看板不能生产，也不能搬运　　B. 看板只能来自后道工序
    C. 看板不能与实物放在一起　　　　　D. 不能把不良品交给后道工序

39. （　　）属于生产看板。
   A. 工序间看板　　　　　　　　B. 信号看板
   C. 临时看板　　　　　　　　　D. 外协看板

40. （　　）属于传送看板。
   A. 工序间看板　　　　　　　　B. 信号看板
   C. 临时看板　　　　　　　　　D. 工序内看板

41. 制造系统中的物流特征表现为物料（　　）。
   A. 流转系统化　　　　　　　　B. 按生产工艺流程流转
   C. 与加工作业同时进行　　　　D. 改变形态

42. （　　）不属于自制物料备料发料管理内容。
   A. 物料的备料检出工作　　　　B. 多发或补发
   C. 标准领料管制　　　　　　　D. 欠拨问题

（二）多项选择题（下列每题中的多个选项中，至少有2个是正确的，请将其代号填在括号中）

1. 生产物流控制内容不包括：（　　）。
   A. 反馈控制　　　　　　　　　B. 前馈控制
   C. 在制品管理　　　　　　　　D. 偏差的测定和处理

2. 产品结构信息的内容包括：（　　）。
   A. 零件的结构层次　　　　　　B. 零件数量
   C. 各层的关系　　　　　　　　D. 每层的提前期

3. （　　）是多品种小批量型生产物流的特征。
   A. 在制品占用多　　　　　　　B. 物料消耗定额较易制定
   C. 独立物料需求　　　　　　　D. 外部物流相对较难控制

4. （　　）是单一品种大批量型生产物流的特征。
   A. 成品库存量很低　　　　　　B. 物料消耗定额较易制定
   C. 物料需求与产品相关需求度高　D. 外部物流相对较易控制

5. MRP 的逻辑运算内容为：（　　）。
   A. 计算最终产品和各层次部件的毛需求量
   B. 按提前期确定各部件毛需求量的计划订单下达时间
   C. 计算各部件的净需求量
   D. 计算各部件的加工周期

6. MRP 系统的主要特点是：（　　）。

A. 时间阶段性不强　　　　　　　B. 要推算出较低层次的物品需求量
C. 按计划发出订单　　　　　　　D. 重新安排产能

7. 企业生产物流平面布置设计，按生产系统功能分类有：（　　）。
   A. 工作流程布置　　　　　　　B. 工程项目布置
   C. 销售布置　　　　　　　　　D. 存储布置

8. 生产物流空间组织的目标是如何缩短物料的移动距离，其专业化组织形式包括：（　　）。
   A. 工艺专业化　　　　　　　　B. 设备专业化
   C. 产品专业化　　　　　　　　D. 成组工艺

9. 生产物流控制系统的组成要素是：（　　）。
   A. 由操作人员和设备组成的控制对象　　B. 物料清单与能力需求计划
   C. 事先设定的控制目标　　　　　　　　D. 工艺路线和工作中心

10. 与传统管理方法相比，准时生产（JIT）追求的目标的差别表现为：（　　）。
    A. 零库存　　　　　　　　　　B. 提前期最短
    C. 零废品　　　　　　　　　　D. 减少零件搬运

11. JIT 系统中实现生产资源优化的措施包括：（　　）。
    A. 调动工人的积极性　　　　　B. 加大投资力度
    C. 加强质量控制　　　　　　　D. 提高设备的柔性

12. JIT 系统运作出现问题的原因主要有：（　　）。
    A. 废品率或返修率高　　　　　B. 工作缺乏标准化
    C. 工人情绪不稳定　　　　　　D. 设备故障率高

13. 精益生产方式与大量生产方式相比，具有（　　）等特点。
    A. 品种多　　　　　　　　　　B. 柔性高
    C. 库存水平低　　　　　　　　D. 工人分工较粗，工作内容丰富

14. JIT 生产方式是指将（　　）的零件以必要的数量在指定的时间送到生产线。
    A. 充足的　　　　　　　　　　B. 安全的
    C. 必要的　　　　　　　　　　D. 指定的

15. 生产物流控制内容不包括：（　　）。
    A. 进度控制　　　　　　　　　B. 前馈控制
    C. 在制品管理　　　　　　　　D. 反馈控制

16. 备料管理的目标包括：（　　）。
    A. 事先备料的基础　　　　　　B. 复核近期计划所需用料

C. 严密地控制用料成本　　　　　　D. 制造指令发布的附带保证

17. 生产物流计划的任务有：（　　）。

　　A. 合理安排物料流向　　　　　　B. 安排经过各工艺阶段的时间和数量

　　C. 尽可能缩短物料流动周期　　　D. 加强在制品管理

18. 生产物流管理的目标包括：（　　）。

　　A. 效率目标　　　　　　　　　　B. 决策目标

　　C. 保障目标　　　　　　　　　　D. 最佳效益目标

二、操作技能练习题

（一）单项选择题（下列每题有 4 个选项，其中只有 1 个是正确的，请将其代号填在括号中）

1. （　　）不是制订物料需求计划的依据。

　　A. 主生产计划　　　　　　　　　B. 物料清单

　　C. 期量标准　　　　　　　　　　D. 库存状态文件

2. （　　）不是 MRP 净需求量计算的依据。

　　A. 总需求量　　　　　　　　　　B. 现有库存量

　　C. 在途库存量　　　　　　　　　D. 计划库存量

3. （　　）不是 MRP 计划库存量计算的依据。

　　A. 本期计划订单产出量　　　　　B. 本期净需求量

　　C. 在途库存量　　　　　　　　　D. 安全库存量

4. （　　）不是物料清单的最终项目。

　　A. 产成品　　　　　　　　　　　B. 进入产品最后装配阶段的零部件

　　C. 售后服务所需的备件　　　　　D. 原材料品种

5. 能力需求计划是确定为完成生产任务所需要（　　）的过程。

　　A. 劳力和信息资源　　　　　　　B. 劳力和设备资源

　　C. 财力和设备资源　　　　　　　D. 劳力和财力资源

6. JIT 采购与传统采购模式的根本区别是（　　）。

　　A. 采取批量送货制　　　　　　　B. 采用大批量采购

　　C. 采用小批量采购　　　　　　　D. 供需双方信息共享

7. （　　）是从根源上保证采购质量的重要措施。

　　A. 交货准时性　　　　　　　　　B. 供应商参与制造商的产品设计过程

　　C. 合格供应商　　　　　　　　　D. 可靠的送货和特定的包装要求

8. 在制品定额法适用于（　　）企业。

A. 大批量生产 B. 标准件与通用件生产
C. 多品种成批生产 D. 单件小批量生产

9. 实行看板管理是指（　　）。

   A. 后道工序按看板规定到前道工序领取零件
   B. 前道工序只生产后道工序在看板上规定的零件品种和数量
   C. 改变了传统的由前道工序向后道工序运送零件的方式
   D. 作为生产数量的信息

10. （　　）定额是为了保证前后车间的生产衔接。

    A. 半成品 B. 运输在制品
    C. 保险在制品 D. 流动在制品

11. 运用 MRP 计算企业生产过程各阶段的计划任务时，是按照（　　）原理进行的。

    A. 原工艺路线 B. 次工艺路线
    C. 反工艺路线 D. 随机工艺路线

12. 看板使用的规则之一是只生产（　　）工序的工件数量。

    A. 后道 B. 前道
    C. 加工 D. 装配

13. 生产某种最终物品或产品所需的原材料或材料的目录是（　　）。

    A. MRP B. MIS
    C. DRP D. BOM

14. MRP 是在（　　）。

    A. 订购点法的基础上发展起来的 B. 在制品定额法的基础上发展起来的
    C. 累计数法的基础上发展起来的 D. 网络计划法的基础上发展起来的

15. 物料需求计划子系统是（　　）的核心，它将把主生产计划排产的产品分解成各自制零部件的生产计划和采购件的采购计划。

    A. 信息管理 B. 生产管理
    C. 流程管理 D. 计划管理

16. 主生产计划是（　　），得出总需求计划和净需求量后制订生产作业计划和采购计划。

    A. 主要零件部生产计划 B. 生产流程与物料流动结合
    C. 将产品结构进行分解 D. 核心零部件及制造过程计划

17. 在 MRP 的物料清单中，对外购件（　　）。

    A. 不做产品结构层次的进一步分解 B. 与自制件同样进行层次分解

C. 不同外购件列在同一层次	D. 设置同层不同代码

18. 主生产计划列出（　　）在计划期内不同时间段的需求量。
   A. 最终产成品	B. 中间产成品
   C. 在制品	D. 零部件

19. （　　）不是制订物料需求计划的依据。
   A. 主生产计划	B. 物料清单
   C. 期量标准	D. 库存状态文件

20. （　　）不是MRP净需求量计算的依据。
   A. 总需求量	B. 现有库存量
   C. 在途库存量	D. 计划库存量

21. （　　）不是MRP计划库存量计算的依据。
   A. 本期计划订单产出量	B. 本期净需求量
   C. 在途库存量	D. 安全库存量

22. （　　）的计算是根据逆工序路线原则，按照主生产计划制定的产品生产量及期限要求，利用产品结构零部件和在制品库存情况、各生产阶段的提前期、安全库存等信息，逆工序地推算出各零部件的生产数量与期限。
   A. ERP	B. EOQ
   C. CAD	D. MRP

23. （　　）不属于委托外加工备料管理内容。
   A. 缺料分析	B. 备料作业
   C. 标准领料管制	D. 物料的备料检出工作

24. （　　）不属于购料或自制物料管理的管理内容。
   A. 缺料分析
   B. 向谁买或向哪个部门定制、以何种价格订购
   C. 进料质量是否符合预期或标准
   D. 订单是否发出

（二）多项选择题（下列每题中的多个选项中，至少有2个是正确的，请将其代号填在括号中）

1. 物料需求计划最常用的订购批量策略有：（　　）。
   A. 缺一补一法	B. 经济批量法
   C. 固定批量法	D. 灵活批量法

2. 独立需求产品计算包括：（　　）。

A. 中间产品 　　　　　　　　B. 为售后服务准备的零部件

C. 最终产品 　　　　　　　　D. 为防范偶发事件准备的零部件

3. 物料清单表明了最终产品的组件、零件，以及原材料之间的（　　）关系。

A. 结构 　　　　　　　　　　B. 质量

C. 时间 　　　　　　　　　　D. 数量

4. 单件生产的期量标准有：（　　）。

A. 批量 　　　　　　　　　　B. 生产周期

C. 生产提前期 　　　　　　　D. 在制品定额

5. 期量标准是对生产作业计划中的（　　）经过分析和计算而规定的标准数据。

A. 生产进度 　　　　　　　　B. 生产期限

C. 生产间隙 　　　　　　　　D. 生产数量

6. MRP 系统计算物料需求量，涉及计算物料的（　　）。

A. 毛需求量 　　　　　　　　B. 经济订货批量

C. 净需求量 　　　　　　　　D. 计划定单下达量

7. 在制品定额法适用于（　　）。

A. 大量生产 　　　　　　　　B. 多品种成批生产

C. 准时生产 　　　　　　　　D. 单件小批量生产

8. （　　）是成批生产最基本的期量标准。

A. 批量 　　　　　　　　　　B. 生产周期

C. 生产间隔期 　　　　　　　D. 生产提前期

9. 以下关于生产物流推进式控制原理的特点，正确的论述是（　　）。

A. 根据最终产品的需求结构，计算出各个工序的物料需求量

B. 企业对生产物流实行集中控制

C. 各生产工序都接受后工序的物流需求

D. 不能使各阶段的库存水平都保持在期望水平上

10. 物料需求计划的特点包括：（　　）。

A. 需求的相关性 　　　　　　B. 需求的可变性

C. 需求的确定性 　　　　　　D. 计划的复杂性

11. MRP 的输入内容包括：（　　）。

A. 主生产计划 　　　　　　　B. 期量标准

C. 库存状态信息 　　　　　　D. 提前期计划

12. MRP 的输出内容包括：（　　）。

A. 基本报告 B. 物料清单
C. 期量标准 D. 补充报告

13. 期量标准主要是确定（　　）。
    A. 作业计划标准 B. 质量标准
    C. 数量标准 D. 生产时间标准

14. 看板的主要机能是：（　　）。
    A. 向前道工序领取 B. 快速反应
    C. 准时制生产 D. 看板所表示的只是必要的量

15. 看板生产只应用在具备下列条件的场合：（　　）。
    A. 生产日程计划是平稳的
    B. 能力是灵活的，且能在短时间内处理小量额外负荷
    C. 生产流程经过仔细地计划并训练有素，流程的"进"与"出"已被清楚地定义好
    D. 使用标准大小的容器来装生产所需的零部件

16. 看板种类包括：（　　）。
    A. 订货看板 B. 临时看板
    C. 传送看板 D. 生产看板

17. 生产设备配置方法有：（　　）
    A. 流水线布置法 B. 定位配置法
    C. 流向布置法 D. 程序配置法

18. 工作地物流布置的目标：（　　）。
    A. 实现和满足生产过程的要求
    B. 充分利用车间面积
    C. 较高的生产效率和合理的设备利用率
    D. 生产的柔性

19. 在制品库存因为不同的目的而有（　　）。
    A. 生产中在制品 B. 运输在制品
    C. 周转在制品 D. 安全在制品

辅导练习题参考答案

一、理论知识练习题
(一) 单项选择题
1. B　　2. A　　3. C　　4. B　　5. D　　6. C　　7. C　　8. C　　9. D　　10. C
11. B　　12. B　　13. A　　14. A　　15. C　　16. D　　17. B　　18. C　　19. B　　20. A
21. C　　22. B　　23. A　　24. B　　25. B　　26. B　　27. A　　28. C　　29. C　　30. B
31. C　　32. D　　33. A　　34. B　　35. A　　36. D　　37. D　　38. C　　39. B　　40. A
41. B　　42. C

(二) 多项选择题
1. AB　　　　2. ABC　　　　3. BD　　　　4. BCD　　　　5. ABC
6. BCD　　　7. BCD　　　　8. ACD　　　9. AC　　　　10. ABCD
11. AD　　　12. ABCD　　　13. ABCD　　14. CD　　　　15. BD
16. ABCD　　17. BCD　　　　18. ACD

二、操作技能练习题
(一) 单项选择题
1. C　　2. D　　3. C　　4. D　　5. B　　6. D　　7. B　　8. A　　9. B　　10. D
11. C　　12. B　　13. D　　14. A　　15. B　　16. C　　17. A　　18. A　　19. C　　20. D
21. C　　22. D　　23. D　　24. A

(二) 多项选择题
1. AC　　　　2. BC　　　　3. CD　　　　4. BCD　　　　5. BD
6. ACD　　　7. AB　　　　8. AC　　　　9. BD　　　　10. ACD
11. AC　　　12. AD　　　13. CD　　　　14. ACD　　　15. ABCD
16. BCD　　17. ABD　　　18. ACD　　　19. BCD

第6章　国际货运管理

重点复习提示

一、国际集装箱运输管理

1. 国际集装箱租赁

（1）国际集装箱租赁合同。由集装箱租赁公司向使用方出租集装箱的合同。

（2）金融租赁。租箱合同期满后作价由租方购买集装箱。

（3）实际使用租赁。长期租赁到期后，退回出租方。

（4）即期租赁。根据需求和市场供应的短期租赁。

2. 集装箱空箱发放流程

（1）提取与托运空箱公司在船公司（集装箱提供方）办理备案手续，作为提取空箱的依据。

（2）由拖车公司将空箱拖运至集装箱货运站或货主仓库装货。

（3）货主与拖车公司结算。如全程联运，拖车费已包含在提单总费用中，拖车费由船公司与拖车公司结算。

3. 集装箱整箱货与拼箱货

（1）整箱货通常只有一个发货人和收货人，由发货人负责装箱、计数、填写装箱单，由海关加铅封，拆箱由收货人办理。承运人不负责箱内的货损、货差。

（2）拼箱货涉及多个发货人与收货人，货物通常由承运人分别揽货并在集装箱货运站或内陆站集中，将两票以上的货物拼装在一个集装箱内，在目的地货运站或内陆站拆箱，承运人对拼箱货的装箱负责。

4. 集装箱货物交接方式

集装箱货物的交接方式有16种，常用的有4种：装货港码头堆场接收货箱，运至卸船港码头堆场的"场到场交接"（CY/CY）；装货港码头堆场接收货箱，运至目的地集装箱货运站的"场到站交接"（CY/CFS）；起运地集装箱货运站接收货物，运至卸船港码头堆场的"站到场交接"（CFS/CY）；起运地集装箱货运站接收货物，运至目的地集装箱货运站"站到站交接"（CFS/CFS）。这其中又以 CY/CY 方式最为常用。

5. 空箱调运合理化

主要由于进出口贸易不对称造成的出口（进口）箱多于进口（出口）箱，将空集装箱运到其他港口。空箱调运合理化途径是：

（1）组建联营体，实现船公司间的集装箱共享。

（2）强化集装箱集疏运系统，缩短集装箱周转时间。

（3）强化集装箱跟踪管理系统，实现箱务管理现代化。

二、班轮货运与代理业务管理

1. 班轮进出口程序

订舱→接受托运申请→发放空箱→拼箱货装箱和整箱货交接→集装箱的交接签证→换取提单→装船→海上运输→卸船→整箱货或拼箱货交货→空箱回运。

2. 进出口主要货运单证

进出口主要货运单证包括：（1）订舱单；（2）装箱单；（3）码头收据（场站收据、港站收据）；（4）集装箱提单；（5）设备收据（设备交接单）。

3. 集装箱货运业务管理

业务包括：（1）集装箱货物的集散与交接方式；（2）整箱货流转；（3）拼箱货流转；（4）交接地点与交接方式。

4. 集装箱货运站的主要任务

主要任务包括：（1）集装箱货物的承运、验收、保管和交付；（2）拼箱货的装箱和拆箱作业；（3）整箱货的中转；（4）重箱和空箱的堆存和保管；（5）货运单证的处理，运费、堆存费的结算；（6）集装箱及集装箱车辆的维修、保养；（7）其他。

三、租船运输业务管理

1. 定期租船合同

定期租船合同是船舶出租人提供指定船舶在约定的较长期限内供承租人使用调派，为此对船舶的使用范围与航区、转租以及船长签发提单做了详细的规定，以保护出租人的权益。国际上广泛使用的定期租船合同模板有"巴尔的摩统一定期租船合同""纽约土产交易所定期租船合同"和"中租1980年定期租船合同"。

2. 定期租船合同的主要内容

合同的主要内容包括：（1）船舶；（2）船舶使用范围与航区；（3）租期；（4）交船、还船、转租与停租；（5）租金。

3. 航次租船合同

航次租船合同是货主或货运代理人以承租人身份向船舶所有人租用船舶或舱位运输货物的合同，明确船舶提供、货运条件、要求以及运费支付。本类合同倾向于保护货主权益。运用较多的合同模板有"统一杂货租船合同"和"谷物泊位租船合同"。

4. 航次租船合同的主要内容

合同的主要内容包括：（1）合同当事人；（2）与船舶相关的事项；（3）货物；（4）装货港与目的港；（5）受载期和解约日；（6）运费；（7）装卸费用；（8）装卸时间（Laytime）；（9）装卸时间起算、中断与终止；（10）装卸时间的使用与计算方式；（11）滞期与速遣；（12）出租人的责任与免责；（13）代理人；（14）佣金；（15）船舶绕航条款；（16）货物留置权；（17）承租人免责条款；（18）共同海损；（19）罢工条款；（20）战争风险条款；（21）冰冻条款。

5. 油轮航次租船合同范本

油轮航次租船中，应用较广泛的范本，除美国油轮经纪人和代理人协会制定的，简称为"油轮经纪人和代理人协会油轮航次租船合同"，美国政府战时制定，以后又经过修订（简称为"战时油轮航次租船合同"），英国的 UMAVOIL 和日本海运集会所制定的"油轮航次租船合同"等标准格式外，还有各大石油公司自己制定的，如"德士古格式"和"壳牌格式"等厂商合同格式。

四、国际货运中转业务管理

1. 海运货物中转业务管理

货物运出地与进口地之间无直达航线及船舶挂靠，或因航班时间、舱位限制、运价竞争等，不能整船货物直达。货物中转需要具有港口码头集疏能力、船舶接运与载货能力、转运单证处理能力配合。

2. 海运支线业务

海运支线运输是干线运输的延伸，是货物中转运输的网络服务保证，包括支线航线、支线船舶公司、转运港代理人和相关支线海运单证操作。

3. 海运支线货物转运安排

（1）出口转运货物舱位安排；（2）进口转运货物接受与转船；（3）集装箱动态跟踪与管理；（4）单证业务；（5）支线货物转运的责任划分；（6）运费和使用费结算。

4. 海运中转业务责任划分

支线货物转运风险责任和费用划分，根据主线与支线船公司之间的货物接运协议规定办理。在实际操作中，干线船船东在航线端点港产生的码头堆场费，采用支线船公司或其代理人包干，即干线船船东一次性支付规定数额费用作为其集装箱在该端点港正常期间产生的堆存费，以促进支线船船东的积极性。

5. 海运中转运费与使用费结算

取决于货物运输方式、运费条款和合同规定的运费及相关费用的计收和结算办法。支线船船东在支线运输中应收取的支线运费与使用费，通常由干线船船东支付。

五、国际多式联运业务管理

1. 多式联运业务关系方

包括：(1) 多式联运经营人；(2) 货物托运人与收货人；(3) 分合同方；(4) 其他有关方面。

2. 大陆桥运输

大陆桥运输指两端连接海运，中间以铁路集装箱进行的跨国货物运输，有北美大陆桥、西伯利亚大陆桥和新欧亚大陆桥。

3. 北美大陆桥

连接太平洋与大西洋的美国东西海岸铁路主干线。有两种接运方式：海运至美国太平洋港口，然后分段陆上运输；全程海陆联运。两种方式的业务与单证处理不同。

辅导练习题

一、理论知识练习题

(一) 单项选择题（下列每题有4个选项，其中只有1个是正确的，请将其代号填在括号中）

1. 集装箱长期租赁方式中，(　　) 是当租赁合同期满后，租箱人将集装箱退还给出租公司。

　　A. 金融租赁　　　　　　　　B. 实际使用期租赁

　　C. 单程租赁　　　　　　　　D. 来回程租赁

2. 普通班轮运输中，发货人凭经船方签署的大副收据，向船公司或其代理公司换取(　　)。

　　A. 已装船提单　　　　　　　B. 下货纸

　　C. 场站收据　　　　　　　　D. 收货单

3. (　　) 是多式联运中通常使用的交接方式。

　　A. 门到场交接　　　　　　　B. 门到钩交接

C. 门到门交接 D. 门到站交接

4. 波罗的海国际航运公会参与制定的航次租船合同是（ ）。

   A. 谷物泊位租船合同 B. C（矿石）7租船合同
   C. 北美化肥航次租船合同 D. 美国威尔士煤炭合同

5. （ ）是指实际完成货物装/卸时间提前于合同约定装/卸时间的时间。

   A. 受约时间 B. 宜载时间
   C. 速遣时间 D. 滞期时间

6. 在航次租船合同中，承租人免责条款主要是针对出租人对目的港货物行使的（ ）。

   A. 留置权 B. 扣留权
   C. 检查权 D. 提取变卖权

7. 下列选项中，关于国际多式联运特点表述错误的是（ ）。

   A. 签订一个运输合同，对货物运输的全程负责
   B. 采用两种或两种以上不同运输方式来完成运输工作
   C. 由不同运输企业按照统一的公约共同完成全程运输工作
   D. 可实现"门到门"的运输

8. 在集装箱单证中，装箱单的作用最全面，因为它是（ ）。

   A. 船公司的承运依据 B. 外贸合同与信用证的具体要求
   C. 保险合同承保依据 D. 详细记载箱内货物状况的单据

9. 在集装箱提单正面上表明由谁签发提单，正本提单签发份数的是（ ）条款。

   A. 确认 B. 承诺
   C. 签署 D. 明确

10. 设备交接单的填制方是集装箱的（ ）。

    A. 所有人 B. 船公司
    C. 使用方 D. 出租方

11. 定期租船合同规定由出租方任命船长，主要是为了（ ）。

    A. 保留提单签署权 B. 防止租用方恶意行为造成事故
    C. 指挥船舶航行 D. 签订货运合同

12. 多式联运的主导者是总承运人，它通过（ ）与分承运人建立业务和法律关系。

    A. 业务外包协议 B. 联运分包合同
    C. 企业网 D. 临时合同

13. 集装箱货物交接方式中，CY/CY是指（ ）。

A. 门到门的交接　　　　　　B. 站到站的交接
C. 场到场的交接　　　　　　D. 钩到钩的交接

14. 海空运输进口信息系统的功能程序是（　　）。
A. 到货前资料输入—到货通知—以提单换提货单—货物储存
B. 业务委托—作业调度—单证处理—查询统计
C. 代理委托—报关—提货—通知客户
D. 业务委托—单证处理—进口报关—通知客户

15. 一套场站收据中的第（　　）联是供报关用的。
A. 3～5　　　　　　　　　B. 4～6
C. 5～7　　　　　　　　　D. 6～8

16. 场站业务员签发场站收据仅属核对性质，集装箱内的货物件数和状况由（　　）负责。
A. 货主　　　　　　　　　B. 货代
C. 装箱单位　　　　　　　D. 承运人

17. 集装箱交接如属于CY条款，（　　）对箱内货物承担责任。
A. 货主　　　　　　　　　B. 货代
C. 装箱单位　　　　　　　D. 承运人

18. 集装箱交接如属于CFS条款，（　　）对箱内货物承担责任。
A. 货主　　　　　　　　　B. 货代
C. 装箱单位　　　　　　　D. 承运人

19. 集装箱如以CY/CY运输条款交接的，理货应在（　　）。
A. 船边　　　　　　　　　B. 堆场
C. 货运站　　　　　　　　D. 检查口

20. CFS/CFS集装箱运输条款是指（　　）。
A. 一个发货人、一个收货人　　B. 多个发货人、多个收货人
C. 一个发货人、多个收货人　　D. 多个发货人、一个收货人

21. 根据整箱与拼箱货，集装箱的交接地点与交接方式分为（　　）种。
A. 4　　　　　　　　　　　B. 8
C. 12　　　　　　　　　　D. 16

22. CY—CY运输条款是（　　）。
A. 门—场　　　　　　　　B. 场—门
C. 门—门　　　　　　　　D. 场—场

23. 租箱人在租箱合同期满之后作价买下所租用的箱子的方式是（   ）。
    A. 长期租赁   B. 实际使用租赁
    C. 金融租赁   D. 灵活租赁

24. 集装箱空箱调运主要是由于（   ）。
    A. 管理不规范   B. 贸易顺差
    C. 进出品货源不平衡   D. 承运人调度失控

25. 国际集装箱租赁方面的金融租赁是属于（   ）方式。
    A. 长期租赁   B. 实际使用租赁
    C. 即期租赁   D. 灵活租赁

26. 空箱回运是（   ）的责任。
    A. 货主   B. 承运人
    C. 收货人   D. 码头公司

27. 货主（发货人或收货人）订舱、取送货、追踪、查询货物情况、代报关、代商检、仓储、包装、缮制单证、分拨等，利用其专业人员、设施、设备和业务网络，从而大大减轻货主的物流业务难度的行业称为（   ）。
    A. 报关行   B. 承运人
    C. 货运代理   D. 承运人代理

28. 国际货运代理人为货主办理业务后，收取的报酬是（   ）。
    A. 差价   B. 运费
    C. 佣金   D. 租金

29. 国际货运代理人以自己的名义与第三方订立合同时，称为（   ）。
    A. 直接代理   B. 间接代理
    C. 内部关系   D. 外部关系

30. 在发生货物损失的索赔后，多式联运经营人必须先行向托运人支付赔偿，再（   ）。
    A. 起诉责任人
    B. 向分承运人索赔
    C. 根据发生地法律，向分承运人追索
    D. 根据分合同的约定，向责任的区段承运人追偿

（二）多项选择题（下列每题中的多个选项中，至少有2个是正确的，请将其代号填在括号中）

1. 产生一定数量的集装箱空箱调运是不可避免的，其原因是（   ）。

  A. 进出口货物流向不平衡   B. 进出口货物流量不平衡

  C. 进出口货物种类不平衡   D. 进出口运作流程不规范

2. 集装箱提单正面由确认条款、承诺条款和签署条款组成，其主要内容有（　　）。

  A. 外表状况良好   B. 铅封完整

  C. 正本提单签发的份数   D. 船长签署

3. 不适合集装箱化的货物有（　　）。

  A. 钢锭   B. 桥梁

  C. 铁塔   D. 生铁

4. （　　）是航次租船合同的条款。

  A. 载货吨和容积   B. 燃油消耗与储量

  C. 运费   D. 航区

5. 国际多式联运的业务主要包括：（　　）。

  A. 出运地货物交接

  B. 多式联运路线和方式的确定

  C. 货物运输全过程的跟踪监管

  D. 要求目的地代理人办理货物进口手续

6. 集装箱空箱调动的成本与（　　）相关。

  A. 船运公司   B. 承运人

  C. 无船承运人   D. 货运代理

7. 适合集装箱化货物的条件是（　　）。

  A. 密度与体积适中   B. 货物价值高

  C. 运费承受力强   D. 易发生货损

8. 定期租船合同中的关键条款是（　　）。

  A. 交船时船舶状况与位置   B. 保护船东因出租船舶而产生的利益

  C. 租金收付与垫付内容   D. 船舶管理人员的任命

9. 海运中转业务的核心是接受转运货物和转船，具体包括（　　）。

  A. 提货、接货及转船安排   B. 转船订舱与舱位安排

  C. 编制和传送货运文件   D. 为委托人接运储存货物

10. 集装箱租赁分为（　　）。

  A. 单程租赁   B. 来回租赁

  C. 金融租赁   D. 实际使用租赁

11. 国际货运代理的主要类型有（　　）。

A. 租船代理 B. 货运代理
C. 船务代理 D. 咨询代理

12. 货运市场代理人主要有（　　）。
    A. 货物运输代理 B. 咨询代理
    C. 租船代理 D. 船务代理

13. 航次租船运输方式有（　　）。
    A. 普通租赁 B. 单程租赁
    C. 来回程租赁 D. 包运租船

14. 在海上集装箱运输中，船公司应做好（　　）运输业务工作。
    A. 配备集装箱 B. 接受订舱
    C. 发放集装箱 D. 编制单证和签发提单

15. 船公司或其代理人在收到装货港寄来的单据后，尽快制作（　　）并递交有关方。
    A. 船舶预计到港通知书 B. 积载图
    C. 交货通知 D. 货物舱单

16. 有时候由于正本提单没有能够及时到达收货人手中，致使不能凭正本提单换取提货单，而收货人又急着要提货。在这种情况下，通常可以（　　）。
    A. 取得货运代理公司或码头保函
    B. 取得收货人和银行的保函
    C. 作为现金担保，缴纳相当于货物 CIF 价格的 150% 的现金或支票，并由收货人出具保证书后，凭提单副本和保证书签发提货单
    D. 财产抵押担保，但抵押物的价值要大于货物 CIF 价格的 150%

17. 减少空箱调运的组织技术措施。目前行之有效的办法主要有（　　）。
    A. 组建联营体，实现船公司之间集装箱的共享
    B. 当租箱费用小于空箱调运费时，尽量考虑租箱
    C. 强化集装箱集疏运系统，缩短集装箱周转时间
    D. 强化集装箱跟踪管理系统，实现箱务管理现代化

18. 集装箱提单与一般海运单的区别为（　　）。
    A. 海运单不能背书或转让，而提单可以背书或转让
    B. 海运单上必须详细记明收货人，一般情况下，除收货人以外，他人不得提货（当然如有提货人指示的除外），而提单上不必记明确切的收货人名称
    C. 海运单是运输合同的证明，而集装箱提单不是运输合同的证明
    D. 海运单背面没有运输合同的条款，而提单背面印有运输合同条款

19. 单据制作的一般要求（　　）。

　　A. 必须按照信用证和合同规定的种类制作单据

　　B. 必须按照"严格符合"的原则制作各种单据

　　C. 必须按照信用证和合同规定的时间及时制作单据

　　D. 出口单据的制作应仔细、认真，保持单据表面的整洁和美观

二、操作技能练习题

(一) 单项选择题（下列每题有4个选项，其中只有1个是正确的，请将其代号填在括号中）

1. 托运人根据（　　）的有关条款规定，提前向船公司或其代理人申请订舱。

　　A. 发票　　　　　　　　　　B. 装箱单

　　C. 贸易合同　　　　　　　　D. 代理委托书

2. 在集装箱整箱货的交付中，码头堆场凭收货人出具的（　　）进行交接。

　　A. 场站收据　　　　　　　　B. 提单

　　C. 提货单　　　　　　　　　D. 下货纸

3. 发货人凭集装箱码头堆场签署的场站收据换取（　　）。

　　A. 提单　　　　　　　　　　B. 收货单

　　C. 托运单　　　　　　　　　D. 舱单

4. 集装箱货运站提取重箱后根据有关货运单证进行拆箱，将货物交给收货人，并将空箱回运至（　　）。

　　A. 卸船港承运人代理仓库　　B. 卸船港港区仓库

　　C. 集装箱码头堆场　　　　　D. 集装箱货运站

5. 航次租船合同中，解约日通常定在（　　）期限的最后一天。

　　A. 装船期　　　　　　　　　B. 受载期

　　C. 宣载期　　　　　　　　　D. 装卸时间

6. 当租船经纪人介入租船合同业务时，通常由船舶所有人支付（　　）给经纪人。

　　A. 运费折扣　　　　　　　　B. 劳务费

　　C. 租金　　　　　　　　　　D. 佣金

7. 北京理算规则是当事人洽谈租船合同时处理（　　）的参照文本。

　　A. 战争风险　　　　　　　　B. 罢工风险

　　C. 共同海损　　　　　　　　D. 单独海损

8. （　　）是提高海运货物中转运作效率的重要基础。

　　A. 集装箱化　　　　　　　　B. 转运港的地理位置

C. 转运港的载运能力　　　　　D. 转运港的单证处理能力

9. 船公司制作订舱清单的前提是（　　）。
   A. 确认订舱　　　　　　　　B. 确认全部订舱单
   C. 完成积载　　　　　　　　D. 获港口装卸方确认

10. 整箱货以（　　）托运集装箱货物运输。
    A. 同一目的地　　　　　　　B. 同一发货人
    C. 箱为单位　　　　　　　　D. 收货人为目的地

11. 集装箱交接地点的 CFS/CY 方式是（　　）货物交接。
    A. 拼箱交，整箱接　　　　　B. 拼箱交，拼箱接
    C. 整箱交，整箱接　　　　　D. 整箱交，拼箱接

12. 集装箱交接的 Door 是指在（　　）交货装箱。
    A. 码头门口　　　　　　　　B. 收货人指定地点
    C. 货主指定地点　　　　　　D. 发货人仓库

13. 货主办理订舱手续从委托（　　）开始。
    A. 承运人　　　　　　　　　B. 托运人
    C. 货运代理人　　　　　　　D. 无船承运人

14. 船公司或其代理人在接收托运申请后，应着手编制（　　）。
    A. 提单　　　　　　　　　　B. 订舱清单
    C. 货票　　　　　　　　　　D. 报关单

15. 装箱单是根据（　　）制作的，作为向海关申报出口的代用单据。
    A. 货物　　　　　　　　　　B. 已装入集装箱内货物
    C. 托运人的要求　　　　　　D. 港口与承运人的要求

16. （　　）集装箱的整箱货由货主负责封箱，填写装箱单，并加海关铅封。
    A. 只有一个发货人和一个收货人　　B. 一个发货人
    C. 一个收货人　　　　　　　D. 几个发货人与一个收货人

17. 集装箱提单凭码头收据换领，是（　　）提单。
    A. 装船离港　　　　　　　　B. 装船待运
    C. 收货待运　　　　　　　　D. 物权

18. 码头收据由发货人或代理填制，随货运至码头堆场，由（　　）签署，证明货已收妥。
    A. 承运人或代理　　　　　　B. 码头接货人
    C. 理货人　　　　　　　　　D. 港口装卸公司

19. 设备交接单的当事人是（　　）。
    A. 发货人与承运人　　　　　　B. 收货人与承运人
    C. 用箱人与箱主　　　　　　　D. 租箱人与租箱公司

20. 载有确认条款的单证是（　　）。
    A. 订舱单　　　　　　　　　　B. 装箱单
    C. 集装箱提单　　　　　　　　D. 设备收据

21. 集装箱进出港区时确定箱体交接责任的单证是（　　）。
    A. 提单　　　　　　　　　　　B. 大副收据
    C. 提货单　　　　　　　　　　D. 设备交接单

22. 场站收据是（　　）。
    A. 货物收据　　　　　　　　　B. 交货凭证
    C. 可转让凭证　　　　　　　　D. 运输合同证明

23. 多式联运经营人负责货物（　　）。
    A. 安排运输内容　　　　　　　B. 代理联运合同执行
    C. 全程运输及相应责任　　　　D. 在拥有运输工具下的全程运输

24. 统一杂货租船合同，简称为"金康（GENCON）"是（　　）。
    A. 航次租船合同　　　　　　　B. 定期租船合同
    C. 光船租船合同　　　　　　　D. 包运租船合同

25. 定期船货运程序为订舱、（　　）、卸船交货。
    A. 接货装船　　　　　　　　　B. 仓库收货
    C. 集中装船　　　　　　　　　D. 交接

26. 期租船由（　　）负责船舶营运管理。
    A. 船东　　　　　　　　　　　B. 租船人
    C. 无船承运人　　　　　　　　D. 船务代理人

27. SBL 中的承运人是（　　）。
    A. 船公司　　　　　　　　　　B. 船公司代理
    C. 无船承运人　　　　　　　　D. 租船人

28. 在航次租船合同下，（　　）必须按合同的规定，按时抵达装货港及装卸指定货物，并按时运抵目的港。
    A. 船方　　　　　　　　　　　B. 船东
    C. 代理　　　　　　　　　　　D. 承运人

29. 在定期租船合同下，船舶的经营管理由（　　）负责。

A. 承租人 B. 租船人
C. 船东 D. 船务代理

30. 租船合同中的当事人是（　　）。
   A. 发货人与船东 B. 船东与收货人
   C. 船东与租船人 D. 船东与货主

31. 航次租船中由（　　）指定船长、船员。
   A. 船东 B. 租船人
   C. 货运代理人 D. 无船承运人

32. 在一次运输过程中采用两种或两种以上的运输方式称为（　　）。
   A. 驮式运输 B. 滚装运输
   C. 远洋运输 D. 联合运输

33. 在下列运输服务的提供者中，（　　）具有的优势：能统一一次定价，有利于改善价格策略；重复成本减少，体现了规模经济。
   A. 单一方式承运人 B. 小件承运人
   C. 多式联运经营人 D. 第三方运输人

34. 多式联运经营人以（　　）合同与分承运人建立承运法律关系。
   A. 提单 B. 航线经营
   C. 外包 D. 联运分包

35. HBL 的签发人是（　　）。
   A. 船公司 B. 船公司代理
   C. 无船承运人 D. 租船人

36. HBL 中的发货人是（　　）。
   A. 船公司 B. 船公司代理
   C. 中间商 D. 信用证中的受益人

37. 多式联运经营人对货物承担的责任期限是（　　）。
   A. 自己运输区段 B. 全程运输
   C. 实际承运人运输区段 D. 第三方运输区段

38. 国际货运代理人与货主之间的关系，称为（　　）。
   A. 委托代理关系 B. 承托关系
   C. 运输合同关系 D. 买卖合同关系

39. 国际货物出入境应填写（　　）。
   A. 提单 B. 产地证书

C. 运单 D. 货物出入境报验单

40. 海关对进出口货物查验应（　　）。
    A. 提出申请 B. 强制性申请
    C. 不必申请 D. 口头申请

41. 卫检对集装箱查验要求做到（　　）。
    A. 清洁、干燥 B. 无味、无尘
    C. 清洁、无味 D. 清洁、干燥、无味、无尘

42. 进口货海关放行的单证是（　　）。
    A. 提货单 B. 提单
    C. 关单 D. 大副收据

43. 出口货海关放行的单证是（　　）。
    A. 场站收据 B. 装箱单
    C. 提单 D. 装货单

44. 商检证是（　　）。
    A. 买卖合同组成部分 B. 运输合同组成部分
    C. 信用证组成部分 D. 独立的证书文件

45. 经海关批准，在海关监管下，专供存放未办理关税手续而入境或过境货物的场所称为（　　）。
    A. 中转仓库 B. 保税仓库
    C. 专用仓库 D. 通用仓库

(二) 多项选择题（下列每题中的多个选项中，至少有 2 个是正确的，请将其代号填在括号中）

1. 当拖车司机将整箱货运至集装箱码头时，码头堆场验收货箱的凭据是（　　）。
   A. 装箱单 B. 设备收据
   C. 场站收据 D. 订舱清单

2. 定期租船租金一般是按（　　）计算。
   A. 船舶每 30 天每载重吨 B. 整船每天若干金额计算
   C. 承运货物的重量吨 D. 承运货物的容积吨

3. 定期租船中，船舶所有人负责（　　）。
   A. 任命船长 B. 装船、积载、平舱、卸船等
   C. 船舶在交船时处于有效使用状态 D. 船舶在租期内处于有效使用状态

4. 下列选项中，（　　）造成的船期损失与费用，一般由承租人负责。

A. 因船员过失或低效率 B. 非货物原因而绕航至其他港口
C. 因恶劣天气驶至避难港 D. 在装卸港发生非船舶不适航原因的滞留

5. 我国港口规定递交 N/R 的时间是（　　）。

   A. 9：00—16：00
   B. 10：00—17：00
   C. 周日及节假日前一天 9：00—11：00
   D. 周日及节假日前一天 10：00—12：00

6. 航次租船合同中，FILO 表示（　　）。

   A. 船东管装 B. 船东管卸
   C. 船东不管装 D. 船东不管卸

7. 涉及集装箱多式联运交接方式的有（　　）。

   A. DOOR/CY B. DOOR/CFS
   C. CY/DOOR D. DOOR/HOOK

8. 油轮租船运费采用（　　）方法。

   A. 将租船划分不同类别、不同费率 B. 在整个租船合同期间同一费率
   C. 不同租期，不同费率 D. 按船行区域划分不同费率

9. 对于定期租船租金，下列选项中描述正确的是（　　）。

   A. 按船舶每 30 天每载重吨计算 B. 按整船每天若干金额计算
   C. 一般规定租金预付 D. 在任何情况下，租金一经支付不能收回

10. 与 FCL/FCL 相应的交接方式是（　　）。

    A. DOOR/DOOR B. CY/CY
    C. DOOR/CY D. CY/DOOR

11. 由站发货的方式包括（　　）。

    A. CFS/CY B. CFS/DOOR
    C. CY/DOOR D. DOOR/CFS

12. 由门发货的方式包括（　　）。

    A. DOOR/CY B. CFS/DOOR
    C. CY/DOOR D. DOOR/CFS

13. 集装箱货运站的主要工作内容是（　　）。

    A. 重箱与空箱的堆存和保管 B. 集装箱承运、验收、保管和交付
    C. 拼箱货的拆箱与装箱作业 D. 整箱中转

14. 由多个承运人共同完成货物全程运输下使用的提单有（　　）。

A. 转运提单 B. 联运提单
C. 多式联运提单 D. 直达提单

15. 定期租船广泛使用的合同范本有（ ）。

A. 中租1980年定期租船合同 B. 纽约土产交易所定期租船合同（1981）
C. 统一杂货租船合同（1994） D. 巴尔的摩统一定期租船合同（1974）

16. 多式联运经营人是（ ）。

A. 订立多式联运合同的人

B. 有权签发多式联运提单的人

C. 对海运区段运输负责的人

D. 可以是船公司，也可以是无船承运人

17. 保税仓库的类型有（ ）。

A. 备料保税仓库 B. 密集保税仓库
C. 公共保税仓库 D. 免税品保税仓库

18. 保税仓库允许存放的货物范围为（ ）。

A. 缓办纳税手续的进口货物 B. 需做进口技术处理的货物
C. 内销货物 D. 来料加工后复出的货物

19. 集装箱货物的集散与交接方式有（ ）。

A. 整箱交整箱接 B. 拼箱交拆箱接
C. 整箱交拆箱接 D. 拼箱交整箱接

辅导练习参考答案

一、理论知识练习题

（一）单项选择题

1. B 2. A 3. C 4. C 5. C 6. A 7. C 8. D 9. B 10. A
11. C 12. B 13. C 14. B 15. C 16. A 17. C 18. D 19. C 20. B
21. D 22. D 23. C 24. C 25. A 26. A 27. C 28. C 29. A 30. D

（二）多项选择题

1. ABCD 2. ABC 3. BC 4. AC 5. ABCD
6. AB 7. ABCD 8. BCD 9. ABCD 10. ABCD
11. ABC 12. ABCD 13. BCD 14. ABD 15. ACD
16. BC 17. ABCD 18. ABD 19. ABCD

二、操作技能练习题
(一) 单项选择题
1. D   2. C   3. A   4. C   5. B   6. D   7. C   8. A   9. A   10. B
11. A 12. D 13. C 14. B 15. B 16. A 17. C 18. A 19. C 20. C
21. D 22. A 23. C 24. A 25. A 26. B 27. A 28. A 29. B 30. C
31. A 32. D 33. C 34. D 35. C 36. D 37. B 38. A 39. D 40. A
41. D 42. A 43. D 44. D 45. B

(二) 多项选择题
1. ACD   2. AB   3. ACD   4. CD   5. BDD
6. BC   7. ABC   8. BC   9. ABC   10. ABCD
11. AB   12. AD   13. ABCD 14. ABC   15. BD
16. ABD   17. ABCD 18. ABD   19. ABC

第 7 章　物流信息管理

重点复习提示

一、仓储管理信息系统（WMS）的结构与功能

1. 库位设定

根据仓库状况，自动生成三维立体仓库模型，提供可视化操作。库位模型可实现仓库三维立体图与二维平面图之间的自动切换，可以在模拟位置查询库存物品和状态。

2. 安全库存与最低库存量

根据采购提前期和日消耗量可以自动生成安全库存，同时可从客户的最低需求量生成最低库存量。

3. 入库管理与出库管理

入库管理与出库管理是 WMS 的两个核心模块，根据入库申请对入库信息的预录入，经过审核确认后自动进行库位分配，完成入库操作。可根据出库单，快速定位出库物品，进行登记、审核、待出库、实际出库等过程控制，动态管理库存量。

4. WMS 费用结算管理

主要对象是仓储费。在出库时，自动将有关费用转到具体费用处理部门，与客户进行结算。一经客户确认，各种费用不再修改和删除，直到客户付清为止。

5. WMS 统计分析管理

统计分析管理模块主要是实现实时库存管理。由于仓库每接收或发出一件货物，库存就会自动变化，能否及时得知货物进库、出库、在库的实时情况十分重要，而统计分析模块能随时更新数据。

二、运输管理信息系统（TMS）的结构与功能

包括：车辆信息维护、驾驶员信息、运输业务登记、运输计划安排、任务列表制作、派车单回场确认、派车单写入 IC 卡、白卡管理、查询与报表、车辆和货物跟踪、GSM/GPS 车辆监控调度的接口、监控中心系统、费用结算系统。这其中应重点掌握以下几点。

1. 运输业务登记

运输业务登记即运输订单输入。客户托运有三种情况：从其他业务操作流程转入，本企业揽货订单，接入外包运输订单。分别三种情况录入，以便后续功能执行。

2. 运输计划安排

（1）分单作业。

（2）线路调度。

（3）车辆安排。

（4）货物配载。

（5）货运跟踪。

3. 查询功能

（1）车辆定位查询。

（2）防盗报警功能。

（3）电子围栏功能（限制运输工具在一定区域或路线行驶）。

（4）实时调度功能。

（5）车辆运行记录与回放功能。

（6）约派车功能。

（7）网上查询。

4. 跟踪功能

利用 GPS 和电子地图实时显示车辆的实际位置，随目标移动，使目标始终显示在屏幕上，实现多窗口、多车辆、多屏幕同时跟踪。

5. GSM/GPS 车辆监控调度

利用 GSM 公用数字移动通信网作为监控中心与移动目标之间的信息传输媒介，利用全球卫星定位系统（GPS）的定位技术，结合运用电子地图地理信息系统（GIS），实现对移动目标的位置与状态监控，并利用互联网向外界发布。

6. TMS 费用结算系统

TMS 费用结算系统包括企业财务管理全过程：运价数据库，费用登记确认，发票制作，送货地点的明细表打印，实收实付确认与销账，统计分析表格制作。

三、货运代理管理信息系统结构与功能

1. 海空运输出口系统

从接单（客户委托书）、制单（装箱单、进口通知书、运输通知书、提单等）、订舱、提单签发到费用登记确认的整个业务流程的管理。

2. 海空运输进口系统

从接单（客户委托书）、制单（到货通知书、提货单）、报关到费用登记确认的整个业务流程的管理。

3. 费用管理系统

（1）应收应付、代收代付费用输入与审核。

（2）发票制作、打印与查询。

（3）实收实付费用的登记、审核与销账。

（4）成本利润表、应收账表的制作与打印。

（5）对账表自动生成。在与客户 EDI 连接状态下可以自动回执。

4. 销售管理系统

（1）客户信息的新增、删除、查询。

（2）客户单体成本与利润考核。

（3）公开运价、船期等公用信息的更新与维护。

（4）合同信息的执行、新增、修改与查询。

（5）对不同客户群的报价处理。

辅导练习题

一、理论知识练习题

(一) 单项选择题（下列每题有 4 个选项，其中只有 1 个是正确的，请将其代号填在括号中）

1. WMS 的首要功能是（　　），通过模拟位置查询相应库存物品及状态。

　　A. 入库管理　　　　　　　　B. 理货管理

　　C. 库位设定　　　　　　　　D. 入库信息录入

2. WMS 模块功能使其成为（　　）管理信息系统的代用系统。

　　A. 物流基地　　　　　　　　B. 物流中心

　　C. 配送中心　　　　　　　　D. 零销商业

3. TMS 的核心任务是合理（　　），以优化运输服务质量。

　　A. 安排运输车辆　　　　　　B. 安排运输流程

　　C. 调度系统资源　　　　　　D. 安排车辆、司机与货运之间关系

4. TMS 的最复杂功能是（　　）。

　　A. 运输计划安排　　　　　　B. 运输业务登记

C. 费用结算　　　　　　　　　　D. 车辆与货物跟踪

5. 海空运输进口信息系统的功能程序是（　　）。
   A. 到货前资料输入→到货通知→以提单换提货单→货物储存
   B. 业务委托→作业调度→单证处理→查询统计
   C. 代理委托→报关→提货→通知客户
   D. 业务委托→单证处理→进口报关→通知客户

6. FMS费用管理系统的模块特点是（　　）。
   A. 快速统计功能　　　　　　　B. 各种查询功能齐全
   C. 自动生成各种资料表　　　　D. 自动提示应收账及应付款

7. 海空运输出口信息系统的模块功能程序为（　　）。
   A. 订舱委托→操作调度→单证处理→查询统计
   B. 揽货→订舱→收费→通知移交货物
   C. 揽货出单→订舱→安排拖车→提货
   D. 订舱委托→单证处理→调度船舶→统计查询

8. 物流信息管理包括（　　）。
   A. 物流信息的收集、处理、传递和储存
   B. 物流信息的识别、处理、传递和储存
   C. 物流信息的收集、转换、传递和储存
   D. 物流信息的收集、处理、分类和储存

9. 通过信息管理物流，可有效地提高整个物流的（　　）。
   A. 灵活性、先进性、可靠性　　B. 灵活性、速度、可靠性
   C. 集成性、可靠性、灵活性　　D. 先进性、速度、可靠性

10. 物流的（　　）是物流信息化的必然，是电子商务下物流活动的主要特征之一。
    A. 现代化　　　　　　　　　　B. 企业化
    C. 网络化　　　　　　　　　　D. 集约化

11. 物流系统对物流信息的要求是信息充足、信息准确、（　　）。
    A. 信息适当　　　　　　　　　B. 信息灵活
    C. 通信顺畅　　　　　　　　　D. 以异常情况为基础

12. 在物流信息网络建立中，（　　）是确定信息和整理的程序。
    A. 确定基础设施　　　　　　　B. 设计工作流程
    C. 选择数据及其存储方式　　　D. 建立通信系统

13. 运输管理信息系统的核心任务是（　　），优化运输服务质量。

A. 安排运输车辆　　　　　　　　　B. 合理安排车辆、司机与货运之间的关系

C. 调度系统资源　　　　　　　　　D. 合理安排运输流程

14. 在运输管理信息系统中，对驾驶员的基本信息进行管理，以随时（　　）。

A. 存档　　　　　　　　　　　　　B. 跟踪

C. 了解　　　　　　　　　　　　　D. 沟通

15. CRM 注意收集各种客户信息，记录并管理客户的需求差别化，使得（　　）。

A. 企业不关心非重点客户　　　　　B. 企业只要管好自身利益

C. 企业要每天联系重点客户　　　　D. 企业"比客户自己更了解客户"

16. CRM 的目的就是要使客户，按（　　）的方式演变。

A. 潜在客户—忠诚客户—顾客—常客

B. 潜在客户—忠诚客户—常客—顾客

C. 潜在客户—顾客—常客—忠诚客户

D. 潜在客户—顾客—忠诚客户—常客

17. 物流信息系统的最终目的是帮助企业提高（　　），提高业务效率。

A. 经济效益　　　　　　　　　　　B. 扩大市场占有率

C. 核心竞争力　　　　　　　　　　D. 经营成功率

（二）多项选择题（下列每题中的多个选项中，至少有 2 个是正确的，请将其代号填在括号中）

1. 国际货运代理信息系统的功能模块分为（　　）。

A. 海空运输出口与进口系统　　　　B. 费用管理与销售管理系统

C. 分公司业务系统　　　　　　　　D. 中转代理系统

2. TMS 的主要模块功能包括（　　）。

A. 车辆与驾驶员信息　　　　　　　B. 运输业务计划、任务列表

C. 派车单及车辆与货物跟踪　　　　D. 费用结算

3. 海空运输出口系统操作调度模块功能有（　　）。

A. 整箱与拼箱操作及装箱单制作　　B. 安排运输计划

C. 散货装舱及其单证制作　　　　　D. 根据客户要求，安排仓储计划

4. 物流信息系统具有（　　）的特点。

A. 集成化　　　　　　　　　　　　B. 模块化

C. 实时化　　　　　　　　　　　　D. 网络化

5. 物流信息技术包含（　　）。

A. EDI 技术　　　　　　　　　　　B. POS 技术

C. RF 技术　　　　　　　　　　D. GPS 和 GIS 技术

6. 国际货运代理信息系统的特点是（　　）。

　　A. 节约时间，提高效率

　　B. 安全的权限管理功能使与费用有关的工作人员各司其职

　　C. 与其他软件无缝连接

　　D. 实现了无纸化办公，进一步提高了对客户的服务质量

7. 实现海空运输进口业务的操作和管理，从（　　）的整个业务流程的管理。

　　A. 接单　　　　　　　　　　B. 制单

　　C. 报关　　　　　　　　　　D. 费用登记确认

8. 海空运输进口系统的模块除了业务委托外，有（　　）。

　　A. 对进口货物信息的登记、查询及跟踪以及各项费用的输入

　　B. 作业调度，报关及单证的管理、运输的安排、拼箱进口的分拨

　　C. 单证处理，小提单的制作、运输委托单、费用流转清单等

　　D. 查询统计，业务量的统计、相关费用的统计、其他相关的信息查询

9. 国际货运代理企业的信息化需求层次有（　　）。

　　A. 业务操作型　　　　　　　B. 管理执行层

　　C. 业务管理型　　　　　　　D. 决策支持型

10. 物流信息系统一般具有（　　）特点。

　　A. 模块化　　　　　　　　　B. 实时化

　　C. 自动化　　　　　　　　　D. 网络化

11. 在物流信息系统中，软件一般包括（　　）。

　　A. 系统软件　　　　　　　　B. 共享软件

　　C. 实用软件　　　　　　　　D. 应用软件

二、操作技能练习题

（一）单项选择题（下列每题有 4 个选项，其中只有 1 个是正确的，请将其代号填在括号中）

1. WMS 入库管理模块应用（　　），快速准确录入入库信息。

　　A. Bar code　　　　　　　　B. GPS

　　C. RF　　　　　　　　　　　D. POS

2. WMS 的库位设定模块采用库存（　　），使操作简便化。

　　A. 模拟系统　　　　　　　　B. 模拟现场操作

　　C. 指标体系　　　　　　　　D. 三维立体图与二维平面图自动切换

3. WMS出库管理包括出库计划、出库指示内容，其中出库指示表现为输出各种出库（　　）。

　　A. 单证与票据　　　　　　　　　B. 账单
　　C. 明细表　　　　　　　　　　　D. 数量与批量

4. 运输任务列表制作功能是对（　　）的分解，形成一笔一笔的具体运输作业任务。

　　A. 运输订单　　　　　　　　　　B. 运输计划
　　C. 当期任务量　　　　　　　　　D. 运输路线与载货量

5. 运输费用结算系统可以通过特殊接口产生凭证的方式与（　　）进行接入。

　　A. 外系统　　　　　　　　　　　B. 资源管理系统
　　C. 财务软件　　　　　　　　　　D. 人工结算

6. 通过（　　）可以完成车辆路线模型、最短路径模型、网络物流模型等功能。

　　A. EDI　　　　　　　　　　　　　B. POA
　　C. GPS　　　　　　　　　　　　　D. GIS

7. 车辆综合管理系统采用（　　）技术及计算机管理技术建立车辆动态管理系统。

　　A. GPS、RF、PDT　　　　　　　　B. GPS、MIS、DSS
　　C. GPS、GIS、GSM　　　　　　　 D. RF、DB、GPS

8. FMS中的（　　）功能与揽货作业连接。

　　A. 订舱委托　　　　　　　　　　B. 操作调度
　　C. 单证处理　　　　　　　　　　D. 查询统计

9. 客户关系管理模块是（　　）系统的特有功能模块。

　　A. 费用管理　　　　　　　　　　B. 销售管理
　　C. 分公司　　　　　　　　　　　D. 订舱委托

10. FMS决策支持系统模块功能集中在对（　　）的分析上。

　　A. 货运市场　　　　　　　　　　B. 客户层次
　　C. 客户价值　　　　　　　　　　D. 客户资源与信用等级

11. 物流信息系统是物流中心的（　　），一个物流信息系统的构建是物流中心能否发挥作用的关键。

　　A. 基础　　　　　　　　　　　　B. 灵魂
　　C. 支柱　　　　　　　　　　　　D. 导向

12. 物流中心的信息系统的客户订单接受与处理模块，可以使客户的订单信息自动地转入物流中心的信息系统，从而（　　），并防止发生订单输入的错误。

　　A. 加快分拣速度和正确率　　　　B. 减少员工订单输入的工作量

C. 加快数据存储　　　　　　　　D. 减少库存数据录入

13. 仓储管理信息系统的库位设定模块采用库存（　　），使操作简便化。

　　A. 模拟系统　　　　　　　　　　B. 指标体系

　　C. 模拟现场操作　　　　　　　　D. 三维立体图与二维平面图自动切换

（二）多项选择题（下列每题中的多个选项中，至少有2个是正确的，请将其代号填在括号中）

1. TMS中的白卡管理是针对海关监管货物车辆的，它具有（　　）功能。

　　A. 基本资料输入　　　　　　　　B. 使用记录

　　C. 车辆运营记录　　　　　　　　D. 流向查询

2. 国际货运代理企业的信息化需求层次有（　　）。

　　A. 管理执行层　　　　　　　　　B. 业务操作型

　　C. 业务管理型　　　　　　　　　D. 决策支持型

3. TMS中，车辆和货物跟踪模块自动收货确认系统的硬件由（　　）组成。

　　A. 传输网络　　　　　　　　　　B. 无线电通信模块PDA

　　C. 运载设备　　　　　　　　　　D. 便携式电子扫描枪

4. FMS中的海空出口系统单证处理模块可以对（　　）等单独格式进行自定义，也可以带底图进行快速调度。

　　A. 信用证　　　　　　　　　　　B. 委托书

　　C. 提单确认书　　　　　　　　　D. 提单

5. （　　）属于FMS中决策支持系统的模块功能。

　　A. 客户资源分析　　　　　　　　B. 货源分析

　　C. 成本利润分析　　　　　　　　D. 货运技术分析

6. 仓储管理信息系统模块的功能特点包括：（　　）。

　　A. 库位的设定　　　　　　　　　B. 出入库管理

　　C. 查询与报表　　　　　　　　　D. 统计分析管理

7. 条形码是实现（　　）的技术基础，是物流管理现代化、提高运输企业管理水平和竞争能力的重要手段。

　　A. EOS系统　　　　　　　　　　B. EDI系统

　　C. 电子商务　　　　　　　　　　D. 供应链管理

8. 按管理层次的划分，物流信息分为（　　）。

　　A. 战略管理信息　　　　　　　　B. 战术管理信息

　　C. 知识管理信息　　　　　　　　D. 操作管理信息

9. 在设计物流中心信息系统的客户订单接受与处理功能模块时,应把握好（　　）。
   A. 要让接受订货的信息尽可能充分全面
   B. 要坚持 20/80 原则
   C. 要实行 JIT 配送
   D. 管理好运输服务商

10. 库存管理信息系统是物流管理信息的中心,它是指对保存在物流中心内的商品进行（　　）的管理信息系统叫库存管理信息系统。
    A. 实际管理　　　　　　　　　　B. 信息处理
    C. 指定货位　　　　　　　　　　D. 调整库存

11. 仓储管理信息系统的模块功能包括（　　）。
    A. 库位与安全库存设定　　　　　B. 入库与出库管理
    C. 费用结算与统计分析管理　　　D. 库内移运

12. 运输管理信息系统中,车辆和货物跟踪模块的智能化调度信息网平台,主要由（　　）构成。
    A. 通信网络系统　　　　　　　　B. 二级调度信息网络中心
    C. 车载终端系统　　　　　　　　D. 一级调度信息网络中心

13. 运输管理信息系统中,车辆和货物跟踪模块的自动收货确认系统在硬件上由（　　）组成。
    A. 网络传输信息管理中心　　　　B. 无线电通信模块的 PDA
    C. 便携式电子扫描枪　　　　　　D. 车载设备

14. 国际货运代理信息系统中的海空运输出口系统的单证处理模块,其单证格式的自定义可以实现对（　　）等单独格式的自定义,可以带底图进行快速调整,以满足企业实际业务发展的需要。
    A. 信用证　　　　　　　　　　　B. 委托书（十联单）
    C. 提单确认件　　　　　　　　　D. 提单

15. 国际货运代理信息系统的功能模块有海空运输出口系统、海空运输进口系统、（　　）。
    A. 销售管理系统　　　　　　　　B. 分公司业务系统
    C. 决策支持系统　　　　　　　　D. 费用管理系统

16. 国际货运代理信息系统中海空运输出口系统的模块功能有（　　）。
    A. 订舱委托　　　　　　　　　　B. 操作调度
    C. 单证处理　　　　　　　　　　D. 查询统计

17. 海空运输出口系统操作调度模块功能有（   ）。
    A. 整箱与并箱操作及装箱单制作   B. 散货的装舱及单证制作
    C. 安排运输计划   D. 空箱调运操作
18. WMS 功能模块包括（   ）。
    A. 货物管理   B. 订单管理
    C. 库存管理   D. 业务结算管理
19. TMS 功能模块包括（   ）。
    A. 电子商务管理   B. 订单管理
    C. 运行管理   D. 业务结算管理

辅导练习题参考答案

一、理论知识练习题
(一) 单项选择题
1. C   2. B   3. D   4. D   5. B   6. C   7. A   8. A   9. B   10. C
11. C   12. B   13. B   14. B   15. D   16. C   17. C
(二) 多项选择题
1. ABC   2. ABCD   3. ABD   4. ABCD   5. ABCD
6. ABCD   7. ABCD   8. ABCD   9. ACD   10. ABD
11. ACD

二、操作技能练习题
(一) 单项选择题
1. C   2. D   3. A   4. B   5. C   6. D   7. C   8. A   9. B   10. D
11. B   12. B   13. D
(二) 多项选择题
1. ABD   2. BCD   3. BD   4. BCD   5. ABC
6. ABD   7. ABD   8. ABCD   9. AB   10. ACD
11. ABCD   12. ABCD   13. BC   14. BCD   15. ABCD
16. ABCD   17. ABC   18. ACD   19. ABCD

第8章 物流英语

重点复习提示

一、物流基本概念

1. The concept of article in logistics includes tangible goods and intangible service, such as customer service, freight agents and logistics network design.

2. The external logistics is about the macro economic activities, like international trade and global investment.

3. The four key procedures in the internal logistics are supply, production, distribution and reverse.

4. Logistics system includes customer service, packaging, transportation, storage, distribution processing and information control.

5. A logistics center consists of a series of integrated logistic activities, processes, equipments, and information network.

6. Logistics alliance refers to the long term cooperation and business relationship between logistics supplier and customers.

7. Time value in logistics refers to the differences in value of the same goods at different time.

8. Location value in logistics refers to the differences in value of the same goods in different locations.

9. Logistics vehicles include ships, trucks, trains and aircrafts used in the logistics process.

10. Insurance is very important to logistics because of the potential hazards and dangers in the process, such as fire, theft, handling damage and even the natural disasters.

11. Letter of Credit is issued by the buyer's bank for the importer's benefits.

12. Logistics information refers general logistics knowledge, materials, images, data

and documentation.

13. Distribution processing value is the valued added by changing the length, thickness and package of goods.

14. Communication links the entire logistics process with customers.

二、存储功能

1. Cycle stock is the maximum inventory based on the maximum needs.

2. Inspection is the operation to check the quantity, quality and package of the goods according to the contract and specific standards.

3. Goods that are stored in warehouses for distribution and sales are called inventory.

4. Commodity inspection is the process in which exported and imported goods are examined for their quantity, quality, package, place of production, safety and hygiene conditions.

三、运输功能

1. Liner transport has three specific components: fixed ports, fixed routes and announcing shipping time in advance.

2. The broker company in ocean transportation is called shipping agency.

3. TEU and FEU both are containers which are used in ocean transportation frequently.

4. Bill of Lading is the evidence of the contract of carriage between carrier and shipper.

5. Transport agencies include air and surface freight forwarders, shippers associations and transport brokers.

6. NVOCC is also a carrier because it can open B/L.

7. Door-to-door delivery refers to carriers picking up the goods from the shipper's warehouse and delivering it to consignee's warehouse.

8. Containerization can speed up the logistics process, such as handling, loading and unloading, storing and transport.

9. There are three kinds of freight in transport: full-car load, Less-than-truckload and container.

10. International transportation by trucks is limited between the joint border countries like US and Mexico or closely located WTO members like mainland China, Hong Kong and Macao.

11. Transportation decision is referred to the transportation models and carriers selected for delivery, vehicle routing, scheduling, and freight grouping.

四、物流信息管理

1. Virtual logistics is the management by computer technology and Internet.

2. Data Warehousing is virtual data system in computer technology.

3. Global Positioning System directs the mobile equipments, like trucks, ships and aircrafts by satellite tracking.

4. The main application of E-selling is in B2B and B2C.

5. In the logistics information system, EDI plays the most important role.

五、配送

1. Delivery refers to sending goods to the destination specified by buyers and collection of the transportation costs.

2. Joint Distribution refers to delivering goods for different shippers using the same vehicle by the most economic route.

3. Distribution center is a short-term storage center located close to a major market to facilitate the rapid processing of orders and shipment of goods to customers.

4. The regional distribution center provides customized solution for supply chain management, warehousing and sea, air freight transport in the international logistics market.

六、物流设施、物流工具、物流操作

1. Forklift truck is very convenient equipment for loading and unloading goods.

2. A twenty-foot unit is called a standard container.

3. Stereoscopic warehouse has three parts: warehouse, high story shelf and stacker.

4. Cargo inspection is not only to examine the goods quantity, but also quality.

5. Less-than Container is the mode which can be used to ship goods for more than one shippers and consignees.

6. Conveyors are used widely in the operations of warehouse and distribution center and form the basic handling device for a number of selection systems.

7. Standardized containers are storage and transportation equipments that may load the cargo of 16 to 26 tons or in 30 to 60 cubic meters.

七、逆向物流

1. Recycle logistics is the part of reverse logistics.
2. Reverse logistics is the process to handle returned goods, recycle useful materials and dispose waste goods.
3. Green logistics is very important to the environmental protection.
4. Recycle logistics is the process to sort, treat and collect the valuable parts from used products.

八、物流综合概念表达

1. Tally is to count and inspect goods in logistics.
2. CIF and FOB are two major terms in the international trade.
3. Virtual logistics is based on logistics network, but more computerized and systematized than logistics operation.
4. MRP (Material Requirement Planning) is the management system to control the amount of material consumed and to reduce inventory in the manufacturing company.
5. ERP (Enterprise Resource Planning) is the management system to distribute all resources economically, while satisfying the demand of the market.
6. Electronic Data Interchange (EDI) refer to a computer-to-computer information sharing of business documents in a standard format.
7. Virtual warehousing is not real logistics network but an information network based on warehouse management.
8. Distribution center is a large and highly automated multi-store building destined to receive goods from various suppliers, take orders, fill them in container efficiently, deliver goods to the customer as quickly and satisfyingly as possible.
9. B2C is the Internet commerce designed for direct communications and commercial relationship between a firm and its end customer. B2B is to managed to the communication and relationship between business entities.

辅导练习题

一、单项选择题（下列每题有4个选项，其中只有1个是正确的，请将其代号填在括号中）

1. （   ） is software to manage the relationship and communication between customers and suppliers.
   A. CRM   B. MRP
   C. ERP   D. SCM

2. Cycle stock is the (   ) inventory based on the maximum needs.
   A. lowest   B. highest
   C. basic   D. medium

3. (   ) logistics is the management by computer and Extranet.
   A. Electronic   B. Functional
   C. Virtual   D. Physical

4. Storage creates the (   ) value in logistics.
   A. warehousing   B. location
   C. time   D. space

5. Door-to-door services refer to carriers (   ) goods in the shippers' and consignees' warehouse.
   A. sending   B. delivering
   C. picking up and delivering D. shipping

6. (   ) links the entire logistics process with customer.
   A. Interchange   B. Exchange
   C. Communication   D. Reporting

7. (   ) are used widely in the operation of warehouse and distribution center and form the basic handling device for a number of selection system.
   A. Cranes   B. Conveyors
   C. Forklift truck   D. Pallets

8. (   ) is the process to handle returned goods, recycle useful materials and dispose waste goods.
   A. Reverse logistics   B. Logistics information

C. Transportation   D. Warehousing

9. (   ) is the Internet commerce designed for direct communications and commercial relationship between a firm and its end customer.

  A. B2C   B. B2B

  C. B2A   D. A2B

二、多项选择题（下列每题中的多个选项中，至少有 2 个是正确的，请将其代号填在括号中）

1. Transport agencies include air and surface (   ).

  A. freight forwarders   B. shipper's associations

  C. insurance brokers   D. transportation brokers

2. Logistics information refers to general logistics (   ) and documentation.

  A. knowledge   B. materials

  C. images   D. CPU

3. Insurance is very important to logistics because of the potential hazards and dangers in the process, such as (   ).

  A. fire and theft   B. unqualified products

  C. technique problem   D. and even natural disasters

4. Forklift truck is very convenient equipment for (   ).

  A. loading goods   B. unloading goods

  C. transportation brokers   D. insurance brokers

5. Freight forwarders purchase long distance service from (   ) carriers.

  A. water   B. rail

  C. air   D. truck

6. Containerization Call speed up the logistics process, such as (   ).

  A. handling   B. loading and unloading

  C. storing   D. transport

三、英译汉

1. average inventory

2. business behavior

3. capital flow

4. customer value

5. customized logistics

6. Automatic Storage Retrieval System

7. ABC classification

8. after-sales service

9. business process reengineering

10. computer assisted ordering

11. automatic data collection

12. automatic identification system

13. automatic replenishment

14. available vehicle capacity

15. average clear stacking height

16. AGV

17. air-surface container

18. bar code label

19. bar code scanner

20. cargo under custom's supervision

21. bill at sight

22. certificate of origin

23. cost, insurance and freight

24. customs declaration

25. document against acceptance

四、汉译英

1. 社会物流

2. 运费,货运

3. 全球物流

4. 信息流

5. 一体化

6. 有效客户反应

7. 电子订货系统

8. 企业资源计划

9. 定量订货方式

10. 地理信息系统

11. 集装化

12. 集装运输

13. 直接换装

14. 装载率

15. 客户关系管理

16. 集装箱半挂车

17. 集装箱跨运车

18. 集装箱码头

19. 集装箱挂车

20. 集装箱堆场

21. 进货收据

22. 信用证

23. 航空主运单

24. 多式联运单据

25. 海运提单

辅导练习题参考答案

一、单项选择题

1. A 2. B 3. C 4. C 5. C 6. C 7. B 8. A 9. A

二、多项选择题

1. ABD 2. ABC 3. AD 4. AB 5. ABCD

6. ABCD

三、英译汉

1. 平均存货

2. 企业行为

3. 资金流动

4. 客户价值

5. 定制物流

6. 自动存储系统

7. ABC 分类管理

8. 售后服务

9. 业务流程重组

10. 计算机辅助订货系统

11. 自动数据采集

12. 自动识别系统

13. 自动补货

14. 车辆承载率

15. 平均净堆垛高度

16. 无人搬运车

17. 海空联运集装箱

18. 条形码标签

19. 条形码扫描器

20. 海关监管货物

21. 即期票据

22. 一般原产地证

23. 到岸价

24. 报关单

25. 承兑交单

四、汉译英

1. external logistics

2. freight

3. global logistics

4. information flow

5. integration

6. efficient customer response

7. electronic order system

8. enterprise resource planning

9. fixed quantity system

10. geographic information system

11. containerization

12. containerized transport

13. cross docking

14. cubed out

15. customer relationship management

16. container semi-trailer
17. container straddle carrier
18. container terminal
19. container trailer
20. container yard (CY)
21. inbound for receipt
22. letter of credit (L/C)
23. master air way bill
24. Multimodal transport document
25. ocean bill of lading

第四部分　模拟试卷及参考答案

物流员理论知识考核模拟试卷

职业道德题

一、单项选择题（下列每题有 4 个选项，其中只有 1 个是正确的，请将其代号填在括号中；每题 1 分，共 15 分）

1. 举止得体的具体要求是（　　）。
   A. 态度严谨　　　　　　　　B. 表情严肃
   C. 行为适度　　　　　　　　D. 热情奔放

2. 语言简练、语义明确属于职业道德规范中（　　）的具体要求。
   A. 文明礼貌　　　　　　　　B. 爱岗敬业
   C. 诚实守信　　　　　　　　D. 团结互助

3. 下列关于职业道德的说法中，正确的是（　　）。
   A. 职业道德与人格无关　　　B. 职业道德的形成主要靠环境
   C. 职业道德的提高与个人利益无关　　D. 职业道德反映人的群体道德素质

4. 社会主义市场经济条件下的诚信（　　）。
   A. 只是一种法律规范　　　　B. 只是一种道德规范
   C. 既是法律规范，又是道德规范　　D. 既不是法律规范，也不是道德规范

*5. 与你交往的人中，哪种性格类型的人最多：（　　）。
   A. 性格、志趣相近的人　　　B. 年龄、爱好差异较大的人
   C. 性格、教养差异较小的人　　D. 平和、易相处的人

*6. 如果你觉得一个各方面能力都不如你的同事当了你的上司，你会（　　）。
   A. 看得超然开脱，寻求新的提升机会

---

* 对于打 * 号的题，请选择您认为最能反映您的实际想法或情况的一个选项，下同。

B. 觉得没有发展机会，辞职离开公司

C. 觉得不公正，但是也没办法表明

D. 心里不太顺畅，但还得协助其工作

7. 职业道德作为一个道德规范体系，其社会功能是（　　）。

A. 调整行业内部从业人员之间的人际关系

B. 调整行业之间从业人员的人际关系

C. 调整行业内部从业人员之间及其与社会其他各方面的人际关系

D. 调整行业与社会其他各方面之间的人际关系

8. "诚"和"信"的逻辑关系是（　　）。

A. 先有"信"后有"诚"　　　　B. 先有"诚"后有"信"

C. "诚"和"信"没有逻辑关系　　D. "诚"和"信"不分先后

9. "管理"和"领导"概念的关系是（　　）。

A. 领导是管理的职能活动之一　　B. 一个领导者必然是管理者

C. 两者没有关系　　　　　　　　D. 管理就是领导

10. 作为行为规范，道德和法律的区别表现在（　　）。

A. 道德的作用没有法律大　　　　B. 道德规范比法律规范含糊

C. 道德和法律的作用范围不同　　D. 道德和法律不能共同起作用

11. 职业选择是人们从自己的职业能力出发，（　　）。

A. 寻求社会需求与个人发展平衡的过程

B. 随心所欲地选择自己喜欢的职业

C. 以社会需求为主、兼顾个人发展的过程

D. 以个人发展为主、兼顾社会需求的过程

12. 从业人员对待上门投诉的顾客所持的下列态度中，正确的是（　　）。

A. 认为这很丢面子，尽量避免与顾客碰面

B. 认为有损公司利益，尽量冷处理

C. 按照具体情况给予赔偿，让顾客尽快离开

D. 把其当作纠正错误的机会

13. 下列关于劳动合同的选项中，正确的是（　　）。

A. 劳动合同有利于员工忠诚于企业

B. 遵守劳动合同未必对自己有利

C. 劳动合同主要对企业主有利，对员工利益并无多大影响

D. 劳动合同没有真正的约束力

14. 下列选项中,违背办事公道原则的是(   )。

   A. 按照客户到来的先后次序为他们提供服务

   B. 根据客户需求提供不同的服务

   C. 根据订单需求提供差别化服务

   D. 以本企业的既有条件提供优质服务

*15. 某人之所以始终没有离开所在的工作单位,是因为(   )。

   A. 他和单位签了协议,离开会有很大损失

   B. 他对现在的工作和工作单位感到满意

   C. 换工作是很难的事情,也许找不到比现在更好的工作

   D. 他很喜欢现在的工作和工作单位

二、**多项选择题**(下列每题中的多个选项中,至少有2个是正确的,请将其代号填在括号中;每题1分,共10分)

1. 下列关于职业道德的选项中,正确的是(   )。

   A. 职业道德是现代商业社会的产物

   B. 职业道德具有商业关系的人格化特点

   C. 职业道德有非强制性的约束功能

   D. 职业道德是现代社会商业关系的体现

2. 对从业人员职业用语的要求是(   )。

   A. 用语气缩短同客户的距离   B. 语速较快,不浪费客户的时间

   C. 语言简练,不啰唆,不反复   D. 语意明确,不模棱两可

3. 在市场经济条件下,职业选择的意义是(   )。

   A. 有利于资本与技术的良好结合   B. 有利于取得最大的经济效益

   C. 有利于优化社会风气   D. 有利于人的全面发展

4. 职业责任感的建立可以通过(   )来实现。

   A. 强化职业观念的灌输   B. 强化岗位规章制度

   C. 强调从业人员的具体职责   D. 对从业人员的职业活动进行监督与评价

5. 法律与道德的区别体现在(   )。

   A. 产生时间不同   B. 依靠力量不同

   C. 社会属性不同   D. 作用范围不同

6. 下列关于市场经济与职业道德的选项中,正确的是(   )。

   A. 促进市场经济繁荣发展,应多鼓励消费

   B. 在市场经济条件下,职业道德不适用于竞争环境

C. 市场经济对职业道德既有正面影响，又有负面影响

D. 市场经济要求人们具备义、利并重的道德观点

7. 职业品德包括（　　）。

　　A. 职业理想　　　　　　　　B. 进取心

　　C. 意志力　　　　　　　　　D. 创新精神

8. 企业的内部形象包括（　　）。

　　A. 员工的整体素质　　　　　B. 企业管理风格

　　C. 社会评价　　　　　　　　D. 企业竞争观念

9. 关于语言应注意的是（　　）。

　　A. 对语言不文明的客户，要始终以文明礼貌的态度来对待

　　B. 在同客户发生争执时要努力克制自己

　　C. 尽量花时间向客户讲述本公司的服务宗旨

　　D. 说话时要温和、委婉，以此转变客户的态度

10. 评价从业人员的职业责任感应从（　　）入手。

　　A. 能否与同事和睦相处　　　B. 能否完成自己的工作任务

　　C. 能否得到普遍的认同　　　D. 能否为客户提供满意的服务

专业知识题

一、单项选择题（下列每题有 4 个选项，其中只有 1 个是正确的，请将其代号填在括号中；每题 1 分，共 60 分）

1. 物流的对象包括实体货物和（　　）。

　　A. 运输与储存　　　　　　　B. 管理

　　C. 虚拟功能运作　　　　　　D. 相关的中介服务

2. 物流对于商品流通的作用在于（　　）。

　　A. 降低交易成本　　　　　　B. 简化交易环节

　　C. A 和 B　　　　　　　　　D. 提升交易物品的价值

3. 由于（　　）的发展，实体配送行业上升为现代物流产业。

　　A. 分销渠道多样化　　　　　B. 信息技术商业化

　　C. A 和 B　　　　　　　　　D. 集装技术与计算机技术的结合

4. 现代制造业发展的趋势是（　　），物流因此成为制造企业降低成本的关键环节。

　　A. MRP　　　　　　　　　　B. OEM

  C. ERP   D. QR

5. 逆向物流与常规物流的区别是（　　）。

  A. 物品的流向   B. 物流的对象

  C. 物流运作方式   D. 物流价值作用

6. 供应物流对制造业的经济意义是（　　）。

  A. 将企业内外物料管理合一   B. 区分物料消耗成本

  C. 区分物料的时间消耗成本   D. 降低采购作业成本

7. 供应商与采购商采用签订合同、供货、收款的方式交易，属于（　　）。

  A. 两端商流，中间物流   B. 两端物流，中间商流

  C. 商流与物流同时发生   D. 商流与物流分离

8. 企业物流是所有（　　）在企业内部流动的过程。

  A. 生产要素   B. 原材料、半成品、制成品

  C. 物料运行程序   D. B 和 C

9. 客户价值＝产品价值＋（　　）＋品牌价值。

  A. 消费需求   B. 技术价值

  C. 服务价值   D. 供应商价值

10. 初期的物流概念局限在（　　）过程中的商品实体运动。

  A. 运输   B. 仓储与存货

  C. 制造加工   D. 分销

11. 电子商务可以实现物流网络的（　　）。

  A. 实时控制   B. 远程操作

  C. 虚拟交易   D. 运行管理

12. 将包装、装卸搬运、运输、储存、流通加工和配送功能集合为一体是物流的（　　）系统。

  A. 操作   B. 执行

  C. 作业   D. 控制

13. 物流增值服务的核心是（　　）服务。

  A. 提高交易附加价值的   B. 差异化的

  C. 成本高的   D. 不同客户群的定制化

14. 物流标准化的基点是（　　）。

  A. 物流包装标准化   B. 物流包装系列规格尺寸

  C. 集装标准内容   D. 物流设备规格参数

15. 下列承运人服务方式中，（　　）可以有效解决货物多次中转给托运人带来的各种风险和成本增加的负担。

　　A. 第三方物流企业　　　　　　B. 联合运输公司

　　C. 多式联运经营人　　　　　　D. 零担运输经营人

16. 平均运送时间是最重要的运输（　　）指标。

　　A. 成本　　　　　　　　　　　B. 时间

　　C. 速度　　　　　　　　　　　D. 服务

17. （　　）运输不但适用于运送短距离、较高价值的物品，而且可以完成直达运输。

　　A. 铁路　　　　　　　　　　　B. 公路

　　C. 水运　　　　　　　　　　　D. 航空

18. 运输过程中运输设备及能源的投入，以及道路、港口、机场、输送管道等运输设施的投资属于（　　）消耗。

　　A. 物化劳动　　　　　　　　　B. 固定资产

　　C. 流动资产　　　　　　　　　D. 不产生附加价值的劳动

19. 公路货物运输作业与单证流转过程为：（　　）。

　　A. 托运与移交货物（提单）→车辆承运（路单）→到达提货（提货单）

　　B. 托运（托运单）→付运杂费（货票）→安排车辆承运（行车路单）→到货通知（提货单）

　　C. 托运与付费（托运单与货票同证不同联）→承运（路单）→提货（提货单）

　　D. 托运（承运合同）→移交或提取货物（托运单）→承运（路单）→到货通知（提货单）

20. 铁路货物运输作业与单证流转过程为：（　　）。

　　A. 托运手续（托运单）→付运杂费（货票）→货主提货（发票）

　　B. 订立托运合同（运输合同）→托运程序（托运单）→装车（押运单）→付费（货票）→承运（运单）→到货

　　C. 申请车皮计划（货运计划表）→托运（托运单）→付运杂费（货票）→承运（托运单）→到货通知（货票）

　　D. 申请运输计划（计划表）→托运程序（托运单）→办理付费（货票）→到货通知（提货单）

21. 水运货物运输作业的流程为：（　　）。

　　A. 货运安排→接货装船→卸船交货

　　B. 揽货→托运→承运→到货通知

C. 货代揽货→货代与承运人交接→承运→到货

   D. 市场开发→货代揽货→与代理结算→接收货物→承运→到港交货→收费

22. 铁路集装箱货运的流程为（　　）。

   A. 开立托运单→接收货物→装箱→承运→到货交付

   B. 签订托运合同→发放空箱→装箱→承运→到货交付

   C. 确定承运日期→货物运单→发放空箱→接收货物与承运→卸箱与货物交付

   D. 发放空箱→装箱→开立装箱单→凭装箱单换提单→承运→到货通知→提货

23. 班轮是在（　　）条件下进行的海上货物运输。

   A. 全集装箱联运   B. 固定港口

   C. 固定航线   D. 固定航线、港口、船期、费率

24. 多式联运经营人负责货物的（　　）。

   A. 运输安排内容   B. 代理联运合同执行

   C. 全程运输及相应责任   D. 运输工具下全程运输

25. 无船承运商（NVOCC）是多式联运的（　　）。

   A. 总代理人   B. 总承运人

   C. 托运人   D. 安排人

26. 多式联运经营人的必备条件之一是（　　）。

   A. 签发的多式联运提单具有流通能力

   B. 具备货物损失的赔偿能力

   C. 具备对于货运代理和港口的控制能力

   D. 具备货运市场的主导地位

27. 海上运输供应链的关系是（　　）。

   A. 托运方→代理方→承运方→中转方

   B. 托运人→拖车公司→港口→船公司→中转公司→报关行

   C. 货主→货运代理→航运企业→港口企业→海关当局

   D. 货主→港口→出口海关→船公司→进口海关→仓库→收货人

28. 提单上的通知方通常是（　　）。

   A. 发货人代理   B. 收货人代理

   C. 提单持有人   D. 货运代理人

29. 下列自动识别技术中，（　　）具有非接触、工作距离长、适于不良环境、可识别动态目标等优点。

   A. 条形码   B. 磁卡

C. IC 卡   D. 射频卡

30. CRM 的目的是使客户按（　　）的方式演变。

　　A. 潜在客户→忠诚客户→顾客→常客

　　B. 潜在客户→忠诚客户→常客→顾客

　　C. 潜在客户→顾客→常客→忠诚客户

　　D. 潜在客户→顾客→忠诚客户→常客

31. 物流信息管理包括（　　）。

　　A. 信息识别、处理、传递和储存　　B. 信息收集、处理、传递和储存

　　C. 信息收集、转换、传递和储存　　D. 信息收集、处理、分类和储存

32. 定量储存单元是内含预先确定的规则数量的商品储存单元，其码制标准是（　　）。

　　A. 通用商品条码　　B. EAN-13 码

　　C. ITF-20 码　　D. 交叉二五码（ITF-14 码）

33. 条形码和扫描技术在物流管理中主要运用在（　　）。

　　A. 零售商业系统的销售记账与物料搬运跟踪

　　B. 超级市场和零售店的销售收款

　　C. 仓库系统的出入库记录

　　D. 物流中心的物料与账务处理

34. 采购是在（　　）中选择购买自身需要的生产要素的过程。

　　A. 不同地区供应商　　B. 不同供应渠道

　　C. 多个备选供应商　　D. 多种供应源

35. 采购的内容为（　　）。

　　A. 生产资料　　B. 原材料与半成品

　　C. 原料与成品　　D. 物品与服务

36. 当采购大量物品时，且价格是竞争性的，应采取（　　）的采购方式。

　　A. 议价　　B. 招标

　　C. 比价　　D. 综合比价

37. 采购计划的目的是（　　）。

　　A. 满足经营需求与合理价格的均衡　　B. 经营者本身需求与市场供给的平衡

　　C. 企业合理存货与现金支付的均衡　　D. 外部物资供应与内部消耗的均衡

38. 采购作业过程是（　　）。

　　A. 制订采购计划→对外询价→谈判→成交

　　B. 采购市场调查→对比内部存货→确定供应商→确定采购合同内容

C. 确认需求→需求描述→选择供应商来源→确定采购价格与条件

D. 市场调查→内部财务能力评估→签订采购合同→供货

39. 商品入库的最常见方式是（　　）。
    A. 车站码头提货　　　　　　　B. 仓库自行提货
    C. 专用线接车　　　　　　　　D. 零担到货

40. 商品接运是仓库的（　　）环节，由接运员和相关作业人员配合完成。
    A. 外部作业　　　　　　　　　B. 内部作业
    C. 内部交接　　　　　　　　　D. 外部交接

41. 转库是（　　）的一种入库形式。
    A. 仓库内调整存放地　　　　　B. 不同存货人之间
    C. 不同库区的物品转移　　　　D. 内部存储单证调整

42. 商品验收是对入库物品的（　　）进行检验。
    A. 数量　　　　　　　　　　　B. 包装
    C. 质量　　　　　　　　　　　D. A 和 C

43. 商品堆码的基本要求是（　　）。
    A. 合理利用仓库空间　　　　　B. 合理保管商品
    C. 尽量利用储存空间　　　　　D. A 和 B

44. 物品出库的作业程序是（　　）。
    A. 出库单证→备货→复核→点交→结算
    B. 出库要求→出库审核→出库交接→结算
    C. 出库通知→出库准备→出库交接→结算→清场
    D. 出库准备→审核出库凭证→备货→复核→包装→刷唛→点交与结算

45. 从实践角度理解，配送是（　　）的结合。
    A. 运输与仓储　　　　　　　　B. 终端运输与流通型仓库
    C. 送货与保管　　　　　　　　D. 两端集疏货与周转型仓库

46. 配送的作业流程是（　　）。
    A. 进货→装卸搬运→储存→订单处理→分拣→补货→配货→送货
    B. 进货→分拣→储存→订单处理→拣货→配货→送货
    C. 进货→储存→订单处理→分拣→配货→送货
    D. 进货→检验→分货→储存→订单处理→拣货→配货→送货

47. 物流中心与配送中心是从事物流活动的（　　）。
    A. 经济组织　　　　　　　　　B. 流通型设施

C. 组织与场所 　　　　　　　　D. 实体机构

48. 生产物流研究的对象是（　　）。
　　A. 物料在生产型企业内部的流动过程
　　B. 原材料、半成品、成品的流动
　　C. 原料和半成品的移动路径
　　D. 物料在制造企业内的时间消耗

49. 物料管理的内容是（　　）。
　　A. 加工材料与外购品　　　　B. 原料、半成品、在制品
　　C. 所有与制造相关的物品与设备　D. 不包括成品在内的所有物料

50. 配送中心送货采取的是（　　）运输方式。
　　A. 铁路　　　　　　　　　　B. 公路
　　C. 铁路与公路　　　　　　　D. 铁路、公路与航空结合

51. ADC（automatic data collection）是（　　）。
　　A. 自动信息收集　　　　　　B. 自动数据采集
　　C. 自动数据处理　　　　　　D. 自动信息控制

52. DRP（distribution requirement planning）是（　　）。
　　A. 分配需求计划　　　　　　B. 配置管理计划
　　C. 配送需求计划　　　　　　D. 配送管理计划

53. OEM（original equipment manufacturer）是（　　）。
　　A. 最初设备制造商　　　　　B. 原始设备制造商
　　C. 外购设备采购商　　　　　D. 外协设备制造商

54. EAN（european article number）是（　　）。
　　A. 欧洲商品数码　　　　　　B. 欧洲物品编码
　　C. 欧洲条码系统　　　　　　D. 通用条码系统

55. C/D（customs declaration）是（　　）。
　　A. 报关单　　　　　　　　　B. 报关申请
　　C. 客户声明　　　　　　　　D. 客户要求

56. integration logistics benchmarking 是（　　）。
　　A. 国际物流标准　　　　　　B. 综合物流基准
　　C. 一体化物流标准　　　　　D. 一体化物流基准

57. ERC（empty return charge）是（　　）。
　　A. 空箱回运箱费　　　　　　B. 空箱闲置费

C. 空载回运费用 　　　　　　　　D. 空载折扣费

58. "国际货运代理"的英文是（　　）。
   A. international transport agency　　B. international merchandise agency
   C. international freight tally　　　　D. international freight forwarding agent

59. "定量订货方式"的英文是（　　）。
   A. fixed period order（FPO）　　　B. fixed interval order（FIO）
   C. fixed quantity system（FQS）　　D. fixed order system（FOS）

60. "零库存"的英文是（　　）。
   A. zero inventory　　　　　　　　B. zero stock
   C. zero warehouse　　　　　　　　D. zero inventory control

二、**多项选择题**（下列每题中的多个选项中，至少有2个是正确的，请将其代号填在括号中；每题1分，共40分）

1. 企业物流过程为（　　）。
   A. 供应物流与生产物流　　　　　B. 采购物流
   C. 销售物流　　　　　　　　　　D. 逆向物流

2. 生产物流的主要环节是（　　）。
   A. 物料储存　　　　　　　　　　B. 物料移动与转换
   C. 物料组合　　　　　　　　　　D. 产成品存储

3. 销售物流的工作流程为（　　）。
   A. 产品出库　　　　　　　　　　B. 产成品存货与包装
   C. 订单处理　　　　　　　　　　D. 销售产品配送

4. 由于信息技术的广泛采用，物流创造商业价值的领域分为（　　）。
   A. 实体运作功能　　　　　　　　B. 中介网络服务功能
   C. 虚拟交易控制功能　　　　　　D. 直接渠道与远程服务功能

5. 逆向物流的对象分为（　　）。
   A. 退货产生的回收物流　　　　　B. 可回收价值的再生资源物流
   C. 无价值废弃物处理　　　　　　D. 环境保护物流

6. 集装化的要素是（　　）。
   A. 包装标准规格尺寸　　　　　　B. 相同规格尺寸的组合
   C. 装载同类价值物品　　　　　　D. 相近重量的物品配载

7. 企业在选择承运商时主要考虑的因素是（　　）。
   A. 运输方式与运输路线　　　　　B. 运输费用与运输时间

C. 运输网络与运输站点　　　　　　D. 运输商品与服务水平

8. 履行运输活动的主要单证类型为（　　）。
   A. 托运单　　　　　　　　　　　　B. 运费清单
   C. 索赔清单　　　　　　　　　　　D. 货运清单

9. 货物托运单的作用是（　　）。
   A. 对货物的精确描述和计数　　　　B. 发生货损时请求损失赔偿的依据
   C. 提货凭证　　　　　　　　　　　D. 货主商业信誉的证明

10. 集装箱运输主要单证包括（　　）。
    A. 装箱单　　　　　　　　　　　　B. 集装箱提单
    C. 报关单　　　　　　　　　　　　D. 集装箱托运单

11. 铁路运输运行时间长是由于（　　）。
    A. 机车动力　　　　　　　　　　　B. 装卸作业
    C. 车站内货物搬运　　　　　　　　D. 列车编组

12. 班轮为托运方和货主提供了（　　）等多方面的便利，因此成为主要的海上货运方式。
    A. 货量不大的件杂货　　　　　　　B. 船期灵活、船方负责货物装卸作业
    C. 在码头堆场交接货物　　　　　　D. 不负担装卸和中转费用、价格便宜

13. 提单在海上货物运输中的作用是（　　）。
    A. 代表托运人或货主的物权凭证　　B. 托运人与承运人之间的运输合同
    C. 货款的抵押品　　　　　　　　　D. 向银行办理议付、结汇的依据

14. 可以被视为物权凭证的运输单证有（　　）。
    A. bill of lading　　　　　　　　 B. airway bill
    C. MTD　　　　　　　　　　　　　 D. seaway bill

15. 在集装箱进场情况下设备交接单的流转过程包括（　　）。
    A. 用箱方在管箱方办理使用手续
    B. 由管箱方签发设备交接单交给用箱方
    C. 由用箱方凭单到码头或堆场办理提箱手续
    D. 还箱时双方按单上条款检查箱的损坏情况并分清责任

16. 已经广泛使用的物流条码码制标准有（　　）。
    A. 交叉二五码　　　　　　　　　　B. 通用商品条码（EAN-13）
    C. EAN-8 码　　　　　　　　　　　D. 贸易单元 128 码（EAN/UCC-128）

17. 典型的射频识别系统由射频卡或应答器和（　　）构成。

A. 扫描仪与打印机　　　　　　　B. 读写器和阅读器
C. POS 系统　　　　　　　　　　D. 应用系统

18. EDI 与其他电子传输方式的区别是（　　）。
    A. 非格式传输　　　　　　　　B. 是预先规定的标准化格式
    C. 电子数据不可读　　　　　　D. 通过网络在计算机之间的数据交换

19. 采购方式分为（　　）几种。
    A. 竞价采购　　　　　　　　　B. 议价采购
    C. 招标采购　　　　　　　　　D. 比价采购

20. 比价采购的具体形式为（　　）。
    A. 比价定量采购　　　　　　　B. 混合式比质比价采购
    C. 扩点比质比价采购　　　　　D. 加权平均比价采购

21. 采购的目标是（　　）。
    A. 合适的质量与数量　　　　　B. 合适的价格
    C. 合适的供货渠道　　　　　　D. 合适的时间与地点

22. 商品入库方式有（　　）几种。
    A. 车站、码头、仓库提货　　　B. 凭提货单入库
    C. 指定货运站和代理人提货　　D. 过户与转库

23. 商品入库验收的目的是（　　）。
    A. 保证仓单的准确性　　　　　B. 正确安排储位
    C. 保证货主的权益　　　　　　D. 保证仓库的安全

24. 物料管理的范围包括（　　）。
    A. 原材料、半成品与成品　　　B. 废品与废料
    C. 设备维修用零组件或工具　　D. 售后服务用零组件

25. 采购制度有（　　）几种。
    A. 集中采购制度　　　　　　　B. 分散制采购制度
    C. 供应链关系采购制度　　　　D. 混合制采购制度

26. 采购计划分为（　　）。
    A. 时间采购计划　　　　　　　B. 数量采购计划
    C. 独立需求采购计划　　　　　D. 非独立需求采购计划

27. 采购计划的内容是（　　）。
    A. 采购需求计划　　　　　　　B. 采购认证计划
    C. 采购订单计划　　　　　　　D. 采购预算计划

28. 物品入库的手续为（　　）。
    A. 登账立卡 B. 物品检验
    C. 建立物品档案 D. 签入库单

29. 物品堆垛的常用形式是（　　）。
    A. 重叠式 B. 纵横交错式
    C. 仰伏相间式 D. 货架存放式

30. 合理装卸搬运的主要原则包括（　　）。
    A. 移动平衡与水平直线 B. 单位装卸化
    C. 作业时间最短 D. 标准化

31. 装卸搬运作业方式有（　　）几种。
    A. 单件作业 B. 集装作业
    C. 散装作业 D. 自动化作业

32. 储存作业应遵循的常用原则是（　　）。
    A. 面向进出口 B. 面向通道
    C. 先进先出 D. 分层堆放

33. 仓储物品编码的主要原则是（　　）。
    A. 简单性与易记性 B. 可操作性
    C. 完整性与对应性 D. 分类延伸性

34. 仓容定额的内容包括（　　）。
    A. 平均储存面积费率 B. 仓库面积利用率定额
    C. 单位面积储存量定额 D. 仓容定额

35. 仓库物品储存量分为（　　）。
    A. 毛重吨 B. 净重吨
    C. 体积吨 D. 重量吨

36. 仓容定额的应用内容是（　　）。
    A. 确定库存地址合理 B. 合理规划布局，扩大仓库有效面积
    C. 向库房空间高度发展 D. 调整储存条件，提高仓容使用效能

37. 配送的功能是（　　）。
    A. 提高终端物流经济效益 B. 降低库存、减少储存费用
    C. 改善分销渠道 D. 提高供应保证程度

38. 根据功能，物流中心划分为（　　）等类型。
    A. 集货与分货中心 B. 流转中心

C. 配送中心   D. 储存中心

39. 生产物流的基本特征是（   ）。
    A. 连续性与流畅性   B. 准时性
    C. 均衡性与节奏性   D. 对称性

40. 看板管理的机能是（   ）。
    A. 生产及搬运的作业指令   B. 防止过量生产与搬运
    C. 以计算机指令取代人的指令   D. 减少物料的运行时间

物流员理论知识考核模拟试卷参考答案

职业道德题参考答案

一、单项选择题

1. C 2. A 3. D 4. B 5. D 6. A 7. C 8. B 9. A 10. C
11. A 12. D 13. A 14. C 15. D

二、多项选择题

1. ABD 2. ACD 3. BCD 4. BCD 5. ABD
6. CD 7. ABCD 8. ABD 9. AB 10. BD

专业知识题参考答案

一、单项选择题

1. D 2. D 3. C 4. B 5. A 6. C 7. A 8. B 9. C 10. D
11. A 12. C 13. D 14. B 15. C 16. D 17. B 18. A 19. B 20. C
21. A 22. C 23. D 24. C 25. B 26. A 27. C 28. B 29. D 30. C
31. B 32. D 33. A 34. C 35. D 36. B 37. A 38. C 39. B 40. D
41. A 42. D 43. D 44. D 45. B 46. A 47. C 48. A 49. C 50. B
51. B 52. C 53. B 54. D 55. A 56. D 57. A 58. D 59. C 60. B

二、多项选择题

1. ACD 2. ABD 3. BCD 4. AC 5. ABC
6. BD 7. BD 8. ABC 9. AB 10. AD
11. BCD 12. ABD 13. ABD 14. ACD 15. BCD
16. ABD 17. BD 18. BCD 19. BCD 20. ABC
21. ABD 22. AD 23. AC 24. ACD 25. ABD
26. CD 27. BCD 28. ACD 29. ABC 30. ABD
31. ABC 32. BCD 33. ACD 34. BCD 35. CD
36. BCD 37. ABD 38. BCD 39. ABC 40. AB

物流员操作技能考核模拟试卷

一、**单项选择题**（下列每题有4个选项，其中只有1个是正确的，请将其代号填在括号中；每题0.5分，共50分）

1. 通常把单位长度中可能编写的字母数称为（   ），它是描述条形码符号的重要参数。

    A. 信息容量　　　　　　　　B. 光带密度

    C. 信息密度　　　　　　　　D. 反映密度

2. 条形码技术的关键是（   ）。

    A. 如何将条形码表示的信息转变为计算机可自动识读的数据

    B. 条形码标签的信息容量

    C. 将文字信息转为计算机数据

    D. 数据扫描和传输

3. 条形码阅读器通过条形码符号中的（   ）实现识读。

    A. 特定标识　　　　　　　　B. 标签与数字符

    C. 条与空对光反射率的对比　　D. 光电反映

4. 条形码识读系统由（   ）组成。

    A. 扫描器与标签　　　　　　B. 扫描系统、信号整形、译码

    C. 光电与信号转换　　　　　D. 扫描与输出信号

5. 便携式数据采集器适应现场数据采集和扫描笨重物体条码符号的（   ）。

    A. 脱机使用场合　　　　　　B. 不便于固定场所

    C. 流动性标志　　　　　　　D. 大型仓库和堆场

6. POS系统具有（   ）功能。

    A. 信息采集、储存、分类　　B. 信息采集、库存统计

    C. 销售收款与存货处理　　　D. 销售信息采集、收款、统计

7. 根据产品需求和库存状况，利用计算机自动求出产品的零件和原材料需求量与提前期，决定采购量和采购提前期的订货方法是（   ）。

A. 定量订货法　　　　　　　　B. 物料需求计划

C. 订货点法　　　　　　　　　D. 电子订货法

8. 在 CIF 条款下，（　　）负责租船订舱与投保，运费支付方式是（　　）。

A. 买方　到付运费　　　　　　B. 卖方　预付运费

C. 收货人　到付运费　　　　　D. 卖方　第三地支付

9. FOB 术语下的运费支付方式是（　　）。

A. 预付运费　　　　　　　　　B. 第三地支付

C. 到付运费　　　　　　　　　D. 比例运费

10. "TO ORDER" 提单是（　　）提单。

A. 不记名　　　　　　　　　　B. 记名

C. 已装船　　　　　　　　　　D. 指示

11. 场站收据（DR）是（　　）。

A. 交货凭证　　　　　　　　　B. 运输合同证明

C. 物权凭证　　　　　　　　　D. 货物收据

12. 提货单是（　　）。

A. 交货凭证　　　　　　　　　B. 货物收据

C. 运输合同　　　　　　　　　D. 到货通知

13. 站场收据是将（　　）等单证汇成一份，大大提高集装箱托运的效率。

A. 托运单、装箱单、理货单、运费通知单

B. 托运单、装箱单、大副收据、理货单、配舱回单、运费通知单

C. 托运单、装货单、承运单、运费通知单

D. 装箱单、理货单、配舱单、运费单

14. 整箱货的装箱单由（　　）填制，拼箱货的装箱单由（　　）填制。

A. 托运人　集装箱货运站　　　B. 集装箱货运站　集装箱货运站

C. 托运人　托运人　　　　　　D. 承运人　托运人

15. 在集装箱货运情况下，集装箱货物已收妥，但需等待装船。此时承运人签署的是（　　）提单。

A. 未装船　　　　　　　　　　B. 备运

C. 联运　　　　　　　　　　　D. 海运

16. 货物启运后需在中途港换船承运至目的港，按此条件签发的包括全程运输的提单为（　　）。

A. straight B/L　　　　　　　B. combined transport B/L

C. through B/L D. transhipment B/L

17. 设备交接单的当事人是（　　）。
 A. 发货人与承运人 B. 收货人与承运人
 C. 租箱人与租箱公司 D. 用箱人与箱主

18. 多式联运与联合运输的区别在于是否采用（　　）运输。
 A. 多种方式 B. 全程集装箱
 C. 包装货物 D. 干线与两端分开承运

19. 公路整车运输的流程是（　　）。
 A. 托运→交接货物→承运→到货通知
 B. 托运受理→确定运程和运杂费→托运单编号及分送→理货→交费领取货票→装卸承运
 C. 托运→移送货物→承运→收费→到货通知
 D. 托运→承运→收费→提货

20. 公路零担运输的流程为（　　）。
 A. 托运受理→集中货物配载→承运
 B. 托运→运输公司提货→承运→收费
 C. 托运受理→配载装车→承运→卸车交货
 D. 货运代理→托收受理→验货→承运→到货通知

21. 铁路整车运输的流程是（　　）。
 A. 货代揽货→通知铁路公司→接运→理货→承运→到货通知
 B. 揽货→理货→装货→承运→收费
 C. 托运受理→理货→储存→付费→承运
 D. 托运受理→进货验货→付运杂费→承运到货

22. 对货物的运输状态要求比较特殊的是（　　）运输方式。
 A. 铁路 B. 公路
 C. 航空 D. 管道

23. 水路运输的业务流程是（　　）。
 A. 揽货→申报舱位计划→理货→装船→承运→到货通知
 B. 货运代理与船公司达成托运合同→承运→到货通知
 C. 填写托运单→提交托运货物→装船承运→到货通知
 D. 托运→审证与验货→装船→运输→卸船→到达交货

24. 航空运单与海运提单的区别在于（　　）。

A. 物权凭证，可以议付　　　　　　B. 可以抵押，不可转让

C. 非物权凭证，不可议付　　　　　D. 物权凭证，不可议付

25. 托运人在使用集装箱运输货物时，箱的费用（　　）。

A. 忽略不计　　　　　　　　　　　B. 由托运与承运双方按比例分担

C. 单独计算　　　　　　　　　　　D. 包含在运费中

26. 散装货物运输的运费比集装箱运费低，其装卸费用在总运费中的比例（　　）。

A. 小　　　　　　　　　　　　　　B. 大

C. 随机变化　　　　　　　　　　　D. 相同

27. 集装箱货流发生的地点顺序是（　　）。

A. 货主仓库→集装箱货运站→集装箱堆场

B. 托运人指定地→集装箱货运站→集装箱堆场

C. 托运仓库→集装箱堆场→集装箱货运站

D. 空箱堆场→货主仓库→集装箱货运站→港口码头

28. （　　）是采购业务中使用的单证。

A. 质量鉴定证书　　　　　　　　　B. 厂商资料单

C. 履约保证书　　　　　　　　　　D. 诚信调查表

29. 下列选项中（　　）属于企业外部流向采购部门的信息流。

A. 供应商营业地址　　　　　　　　B. 市场供求状况

C. 原料成本资料　　　　　　　　　D. 质量部门质量审核资料

30. 下列选项中（　　）属于企业内部采购部门与其他部门之间的信息流。

A. 质量检验　　　　　　　　　　　B. 供应商信誉

C. 销售与消耗对比　　　　　　　　D. 市场总体情况

31. （　　）是采购信息传递与处理的技术装备。

A. 卫星跟踪系统　　　　　　　　　B. 语音信箱

C. 快速反应系统　　　　　　　　　D. 信息自动分拣系统

32. 确定价格有多种方法，最常见的是对请求报价单的回应、公开招标和（　　）。

A. 服务　　　　　　　　　　　　　B. 谈判

C. 公关　　　　　　　　　　　　　D. 会议

33. 开始采购认证时间＝（　　）。

A. 需求认证结束时间－认证周期－缓冲时间

B. 需求认证结束时间＋认证周期－缓冲时间

C. 认证结束时间＋认证周期＋后备时间

D. 认证周期－后备时间

34. （　）体现了物流过程中运输、仓储、包装、装卸、搬运等各环节的改善，不能仅从单方面考虑，而应考虑综合效益。

  A. 集装化原则   B. 提高搬运活性原则

  C. 减少无效搬运原则   D. 系统化原则

35. （　）是影响储存商品质量变化的主要因素。

  A. 商品自身的结构、成分和性质 B. 仓库保管人员的业务素质、作业技巧

  C. 保管场地的环境条件   D. 仓库湿度的控制

36. （　）是配送的主体活动。

  A. 运输及保管   B. 运输及分拣

  C. 保管与分拣   D. 包装与运输

37. 下列选项中，（　）是企业自有配送中心定位的依据。

  A. 商流、物流、信息流与市场需求

  B. 物流、信息流和资金流

  C. 商业交易、分销渠道与市场供需状态

  D. 物资的流向

38. 配送的正确理解为（　）。

  A. 配送实质就是送货和一般送货没有区别

  B. 配送要完全遵循"按用户要求"，只有这样才能达到配送的合理化

  C. 配送是物流中一种特殊的、综合的活动形式，与商流是没有关系的

  D. 配送是配与送的有机结合，分拣、储存、配货、送达是实现整体优势的作业环节

39. 下列选项中不属于配送功能要素是（　）。

  A. 资金结算   B. 分拣与配送

  C. 送达服务   D. 配送运输

40. （　）是运输管理的基本原则。

  A. 规模经济   B. 距离经济

  C. 效率经济   D. 规模经济和距离经济

41. 下列选项中不属于运输功能的有（　）。

  A. 产品转移   B. 保证供货

  C. 产品储存   D. 产品运输

42. 运输需求的特征不包括（　）。

A. 派生性 B. 个别需求的异质性
C. 独立性 D. 总体需求的规律性

43. 下列选项中，（ ）是属于按货物运输距离而制定的价格。
    A. 递远递加运价 B. 递远递减运价
    C. 线路运价 D. 区别差异运价

44. （ ）是件杂货运输承运人对货物的责任期限。
    A. 接货—交货 B. 装船—卸船
    C. 门—门 D. 场—场

45. （ ）不属于生产物流的基本特征。
    A. 平行性 B. 比例性
    C. 快速性 D. 均衡性

46. （ ）不属于生产物流的空间组织形式。
    A. 工艺专业化 B. 对象专业化
    C. 成组工艺化 D. 移动顺序化

47. （ ）不属于生产物流计划的任务。
    A. 保证生产计划的顺利完成 B. 防范偶发事件
    C. 为均衡生产创造条件 D. 加强在制品管理

48. （ ）是企业计划期内生产物流供应活动的行动纲领。
    A. 供应计划 B. 生产物流计划
    C. 销售计划 D. 生产计划

49. （ ）与生产物流的类型相关。
    A. 产品的成本、质量 B. 产品的品种、产量、专业化程度
    C. 产品的销售、交货期 D. 产品的设计工艺

50. 加工（ ）需要的工件数量是看板使用的规则之一。
    A. 后道工序 B. 前道工序
    C. 加工工序 D. 毛坯工序

51. 下列集装箱班轮进口业务项目的流程顺序应该是（ ）：①收货人付费换单；②交接货物；③还箱；④做好卸船准备；⑤卸船拆箱。
    A. ②①⑤④③ B. ③①②④⑤
    C. ④⑤①②③ D. ⑤①②④③

52. （ ）是多式联运经营人对货物承担的责任期限。
    A. 自己运输区段 B. 全程运输

C. 实际承运人运输区段　　　　　　D. 第三方运输区段

53. （　　）是场站收据。

    A. 货物收据　　　　　　　　　　B. 交货凭证

    C. 可转让买卖　　　　　　　　　D. 运输合同证明

54. 下列集装箱班轮出口业务项目的流程顺序应该是（　　）：①换取提单；②拼箱或整箱货交接；③订舱；④装船运出；⑤接受货运申请；⑥发放空箱。

    A. ②①⑤⑥④③　　　　　　　　B. ③⑥①②④⑤

    C. ③⑤⑥②①④　　　　　　　　D. ⑥⑤①②④③

55. 集装箱货运进口的第一个环节是（　　）。

    A. 协调卸货安排　　　　　　　　B. 进口申报工作

    C. 通知货主提货　　　　　　　　D. 向提货人移交货物

56. 集装箱交接如属于CFS条款，（　　）对箱内货物承担责任。

    A. 货主　　　　　　　　　　　　B. 货代

    C. 装箱单位　　　　　　　　　　D. 承运人

57. 在国际集装箱运输中，（　　）的交接方式最经济合理，普遍受货主欢迎。

    A. 门—场　　　　　　　　　　　B. 场—门

    C. 门—门　　　　　　　　　　　D. 场—场

58. （　　）是企业最常用的商品条码。

    A. EAN-13 条码　　　　　　　　B. EAN-14 条码

    C. ITF-14 条码　　　　　　　　D. ITF-13 条码

59. （　　）组成 EAN-13 条码的商品代码。

    A. 三位　　　　　　　　　　　　B. 四位

    C. 五位　　　　　　　　　　　　D. 六位

60. （　　）组成商品条码 EAN-13。

    A. 前三位是国家代码，中前四位为厂商代码，中后五位为商品代码，后一位校验位

    B. 前三位是国家代码，中前五位为厂商代码，中后四位为商品代码，后一位校验位

    C. 前四位是国家代码，中前三位为厂商代码，中后五位为商品代码，后一位校验位

    D. 前三位是国家代码，中前四位为厂商代码，中后四位为商品代码，后二位校验位

61. （　　）是国际物品编码协会规定的我国的代码。
    A. 40～44   B. 690～692
    C. 49   D. 625

62. （　　）是 EOS 系统的软件基础。
    A. 商品的统一标识、企业统一的代码
    B. 物流决策支持系统
    C. 网络通信
    D. 计算机

63. EOS 系统给批发业带来的好处有（　　）。
    A. 压低库存量   B. 提高服务质量
    C. 改善送货质量   D. 减少交货损失

64. （　　）的核心思想是供应链管理。
    A. MRP   B. ERP
    C. CR   D. QR

65. 招标采购工作的重点环节是（　　）。
    A. 选择足够的竞标者   B. 事先有标底且严格保密
    C. 审查投标人资格   D. 对标书的严格审查

66. 当参加投标者是（　　）时，招标采购失去市场公平。
    A. 投标咨询公司   B. 项目参与者之一
    C. 政府投资企业   D. 招标方的合资企业

67. 当采购者集中在同一地区时，应采用（　　）送货方式。
    A. 采购自提货   B. 随时送货
    C. 多次整装运输   D. 一次整装运输

68. 非独立采购计划适用于（　　）的物品。
    A. 衍生性   B. ERP 之下的
    C. MRP 之下的   D. MRPⅡ 之下的

69. 采购申请单的主要关系方是（　　）。
    A. 申购人与批准人   B. 采购商与供应商
    C. 使用人与审批人   D. 采购员与上报主管

70. 供应商的来源主要依靠（　　）。
    A. 历史商业关系   B. CRM
    C. 市场调查   D. 企业网搜寻

71. (　　) 是确定采购价格的过程。
   A. 询价→定价→报价　　　　　　B. 议价→定价
   C. 底价→询价→报价→议价　　　D. 报价→议价→定价

72. 采购物品定价法中属于自我定价的是 (　　)。
   A. 成本加成和市价法　　　　　　B. 市价法与投资回报率法
   C. 成本加成和投资回报率法　　　D. 竞价与市价结合

73. 处理采购报价的步骤是 (　　)。
   A. 审核报价单→分析评价报价单→确定成交供应商
   B. 与底价对比→确定最低报价者
   C. 审查报价人信誉→审核报价单→确定最低报价人→定价
   D. 审核标书的合法性→审核报价单→确定供应商→签订采购合同

74. 采购交期控制表的对象是 (　　)。
   A. 采购方　　　　　　　　　　　B. 生产厂商
   C. 采购执行人　　　　　　　　　D. 供应商群体

75. 商品入库后发生的储存物品过户或移库，它们的共同点是货物的 (　　)。
   A. 存放地点变化　　　　　　　　B. 所有权转移
   C. 使用权转移　　　　　　　　　D. 存货减少

76. 入库接运发生在车站和码头的货物主要是 (　　)。
   A. 整批到货　　　　　　　　　　B. 零担到货
   C. 大批同类货　　　　　　　　　D. 大批异类货

77. 当验收入库物品与入库通知单有差异时，应 (　　)。
   A. 在入库通知单上批注　　　　　B. 将已验收物品存放在指定库区内
   C. 立即通知货主或代理　　　　　D. 按验收结果开立仓单

78. 物品入库登账的原则是 (　　)。
   A. "一物一页"　　　　　　　　　B. "一批一页"
   C. "同货主一页"　　　　　　　　D. "同期到货一页"

79. 理货操作意味着 (　　)。
   A. 质量检验与数量检验　　　　　B. 入库物品验收和堆存
   C. 入库检验和开立仓单　　　　　D. 理货人的独立验货行为

80. 物品出库时外包装无异常而包装箱内的物品与入库通知单不符时，应由 (　　) 负责。
   A. 发货人　　　　　　　　　　　B. 送货人

C. 保管人　　　　　　　　　　D. A 或 B

81. 配送作业的首要环节是（　　）。
    A. 采购集货　　　　　　　　B. 分拣货物
    C. 订单处理　　　　　　　　D. 市场开发

82. 集货使配送形成（　　）的优势。
    A. 规模效益　　　　　　　　B. 库存降低
    C. 减少送货成本　　　　　　D. 市场主导

83. 配载是充分利用运输工具的（　　）。
    A. 载重量　　　　　　　　　B. 容积
    C. A 和 B　　　　　　　　　D. 运能

84. 配送储存的最主要特征是（　　）。
    A. 暂送形态　　　　　　　　B. 短期周转
    C. 短期储备　　　　　　　　D. 不定期存储

85. 配送中心与（　　）仓库具有相同的库区布置。
    A. 合同　　　　　　　　　　B. 公共
    C. 周转　　　　　　　　　　D. 流通

86. 配送作业的补货常采用（　　）。
    A. 订货点法　　　　　　　　B. 定期订货法
    C. 双仓法　　　　　　　　　D. 经济批量订货法

87. 设置动管区和保管区可以使配送的补货作业（　　）。
    A. 减少配送中心储存空间　　B. 减少作业的时间间隔
    C. 缩短物品移动距离　　　　D. 减少货物移动搬运量

88. 最典型的配货作业方式是（　　）。
    A. 货架　　　　　　　　　　B. "电子购物车"
    C. 托盘配货　　　　　　　　D. 集装箱配货

89. 配送包装的标识是（　　）。
    A. 标记　　　　　　　　　　B. 标志
    C. 条形码　　　　　　　　　D. A 和 B

90. 配送的完美送达服务最终体现在（　　）。
    A. POS（销售点系统）　　　 B. OPS（订货点系统）
    C. COD（交货付款）　　　　 D. CRM（客户关系管理）

91. 配送单据的流转过程是（　　）。

A. 物品货位单→订单→拣货单→送货单

B. 订单→拣货作业单→配送调度单→送货单

C. 分拣单→物品货位单→配送订单→送货单→回执单

D. 分货单→订单→拣货单→车辆配载单→路线单

92. 物料在前道工序完成加工后整批转移至后道工序等待加工的是物料（　　）移动方式。

　　A. 平行　　　　　　　　　　B. 工艺流程

　　C. 顺序　　　　　　　　　　D. 平行顺序

93. 物料平行移动方式是每一道工序加工完毕即送至下道加工工序，可能形成（　　）的不利现象。

　　A. 物料等机器和人工

　　B. 各工序加工时间不等，造成人力与设备停工

　　C. 人工和机器等物料

　　D. 物料移动不规则，加工秩序难以控制

94. 解决物料移动时间不同的方式是（　　）移动方式。

　　A. 平行　　　　　　　　　　B. 直线

　　C. 顺序　　　　　　　　　　D. 平行顺序

95. 期量标准是控制物料在制造企业内的（　　）。

　　A. 存货量　　　　　　　　　B. 移动时间

　　C. 消耗量　　　　　　　　　D. B 和 C

96. 实现精益生产的管理工具是（　　）。

　　A. 看板管理　　　　　　　　B. 准时制

　　C. 物料需求计划　　　　　　D. 快速反应

97. 看板管理的核心原理是（　　）。

　　A. 将生产计划逆流程执行　　B. 前后工序间的时间差最小化

　　C. 后工序指挥前工序　　　　D. 工序间作业时间均衡分配

98. 准时制生产表现为（　　）。

　　A. 消除或最大限度降低库存　B. 工序间的时间间隔最小

　　C. A 和 B　　　　　　　　　D. 计划执行的时间差最短

99. 在生产物流中，看板是（　　）。

　　A. 控制软件的集成　　　　　B. 所有控制软件的形成基础

　　C. MRP 的先导　　　　　　　D. 人工管理的极限

100. 在生产物流系统中，最难控制的是（　　）。
    A. 车间存货量   B. 物料的存量与流量
    C. 平面布置   D. 物料移动路线

二、多项选择题（下列每题中的多个选项中，至少有2个是正确的，请将其代号填在括号中；每题1分，共50分）

1. 商品条形码主要应用于（　　）领域。
    A. 物品库存管理   B. POS 系统
    C. 物品信息采集   D. EDI 系统

2. 制造企业 ERP 的功能模块包括（　　）。
    A. 生产控制   B. 分销与物流管理
    C. 财务管理   D. 价格管理

3. MRP Ⅱ 的管理范围是（　　）。
    A. 制造能力   B. 市场销售
    C. 财务控制   D. 新产品设计

4. 集装箱单证有（　　）。
    A. EIR   B. CLP
    C. DR   D. seaway bill

5. 提单在签发人与发货人之间的作用是（　　）。
    A. 初步证据   B. 运输合同
    C. 货物数据   D. 提货凭证

6. 由多个承运人共同完成货物全程运输使用的提单有（　　）。
    A. 直达提单   B. 联运提单
    C. 转运提单   D. 多式联运提单

7. 国际铁路联运出口货运程序是（　　）。
    A. 出口货物托运   B. 发货人装车发运
    C. 出口货物口岸交接   D. 付款结算

8. 国际航空出口货物运输代理的程序包括（　　）。
    A. 订舱与接单接货   B. 制单、检验、报关
    C. 运费制定与结算   D. 向航空公司交货和发运

9. 多式联运业务的作业程序由（　　）诸环节组成。
    A. 货物在发运地承运   B. 货物在不同运输工具的中转衔接
    C. 货物在收货地交付   D. 中转单证

10. 运输代理人分为（　　）等类型。

　　A. 租船代理与船务代理　　　　B. 货运代理

　　C. 检验、理货与索赔代理　　　D. 咨询代理

11. 干散货的装卸采取（　　）方式。

　　A. 带式输送机　　　　　　　　B. 抓斗

　　C. 气动　　　　　　　　　　　D. 整体移动

12. 超大型货物的运输作业程序是（　　）。

　　A. 托运与理货　　　　　　　　B. 检验道路、编制运行路线图

　　C. 制定运输方案　　　　　　　D. 保险与意外事件防备

13. 托盘化的运作方式是（　　）。

　　A. 将货物按标准尺寸组合放置托盘上

　　B. 两层以上托盘捆扎成一体

　　C. 每个托盘单独捆扎加固

　　D. 以叉车装入集装箱

14. 采购作业流程包括（　　）。

　　A. 明确产品生产技术性能　　　B. 需求描述

　　C. 确定适宜的价格与条件　　　D. 订货跟踪与结算

15. 采购员的工作职责包括（　　）。

　　A. 各种采购单据与报表的收集　B. 与供应商的沟通

　　C. 查证进料的品质和数量　　　D. 订购单的下达

16. 对供应商调查的内容包括（　　）。

　　A. 机器设备情况　　　　　　　B. 材料供应状况

　　C. 供应商产品技术　　　　　　D. 供应商的组织形式

17. 仓库人员在收货前应预备好（　　）。

　　A. 包装加固的材料工具　　　　B. 供应商的送货预报

　　C. 条形码或粉笔　　　　　　　D. 送货单与原始发票

18. 商品条形码验收作业的关键是（　　）。

　　A. 送货预报

　　B. 条形码与随货同行收据相符

　　C. 条形码

　　D. 条形码与商品数据库内登录的资料相符

19. 收货验收的内容主要有（　　）。

A. 先到先收   B. 数量验收

C. 包装验收   D. 物品条形码验收

20. 关于配送功能的正确理解是（ ）。

    A. 有益于物流运动实现合理化

    B. 有利于合理利用资源

    C. 只要做好配与送，不需开发新技术

    D. 可以降低物流成本，促进生产快速发展

21. 配送按组织者不同可分为（ ）。

    A. 销售配送   B. 代存代供配送

    C. 仓库配送   D. 生产企业配送

22. 属于专业配送的主要有（ ）。

    A. 金属材料配送   B. 燃料煤配送

    C. 协同配送   D. 平板玻璃配送

23. 运输项目设计一般需考虑（ ）。

    A. 业务流程   B. 路线优化

    C. 环境保护   D. 供应商评估

24. 公路货物运输途中作业包括（ ）。

    A. 货物整理与换装   B. 中途货物交接

    C. 承运   D. 货运票据交接

25. 应采用铁路集装箱运输方式的有（ ）。

    A. 每批件数至少 20 件   B. 容积超过 3 m^3

    C. 总重量未超过 2.5 t   D. 总重量超过 2.5 t

26. 看板的主要机能是（ ）。

    A. 向前道工序领取   B. 指示必要量

    C. 准时制生产   D. 敏捷制造

27. 看板的种类包括（ ）。

    A. 传送看板   B. 临时看板

    C. 备料看板   D. 生产看板

28. 备料管理的目标包括（ ）。

    A. 可作为派工的依据

    B. 复核近期计划用料与控制用料成本

    C. 事先备料的基础

D. 制造指令发布的附带保证

29. 班轮运输的运费应包括（　　）。
 A. 装卸费　　　　　　　　B. 驳船费
 C. 平舱费　　　　　　　　D. 理舱费

30. 国际货运代理的主要类型有（　　）。
 A. 租船代理　　　　　　　B. 货运代理
 C. 船务代理　　　　　　　D. 咨询代理

31. 无船承运人有权（　　）。
 A. 自签提单　　　　　　　B. 订运输合同
 C. 收运费　　　　　　　　D. 对实际承运人进行管理

32. 射频识别系统一般构成包括（　　）。
 A. 应答器　　　　　　　　B. 阅读器
 C. 显示器　　　　　　　　D. 传送器

33. 尽管条码的标准很多，但国际上公认的用于物流领域的条码标准主要有（　　）。
 A. 通用商品条码　　　　　B. 储运单元条码
 C. 贸易单元128条码　　　D. 物流码

34. 目前国际上通用的物流条码码制有（　　）。
 A. ITF-14条码　　　　　　B. EAN-13条码
 C. ITF-13条码　　　　　　D. UCC/EAN-128条码

35. 采购前置期的时间间隔包括（　　）。
 A. 采购者确定需求至发出订单的时间
 B. 制造商生产产品的时间
 C. 供应商完成供货的时间
 D. 产品验收的时间

36. 议价采购方式适用的产品特征是（　　）。
 A. 同类物品　　　　　　　B. 采购量大
 C. 质量易于控制　　　　　D. 规律消耗

37. 采购物品定价的常用方法是（　　）。
 A. 加权平均法　　　　　　B. 成本加成法
 C. 供求均衡市价法　　　　D. 投资报酬率法

38. 入库物品数量检验的方法有（　　）。
 A. 点件与整车复衡法　　　B. 点件查数与除皮核实法

C. 抽样检验法　　　　　　　　D. 理论换算法

39. 仓储装卸搬运设备分为（　　）几种。
   A. 重力式装卸输送机　　　　B. 动力式装卸搬运机具
   C. 自动传输机　　　　　　　D. 人力式装卸搬运机具

40. 分拣作业的内容有（　　）。
   A. 从货位拣取订单货物　　　B. 将货物包装
   C. 按订单配装送货车辆　　　D. 按路线送货

41. 配送的末端作业环节送货包含（　　）。
   A. 将货物无损准时送至客户指定地点
   B. 协助安排上货架
   C. 以多种方式收集客户的信息
   D. 完成结算

42. 配送网络具有（　　）等类型的结构。
   A. 集中型配送网络　　　　　B. 分散型配送网络
   C. 城市配送网络　　　　　　D. 区域配送网络

43. 常采用的配送服务方式是（　　）。
   A. 定时与定量配送　　　　　B. 定时定路线配送
   C. 即时配送　　　　　　　　D. 快递配送

44. 配送作业的拣货方式有（　　）。
   A. 人工加机械拣取　　　　　B. 单一订单拣取
   C. 批量订单拣取　　　　　　D. 复合拣取

45. 拣货的作业方法包括（　　）。
   A. 批量订单拣取法　　　　　B. 播种式拣取法
   C. 摘果式拣取法　　　　　　D. 复合订单拣取法

46. 补货常采用（　　）方式。
   A. 整箱补货　　　　　　　　B. 托盘补货
   C. 货架上层向下层补货　　　D. 周转仓补货

47. 配货检查作业方法有（　　）。
   A. 商品条码检查法　　　　　B. 声音输入检查法
   C. 重量计算检查法　　　　　D. 体积计算检查法

48. 备料管理的内容是（　　）。
   A. 缺料分析　　　　　　　　B. 备料作业

C. 物料清单 D. 标准领料管制

49. 车间内物料管理的主要单证包括（　　）。

　　A. 报领单 B. 加工订制单

　　C. 领料单 D. 库房回单

50. 通常物料搬运的设备由（　　）组成。

　　A. 垂直起重电梯 B. 各类叉车

　　C. 输送机 D. 自动导引车

物流员操作技能考核模拟试卷参考答案

一、单项选择题

1. C	2. A	3. C	4. B	5. A	6. D	7. B	8. B	9. C	10. B
11. D	12. A	13. B	14. A	15. B	16. D	17. D	18. B	19. B	20. C
21. D	22. D	23. D	24. C	25. D	26. B	27. A	28. B	29. B	30. A
31. B	32. B	33. A	34. D	35. A	36. B	37. C	38. D	39. A	40. D
41. B	42. C	43. B	44. B	45. C	46. D	47. B	48. C	49. B	50. A
51. C	52. B	53. A	54. C	55. B	56. D	57. A	58. A	59. C	60. A
61. B	62. A	63. B	64. B	65. B	66. B	67. D	68. C	69. A	70. D
71. C	72. C	73. A	74. D	75. C	76. B	77. C	78. A	79. B	80. D
81. C	82. A	83. C	84. B	85. D	86. A	87. D	88. C	89. D	90. C
91. B	92. C	93. B	94. D	95. D	96. A	97. C	98. C	99. B	100. B

二、多项选择题

1. BD	2. ABC	3. ABC	4. ABC	5. BD
6. BCD	7. ABC	8. ABD	9. ABC	10. ABD
11. ABC	12. ABC	13. ABC	14. BCD	15. BCD
16. ABC	17. ACD	18. AD	19. BCD	20. ABD
21. AC	22. ABD	23. ABD	24. BCD	25. BD
26. ABC	27. BD	28. BCD	29. ACD	30. ABC
31. ABC	32. AB	33. ABC	34. ABD	35. ACD
36. BCD	37. BCD	38. ABD	39. ABD	40. ACD
41. ACD	42. AB	43. ABD	44. BCD	45. BC
46. ABC	47. ABC	48. ABD	49. BC	50. ABC

助理物流师理论知识考核模拟试卷

职业道德题

一、单项选择题（下列每题有 4 个选项，其中只有 1 个是正确的，请将其代号填在括号中；每题 1 分，共 15 分）

1. 作为会议的主持人，在讨论某合作方案时产生严重分歧，较妥当的处理方式是（ ）。

    A. 暂时休会，然后继续讨论　　　　B. 会议继续进行

    C. 避免争执，立即结束会议　　　　D. 暂时休会，私下分别与双方交谈

2. 对工作之余的继续学习，应该采取的做法是（ ）。

    A. 能应付工作就不再学习　　　　　B. 如果单位有要求就去学习

    C. 如果有充裕时间，多学点更好　　D. 挤时间学习

3. 如果某公司公布的生产或销售额中的统计数据不准确，员工正确的反应应该是（ ）。

    A. 直接找领导说明数据可能有问题

    B. 找公布数据的相关部门核实数据的准确性

    C. 认为这样的数据说明不了问题，没必要纠缠

    D. 认为是自己记错了数据，不放在心上

4. 如果领导派两个人共同做某项工作，但其中一个人与另一个人不配合。此时，另一个人应该（ ）。

    A. 干到哪算哪　　　　　　　　　　B. 说明任务的重要性，争取其配合

    C. 向上级说明实情　　　　　　　　D. 自己多干一点，感动对方

5. 关于职业选择的意义，正确的理解应该是（ ）。

    A. 可以不断变换工作岗位　　　　　B. 自由选择职业会导致无政府主义

    C. 有利于个人与社会的供需结合　　D. 有利于促进个人的全面发展

6. 如果领导布置一项从来没有做过的工作，理智的做法应该是（ ）。

    A. 担心地接受　　　　　　　　　　B. 兴奋地接受

C. 焦虑地接受　　　　　　　　　D. 平静地接受

7. 如果所在的单位经营状况不景气，员工正确的做法应该是（　　）。

　　A. 内心焦虑，但又无奈　　　　　B. 做好本职工作，同时寻找机会

　　C. 尽职工作，等待转机　　　　　D. 不管建议能否采纳，都提出来

8. 现代物流职业道德建设应重点从（　　）和行为规范两个层面来开展。

　　A. 核心价值观　　　　　　　　　B. 敬业精神

　　C. 规章制度　　　　　　　　　　D. 企业文化

9. 管理的本质是（　　）。

　　A. 管理者自己完成工作　　　　　B. 指令别人来完成工作

　　C. 与他人共同完成工作　　　　　D. 计划、组织、领导和控制

10. 现代商业社会的职业精神源自于（　　）。

　　A. 职业是个人对社会的天职　　　B. 职业是追逐利润的途径

　　C. 职业是生存与寻求成功之径　　D. 职业是实现自我价值的途径

11. 支持企业可持续发展的核心因素是（　　）。

　　A. 市场的主导地位　　　　　　　B. 有生命力的企业文化

　　C. 合理的利润回报　　　　　　　D. 企业的网络关系

12. 对于"跳槽"现象的正确看法应该是（　　）。

　　A. 择业自由是人的权利，应该鼓励"跳槽"

　　B. 对个人的发展有双重影响

　　C. "跳槽"与否完全是个人的事情，企业无权干涉

　　D. 有利而无弊，能够增长员工的才干

13. 实现人生理想价值的具体表现和重要途径是（　　）。

　　A. 工作环境　　　　　　　　　　B. 思维方式

　　C. 创新活动　　　　　　　　　　D. 坚强的意志

14. 资料显示，每个人都是一个潜在的发明家，90%的人曾想过要发明某种东西，可是大多数人的热情只能维持一个星期左右，不能让智慧之花结出创造之果，其主要原因是（　　）。

　　A. 人的能力不够　　　　　　　　B. 智商不高

　　C. 自卑感　　　　　　　　　　　D. 学历太低

15. 单位年终要进行先进工作者的评选，采取匿名投票方法。作为该单位职工，在下列投票行为中，最正确的选择应该是（　　）。

　　A. 认为谁也不符合条件，弃权　　B. 认为自己够条件，投自己一票

C. 把票投给最符合条件的人员　　D. 谁为人好，就投谁的票

二、多项选择题（下列每题的多个选项中，至少有2个是正确的，请将其代号填在括号中；每题1分，共10分）

1. 下列关于创新的论述中，正确的是（　　）。
   A. 创新与继承是对立的　　　　B. 创新就是独立自主
   C. 创新需要坚定的意志　　　　D. 创新要有科学思维

2. 在下列"诚信"的说法中，正确的应该是（　　）。
   A. 真实不欺
   B. 真心实意地履行诺言
   C. "诚"不能没有条件，首先要看对方是否"诚实"
   D. "信"是双方的事，对方不"信"，则自己就不能"信"

3. 职业道德的特征包括（　　）。
   A. 范围上的有限性　　　　　　B. 有利于提供可靠的产品
   C. 形式上的多样性　　　　　　D. 本质上的强制性

4. 真正评价从业人员职业责任感的方法，应该是看其（　　）。
   A. 能否代表本公司形象　　　　B. 能否完成本职工作
   C. 能否得到普遍的认可　　　　D. 能否为客户提供合格的服务

5. 关于职业纪律的正确表述是（　　）。
   A. 每个从业人员开始工作前就应明确职业纪律
   B. 从业人员只有在工作过程中才能明白职业纪律的重要性
   C. 从业人员违反职业纪律造成损失，要追究其责任
   D. 职业纪律是企业内部的规定，与国家法律无关

6. 下列关于道德的说法中，正确的有（　　）。
   A. 道德是职业关系的特殊性规范　　B. 道德是人区别于动物的重要标志
   C. 道德是现代文明社会的产物　　　D. 道德是共同遵守的准则

7. 处理员工与领导之间关系的正确态度是（　　）。
   A. 严格遵守企业规章制度
   B. 一切按领导要求行事
   C. 信任领导，维护领导权威
   D. 如果领导对自己批评确实有错，应立即澄清

8. 企业文化的整体功能表现在（　　）。
   A. 抑制个人对集体的独立倾向　　B. 增强人们的整体意识

C. 协调内部人员间的各种关系　　　　D. 增强企业的亲和力

9. 企业价值观是企业职工在长期生产、生活和经营管理中逐渐建立起来的一种共同的（　　）。

　　A. 礼仪习俗　　　　　　　　　　　B. 价值取向
　　C. 心理趋向　　　　　　　　　　　D. 文化交流

10. 企业的形象包括（　　）。

　　A. 产品品牌　　　　　　　　　　　B. 内部形象
　　C. 企业社会责任感　　　　　　　　D. 领导形象

专业知识题

一、单项选择题（下列每题有4个选项，其中只有1个是正确的，请将其代号填在括号中；每题1分，共60分）

1. 下列选项中（　　）不能实现物流一体化的功能运作。

　　A. 软件控制下的物流管理　　　　　B. 人为控制的垂直型管理
　　C. 电子商务下的物流管理　　　　　D. 供应链关系下的管理

2. （　　）是对一体化管理哲学的通俗解释。

　　A. 利益分离，垂直控制　　　　　　B. 利益冲突，分割管理
　　C. 共同利益，互谅互让　　　　　　D. 利益相关，平行共存

3. 供应链是围绕（　　）建立的稳定商业关系。

　　A. 所有组成元素　　　　　　　　　B. 基本供求成员
　　C. 核心成员企业　　　　　　　　　D. 最大商业利益

4. 将供应链划分为不同类型的基本标准是（　　）。

　　A. 市场变动与主导成员平衡能力　　B. 市场需求与供应的稳定结构
　　C. 供应链成员的数量与能量　　　　D. 产品复杂性决定的商业关系

5. 目前物流产业界对第三方物流的期望非常高，这是因为（　　）。

　　A. 第三方物流是新概念　　　　　　B. 第三方物流的技术能力强
　　C. 第三方物流盈利率高　　　　　　D. 自营物流企业不能满足市场需求

6. 物流成本控制的对象是（　　）。

　　A. 固定成本与变动成本　　　　　　B. 长期负债
　　C. 投入与产出的比较　　　　　　　D. 应收账款

7. 在航次租船合同下，（　　）必须按合同的规定，按时抵达装货港及装卸指定货物，

并按时运抵目的港。

A. 承运方　　　　　　　　　　B. 船东

C. 船方　　　　　　　　　　　D. 代理

8. 多式联运的法律基础是明确（　　）之间的责任与权利。

A. 托运人与承运人　　　　　　B. 承运人与联运人

C. 承运人与收货人　　　　　　D. 船公司与码头及货运站

9. 不具有货物运输承揽性质，只相当于财产租赁的租船经营方式的是（　　）租赁。

A. 金融　　　　　　　　　　　B. 即期

C. 航次　　　　　　　　　　　D. 光船

10. 下列描述不符合定期租船合同要求的是（　　）。

A. 船东指派的船长应听从承租人的指挥

B. 船东任命船长，但承租方可安排船舶使用、代理和货运

C. 船舶的燃料费、港口费、货物装卸、运河通行费等由船东承担

D. 承租方可以指示船长签发提单，也可以让货代以船东名义签发提单

11. 航次租船合同分为两种：货运合同和船舶租赁合同。前者以货物为合同标的，报酬方式为（　　）；后者以船舶为合同标的，报酬方式是（　　）。

A. 分期付款　租金　　　　　　B. 租金　运费

C. 分期付款　运费　　　　　　D. 分红　租金

12. 下列叙述不是大陆桥运输内容的是（　　）。

A. 陆上货物运输主要依托跨国铁路进行

B. 可以缩短货运时间，但增加运输费用

C. 当途经不同国界时，需停留待验单证甚至开箱检验

D. 可简化理货、装卸搬运、储存保管和单证等环节

13. 集装箱进出港区时确定箱体交接责任的单证是（　　）。

A. 提单　　　　　　　　　　　B. 提货单

C. 大副收据　　　　　　　　　D. 设备收据

14. CFS/CFS集装箱运输条款是指（　　）。

A. 一个发货人，一个收货人　　B. 多个发货人，多个收货人

C. 一个发货人，多个收货人　　D. 多个发货人，一个收货人

15. 统一杂货租船合同（uniform general charter），简称为"金康"（GENCON）是（　　）租船合同。

A. 航次　　　　　　　　　　　B. 定期

  C. 光船   D. 包运

16. OCP 运输条款是（   ）。

  A. 将卸至美国西海岸港口货物运抵美国内陆公共站

  B. 发货人的提单运输责任至美国西海岸港口

  C. 延伸运至中南美洲地区的铁海联运

  D. 运至美国中部地区的海铁分段联运

17. 物流管理与运输管理的区别是（   ）。

  A. 物流管理比运输管理范围更广

  B. 物流管理是对操作的时间弹性约束

  C. 全过程精确的时间与组织控制

  D. 为企业运营进行结构优化设计

18. 货运代理机构的主要优势在于（   ）。

  A. 使托运人与承运人方便   B. 大批量的货源可以提高运价的竞争力

  C. 缩短承运人组织货运时间   D. 细化货运市场组织

19. 从变化率与平均运输时间的比率来分析，（   ）运输是最可靠的运输方式。

  A. 公路   B. 铁路

  C. 水路   D. 航空

20. 国际航空运输中最主要的单据是（   ）。

  A. 出口货物报关单   B. 货机装载单

  C. 国际货物托运单   D. 航空运单

21. 我国运输法律条款的最终解释人是（   ）。

  A. 最高法院   B. 省级高等法院

  C. 人大常委会   D. 中央政府主管部门

22. 对由于自然灾害造成的单独海损不承担赔偿责任的险种是（   ）。

  A. 海上运输一切险   B. 海上运输平安险

  C. 海上运输水渍险   D. 海上运输附加险

23. 国内陆路与水路运输货物运抵目的地后，如果收货人未及时提取货物，该承运合同下的保险单责任终止期最多延长到收货人接到"到货通知单"之后的（   ）天为止。

  A. 30   B. 20

  C. 15   D. 10

24. 通过（   ）可完成车辆路线模型、最短路径模型、网络物流模型等功能。

  A. GPS   B. GIS

C. EDI   D. PDA

25. 仓储管理信息系统（WMS）的功能不包括（　　）。

   A. 仓库收发货、分拣、摆放、补货和过库

   B. 库存统计与分析

   C. 与下程运输连接的 EDI

   D. 实现库存物品的逆向物流管理

26. 运输信息管理系统（TMS）不包括（　　）。

   A. 与财务系统的一体化   B. 货物配载与运输线路

   C. 车队与司机管理   D. 运输计划、调度与货运跟踪

27. 电子商务经历了（　　）过程。

   A. Internet→dealer→web site

   B. web site→网上交易→Internet

   C. web site 阶段→供应链 Internet 联结阶段→网上交易

   D. 供应链 Internet→web site 阶段→网上付款

28. 国际货物运输代理信息系统的基础管理是（　　）。

   A. 客户与分包方的信息   B. 海运和空运操作

   C. 本企业业务基础资料   D. A 和 B

29. 运输计划的中心内容是（　　）。

   A. 承接的市场货运量   B. 货物运量与运输工具的安排

   C. 运输工具服务能力   D. 市场需求与运输成本

30. 采购市场调查程序是（　　）。

   A. 市场供应品种→供应地区→供应商→价格浮动范围

   B. 确定目标→确定项目→确定方案→设计表格→收集资料→分析整理→编写报告

   C. 确定目的→确定范围→确定要求→确定方法→确定形式→确定指标

   D. 确定时间段→确定区域→确定交易市场范围→确定价格与供应量

31. 抽样调查法的根据是（　　）。

   A. 调查目标数量大，易取样

   B. 局部样本的总和可以代表总体对象

   C. 调查目标具有其共同特征

   D. 样本数量足够多，可以如实反映总体状况

32. 为确保调查结果的客观性，抽样调查主要采取（　　）。

   A. 等距离抽样   B. 平均时间间隔抽样

C. 随机抽样　　　　　　　　D. 非随机抽样

33. 普遍采用的定性预测方法是（　　）。

    A. 经验判断法　　　　　　　B. 类推法

    C. 专家评判法　　　　　　　D. 用户反馈法

34. 采购谈判的程序是（　　）。

    A. 确定地点和时间→发布谈判意见书→面谈→签订协议

    B. 项目状况介绍→细节讨论→商定价格与付款条件→签订合同

    C. 双方交换总体认识→集中细节协商→议定价格→签订协议

    D. 准备→摸底→询价→磋商→成交→检查协议文本

35. 物品采购认证是（　　）的过程。

    A. 对供应商的调查　　　　　B. 对供应商的确认

    C. 对需求量的确认　　　　　D. A 和 C

36. 采购认证的流程是（　　）。

    A. 准备→初选供应商→初次试制认证→中试认证→批量认证→认证供应评估

    B. 选择供应商→初次试制认证→批量认证→认证评估

    C. 环境评估→供应商评估→批量供应能力评估→供应时间评估

    D. 供货渠道评估→供应商信誉认证→供应商能力认证

37. 仓储作业流程为（　　）。

    A. 入库→保管→出库

    B. 入库接运→理货→验收→保管→出库

    C. 接运→内部交接→验收→保管→出库

    D. 接运→理货→堆码→保管→盘点→出库

38. 库存物品移动的规模经济性要求仓库作业活动尽可能实现（　　）。

    A. 作业时间最短　　　　　　B. 搬运最大数量

    C. 物品搬运的最大容量　　　D. B 和 C

39. 仓库场所的选址原则是（　　）。

    A. 规模库容量最大　　　　　B. 储存收益最大化

    C. 库容最大、地价最低　　　D. 储存量与库容比例合理

40. 仓库内部布局的主要任务是（　　）。

    A. 向多层仓库发展　　　　　B. 最大可能地利用库存面积和体积

    C. 最大限度地利用库存面积　D. 合理利用库房面积

41. 储存型库房的设计要求是（　　）。

A. 提高储存面积占库房总面积的比例

B. 减少进出物品周转区面积

C. 将验货区和准备区移出库外

D. 进出货两端作业区流动处理

42. 流通型仓库的设计要求是（   ）。

A. 增加搬运设备，提高进出库效率

B. 为减少物品库内移动时间，尽量选择立体仓库结构

C. 增加进出库作业区面积占总库区的比例

D. 货位大型化与通道宽阔

43. 物品储存规划的方法是（   ）。

A. 分区   B. 分类

C. 定位保管   D. A、B 和 C

44. 制订仓库的积载计划是确定（   ）。

A. 周转快的储存物品   B. 周转率高的客户

C. 存储货物的流量   D. 储存物品周转率

45. （   ）的仓库作业流程比较复杂。

A. 整进整出   B. 整进零出、零进整出

C. 零进零出   D. 货主进出货时间不规则

46. 配送作业计划的核心是（   ）。

A. 最大配送效益   B. 最高配送收入

C. 最大配送货量   D. 最低配送成本

47. 配送路线优化是（   ）。

A. 在一段路线上，送货客户最密

B. 配送客户、配送货量、配送时间的最佳配合

C. 在确定时间内，送货客户最密

D. A 和 C

48. 拣货策略要解决的核心问题是（   ）。

A. 拣货流程   B. 分区拣货

C. 分类拣货   D. 拣货效率

49. MPS 是生产（   ）计划。

A. 作业   B. 进度

C. 物料消耗   D. 物料移动时间

50. 生产物流控制的对象是（　　）。

　　A. 物料　　　　　　　　　　B. 操作者与流程

　　C. 设备　　　　　　　　　　D. A、B 和 C

51. （　　） in logistics refers to the differences in the value of the same goods at different time.

　　A. Storage　　　　　　　　　B. Warehousing

　　C. Space　　　　　　　　　　D. Time value

52. The broker company in ocean transportation is called (　　).

　　A. media firm　　　　　　　　B. bridge

　　C. shipper's agent　　　　　　D. shipping agency

53. The needs for (　　) create Third Party Logistics.

　　A. contract logistics　　　　　B. long term relation

　　C. outsourcing　　　　　　　D. transportation & storage

54. Logistics is about the (　　) flow, like the movement of materials, goods, cargo and freight.

　　A. article　　　　　　　　　　B. products

　　C. service　　　　　　　　　　D. equipment

55. Letter of Credit is issued by the (　　) for importer benefits.

　　A. bank　　　　　　　　　　　B. buyer's bank

　　C. seller's bank　　　　　　　　D. investor's bank

56. Zero stock means that the inventory is outsourced to (　　) or to be kept in a very low level.

　　A. MRP　　　　　　　　　　　B. TPL service

　　C. DRP　　　　　　　　　　　D. SCM

57. Logistics (　　) is the long term cooperation and business relationship between suppliers and customers.

　　A. group　　　　　　　　　　B. partner

　　C. linkage　　　　　　　　　　D. alliance

58. (　　) is the evidence of the contract of carriage between carrier and shipper.

　　A. B/L　　　　　　　　　　　B. L/C

　　C. D/O　　　　　　　　　　　D. P/L

59. (　　) refers to carrier picking up merchandise from the shipper's warehouse and

delivering it to the consignee's warehouse.

A. Through transport B. Combined transport

C. Container transport D. Door-to-door

60. Goods that are stored in warehouse for sales delivery are called （ ）.

A. cargos B. inventory

C. materials D. freights

二、多项选择题（下列每题的多个选项中，至少有2个是正确的，请将其代号填在括号中；每题1分，共40分）

1. 由（ ）方式构成的库存管理是供应物流的核心部分。

A. 定量订货与定期订货 B. 传统的经济订货批量

C. 现代的物料需求计划 D. 零库存

2. 培育客户忠诚度就是与客户建立长期稳定的商业关系，它需要通过（ ）实现。

A. 塑造商业品牌 B. 满足客户的需求与期望

C. 经常性折扣 D. 对客户提供超越期望的服务

3. 增值服务的特定内容是（ ）。

A. 全部与基本服务相同 B. 定制化差异性服务

C. 减少服务附加收费 D. 超越客户本身营利能力的服务

4. 物流质量管理指标包括（ ）。

A. 服务质量指标 B. 设备质量指标

C. 仓储与库存指标 D. 运输与配送指标

5. 运输代理在（ ）方面有优势，货物托运与承运方必须与其合作。

A. 运输线路设计与中转安排 B. 节省揽货成本

C. 联合运输中介 D. 优化运输网络

6. 集装箱班轮CY/CY运输条款的内容包括（ ）。

A. 由代理代表总承运人与码头进行货物交接

B. 由发货方装箱记数

C. 由码头代表承运人与货主进行货物交接

D. 船公司进行货物交接

7. 与FCL/FCL（整箱货对整箱货）相应的交接方式是（ ）。

A. DOOR/DOOR B. CY/CY

C. CFS/CY D. HOOK/HOOK

8. 为实现集装箱海运系统的高经济效益，必须形成集装箱干线的中心港与（ ）的网络配合。

  A. 集装箱内陆货站   B. 集装箱中转站

  C. 支线中转枢纽   D. 集装箱办理站

9. 出口转运货物由运出港的货运代理安排舱位，具体包括（　　）。

  A. 货物转运舱位申请与确认   B. 货物接收与装船

  C. 货运中转单证   D. 中转费用的分配与支付

10. 货物运输计价规则中对运费计算的具体内容有（　　）等。

  A. 吨千米计价表   B. 货物运价分号表

  C. 货物运价率表   D. 货物装卸费率表

11. 运输合理化要解决的主要问题是（　　）。

  A. 运输工具承载不当   B. 超过单程满载

  C. 运输工具成本消耗选择不当   D. 合理选择运输方式与工具

12. 在我国运输市场营销中，公路运输的货源网络成员、铁路运输的中介组织和海运的揽货网络成员分别是（　　）。

  A. 专业货物运输代理企业   B. 综合性的运输代理公司

  C. 零担货物中介网点   D. 铁路运输组织下属服务机构

13. 海运费按（　　）不同方式分别计价。

  A. 班轮   B. 租船

  C. 整箱与拼箱   D. 集装箱

14. 海运操作模块是货运代理信息系统中的核心部分，其功能包括（　　）。

  A. 支持海运出口与进口运作

  B. 支持订船、中转、装箱制单和报关

  C. 支持自动收款与付款

  D. 支持操作界面自定义，进行批量化业务处理

15. 运输与配送管理信息系统的车辆管理功能有（　　）。

  A. 车辆调度   B. 车辆与货物跟踪

  C. 司机收款   D. 派车单回场确认

16. 物流信息编码的原则包括（　　）。

  A. 选择最小值代码   B. 具有逻辑性

  C. 数值化   D. 代码要等长

17. 采购市场调查方法有（　　）。

  A. 询问法   B. 填表法

C. 观察法
D. 实验法

18. 采购调查的询问法分为（　　）。
    A. 资料分析法
    B. 问卷调查法
    C. 面谈调查法
    D. 电话调查法

19. 调查表的内容有（　　）。
    A. 被调查者基本资料
    B. 调查项目内容与顺序编号
    C. 调查表填写说明
    D. 调查表录入方式

20. 抽样调查必须解决的问题是（　　）。
    A. 确定几率与方差
    B. 确定方法
    C. 确定样本大小
    D. 判断误差

21. 采购市场调查的定性预测方法是（　　）。
    A. 类推法与专家意见法
    B. 局部市场统计与总体估计法
    C. 用户调查法与经验判断法
    D. 时间与市场趋势推断法

22. 采购市场调查的定量预测方法是（　　）。
    A. 大数定理法
    B. 算术平均法与移动平均法
    C. 加权平均移动法
    D. 指数平滑法与回归预测法

23. 仓库总平面普遍划分为（　　）。
    A. 作业区
    B. 辅助区
    C. 行政生活区
    D. 周转区

24. 配送计划执行的步骤是（　　）。
    A. 按配送计划组织进货
    B. 配货发运
    C. 设计配送车辆运行路线
    D. 送达服务

25. 仓库作业区布置应考虑（　　）。
    A. 商品吞吐量
    B. 仓库作业流程
    C. 与库外公路连接
    D. 仓库设施与设备特点

26. 配送作业合理化标志分为（　　）。
    A. 运力标志
    B. 库存标志
    C. 资金标志
    D. 保证供应标志

27. MRP的输入文件是（　　）。
    A. 主生产计划
    B. 物料清单
    C. 库存信息
    D. 各工序加工时间

28. MRP的输出文件是（　　）。

A. 物料运行路线 B. 产品结构图
C. 生产作业计划 D. 采购计划

29. 第三方物流在仓库运营商的表现是（　　）。
   A. 公共仓储 B. 周转仓储
   C. 合同仓储 D. 单位仓储

30. 流通加工分为（　　）。
   A. 深度加工型 B. 延续加工型
   C. 后勤服务加工型 D. 促销加工型

31. 仓库储存费用的构成项目有（　　）。
   A. 保管费 B. 订货费
   C. 维护费 D. 缺货损失费

32. 常用的存货分类方法有（　　）。
   A. EOQ 法 B. ABC 分类法
   C. CVA 管理法 D. OPS 法

33. 分区拣货法分为（　　）。
   A. 按拣货单位分区 B. 按拣货方式分区
   C. 工作分区 D. 作业流程分区

34. 根据物流连续性，生产过程主要分为（　　）几种类型。
   A. 单件小批量 B. 多品种小批量
   C. 多品种大批量 D. 单一品种大批量

35. 企业生产模式的阶段是（　　）。
   A. 单件生产 B. 大批量生产
   C. 精益生产 D. 准时制生产

36. The key procedures in internal logistics are (　　).
   A. procurement B. supply
   C. production D. distribution and reverse

37. The World Wide Web is the (　　) to allow users to browse from one (　　) to another and to inspect the information available without using complicated commands and protocols.
   A. information system B. Internet site
   C. net system D. Internet

38. The external logistics is connected the macro economic activities like (　　).

A. international trading B. international commerce
C. global OEM D. global investment in manufacture

39. There are three kinds of freight in carriage: (   ).
    A. full-truck load B. half-truck load
    C. less-than-truck load D. container

40. Logistics system includes (   ), distribution processing and information control.
    A. customer service B. packing and storage
    C. transportation D. traffic control

助理物流师理论知识考核模拟试卷参考答案

职业道德题参考答案

一、单项选择题

1. D	2. D	3. B	4. D	5. C	6. D	7. C	8. A	9. D	10. C
11. B	12. B	13. C	14. C	15. C					

二、多项选择题

1. CD	2. AB	3. ABC	4. BD	5. CD
6. BCD	7. ACD	8. BCD	9. BCD	10. AC

专业知识题参考答案

一、单项选择题

1. B	2. D	3. C	4. A	5. D	6. C	7. C	8. B	9. D	10. C
11. A	12. C	13. D	14. B	15. A	16. B	17. C	18. B	19. A	20. D
21. D	22. B	23. C	24. B	25. C	26. A	27. D	28. D	29. B	30. B
31. B	32. C	33. A	34. D	35. D	36. B	37. C	38. D	39. B	40. D
41. A	42. C	43. D	44. C	45. B	46. A	47. D	48. D	49. B	50. D
51. D	52. D	53. C	54. A	55. B	56. B	57. D	58. A	59. D	60. B

二、多项选择题

1. BC	2. ABD	3. BD	4. ABCD	5. BD
6. ABC	7. AB	8. ABD	9. ABC	10. BCD
11. BD	12. CDA	13. ABD	14. ABD	15. ABD
16. AB	17. ACD	18. BCD	19. ABC	20. BCD
21. ABC	22. BCD	23. ABC	24. ABD	25. ABD
26. BCD	27. ABC	28. CD	29. AC	30. BCD
31. ABD	32. BC	33. ABC	34. ABCD	35. ABC
36. BCD	37. AB	38. ACD	39. ACD	40. ABC

助理物流师操作技能考核模拟试卷

一、**单项选择题**（下列每题有 4 个选项，其中只有 1 个是正确的，请将其代号填在括号中；每题 0.5 分，共 50 分）

1. WMS 系统入库信息与单证处理流程为（   ）。

    A. 入库通知单→货位安排→确认入库

    B. 指示存储→确认存储→更新库存→确认入库

    C. 入库通知→检查预留货位→存放物品

    D. 指令存储→货位确认→存放指令

2. WMS 系统出库处理的信息与单证处理流程为（   ）。

    A. 出库单→拣货单→提货单→运送单

    B. 出库单据→拣货单→配载通知→运送路线→储存结算单

    C. 生成出库单据→输出货运单→输出包装明细→确认出库→生成会计数据

    D. 出库单→提货单→行车单→结算单

3. 制造企业安全库存、销售企业安全库存分别由（   ）设定。

    A. 生产周期、销售周期　　　　B. 消耗量、提前期

    C. DRP、MRP Ⅱ　　　　　　　D. MRP、DRP

4. 在 WMS 系统内，库内物品移动信息生成由（   ）执行，再移入计算机系统。

    A. PDT　　　　　　　　　　　B. CCD

    C. RF　　　　　　　　　　　　D. POS

5. 在 TMS 中，运输任务计划及调度管理模块内容包含（   ）。

    A. 接单→排计划→安排车辆→承运

    B. 接受货运单→按日安排作业单→确定车辆→承运

    C. 最小业务分单→线路与车辆调配→配载

    D. 计划表→行车路单→配载指令→收费单

6. TMS 基本业务流程表现为（   ）。

    A. 运输任务产生→运输调度→运输过程管理与查询→运输资源管理→客户管理→费

用结算

　　B. 运输订单→制订计划→安排车辆→过程控制→费用管理

　　C. 揽货接单→安排运输工具→过程控制→费用结算

　　D. 运输任务产生→调运→过程查询与监控

7. 货运代理信息系统是对客户、承运商和内部人员开放的系统，经常采用（　　）功能保护公司商业机密。

　　A. 防火墙　　　　　　　　　　B. 权限管理

　　C. 垂直控制　　　　　　　　　D. 随机障碍

8. 货运代理信息系统与外界其他软件连接采用（　　）。

　　A. Extranet　　　　　　　　　B. Web site

　　C. 公共信息平台与企业网　　　D. EDI

9. FMS 的出口系统模块功能是（　　）。

　　A. 订舱委托→操作调度→单证处理→查询统计

　　B. 揽货接单→安排运输工具→制单打单→中转调度

　　C. 客户托运→拖车调运→装船承运→到货通知→费用结算

　　D. 揽货订舱→操作调度→制单打单→收费→承运查询→费用托收

10. FMS 进口系统的费用管理功能集中在（　　）方面。

　　A. 应收应付账务处理　　　　　B. 催收客户欠款

　　C. 内部账务处理　　　　　　　D. 报表制作

11. 船务代理人一般按规定的收费标准向（　　）收取船舶和货物的代理费。

　　A. 承运人　　　　　　　　　　B. 委托人

　　C. 收货人　　　　　　　　　　D. 发货人

12. 集装箱运输中，在内陆清关时，在（　　）办理集装箱及货物的保税运输手续。

　　A. 进口地　　　　　　　　　　B. 出口地

　　C. 装箱地　　　　　　　　　　D. 收货人指定地

13. 集装箱海运出口货运流程为（　　）。

　　A. 揽货→订船→装船→承运

　　B. 揽货与订舱→装箱与装船→开立提单→承运

　　C. 订舱→用箱申请→货物装箱与报关→重箱进港→装船→签发提单

　　D. 重箱进港→签场站收据换提单→凭提单换提货单→凭提货单运输

14. 集装箱海运进口货运程序是（　　）。

　　A. 卸船→凭提单提箱→掏箱→空箱回运

B. 卸船→提单换提货单到港区提集装箱→掏箱→空箱回运、进港交接

C. 卸船→通知收货人凭提单提货→空箱回运

D. 卸船→通知货代办理提货手续→货代凭提单提货，按收货人指令运至目的地

15. 当托运人向船公司提取空箱时，托运人必须事前（　　）。

   A. 付款　　　　　　　　　　B. 付押金

   C. 物款担保　　　　　　　　D. 完备用箱手续

16. 场站收据的流程是（　　）。

   A. 托运人制单→代订舱编号→货代报关→货代退托运人作配舱回单

   B. 接货人制单→预留舱位编号→货代报关

   C. 托运人与接货人签单→货代订舱与报关→货代退托运人回单

   D. 货主制单→船代订船→货代报关→货代通知船公司及货主回单

17. 发货人最迟在船舶到港前将订舱单发给船公司或代理人，订舱单的主要内容有（　　）。

   A. 发出地与到达地、货物状况、代理人联系方式

   B. 发出港与到达港、需要货箱量、装运时间与交换方式

   C. 装箱港和卸箱港及目的地、发货人资料、货物清单、货箱数量、交接方式、代理人

   D. 装运港与到达港、箱数与种类、费用、交接代理人资料

18. 定期租船条件下，船东、租船人分别负责（　　）。

   A. 船员工资、船舶营运费用

   B. 人与船的费用、航运费用

   C. 船员工资、所有船舶费用

   D. 船员工资、船舶堆场与保险费用、与货运有关的费用

19. 航次租船的租金与（　　）相同。

   A. 货物运费　　　　　　　　B. 期租租金

   C. 使用费用　　　　　　　　D. 除船员外的船舶使用费

20. 开发运输客户的主要途径是（　　）。

   A. 承运人网络　　　　　　　B. 运输市场网络

   C. 货运代理　　　　　　　　D. 市场营销

21. 差异化客户服务是根据（　　）。

   A. 客户的价值不同

   B. 80%的经营收益来自20%的客户

C. 客户的服务需求不相同

D. 自身的资源能为所有客户提供优质服务

22. 从郑州铁路北站到广州铁路东站里程为 2 180 km，商品运价号码为 8#，基价为 10.7 元/t，运行基价为 0.049 元/(t·km)，其运费为（　　）元/t。

　　A. 98.77　　　　　　　　　　　B. 103.66

　　C. 110.87　　　　　　　　　　　D. 117.52

23. 从某地到某地铁路里程为 2 080 km，商品运价号码为 7#，基价为 9.60 元/t，运行基价为 0.043 7 元/(t·km)，发运商品 43 t，用一辆 50 t 货车装运，计算其运费为（　　）元。

　　A. 4 498.77　　　　　　　　　　B. 5 003.66

　　C. 5 024.80　　　　　　　　　　D. 4 688.90

24. 空运普通货物运价的计费重量按（　　）的重量档次划分。

　　A. 300 kg，500 kg，1 t（越重费率越低）

　　B. 45 kg，300 kg，1/2 t（越重费率越低）

　　C. 45 kg，300 kg，1 t，5 t（越重费率越高）

　　D. 45 kg，300 kg，1/2 t，1 t（越重费率越低）

25. 班轮运费＝（　　）。

　　A. （基本运费＋附加费）×吨

　　B. （基本运费＋附加费）×舱×吨

　　C. （基本费率＋附加费率）×货运吨

　　D. （基本费率＋各项附加费）×货运量

26. 海运集装箱的亏箱运费是由于各船公司规定（　　）造成的。

　　A. 最低运费吨　　　　　　　　　B. 最低运费标准

　　C. 最高装载量　　　　　　　　　D. 最高运费标准

27. 海运集装箱最高运费是按（　　）计算，目的是（　　）。

　　A. 最大载重吨位　鼓励托运人多装货

　　B. 最大装载体积　鼓励托运人最大利用载重吨位

　　C. 最大装载体积　鼓励托运人最大利用箱内体积

　　D. 最大载重体积与吨位　鼓励托运人使用本公司集装箱

28. 公路运输零担货物运费计算公式是（　　）。

　　A. （吨次费＋批次费）×计费里程×零担货物运价

　　B. 计费重量×计费里程×零担货物运价＋其他附加费用

C. ∑（计费重量×计费里程×零担货物运价）

D. 货重×运价率×运程

29. FAK 包箱费率是使用最广泛的集装箱计费方式，其特点是（　　）。

    A. 不分货种，按不同载重收费

    B. 不计货量，按不同货种收费

    C. 不分货物，不计货量，统一运价

    D. 按不同货种、不同货量计费

30. （　　）是采购作业成本分析的主要信息。

    A. 成本诱因　　　　　　　　B. 财务制度

    C. 管理制度　　　　　　　　D. 人力资源

31. （　　）是影响采购战略趋势的因素。

    A. 关注外部客户　　　　　　B. 关注内部客户

    C. 价格　　　　　　　　　　D. 时间管理

32. 采购市场的调查程序是（　　），其中：①收集调查资料；②分析整理；③确定调查目标；④设计调查表格；⑤确定调查项目；⑥确定调查方案。

    A. ⑤⑥②③①④　　　　　　B. ④⑥③⑤②①

    C. ①②⑤③④⑥　　　　　　D. ③⑤⑥④①②

33. （　　）不是供货商实际检验的类型。

    A. 进货检验　　　　　　　　B. 工序检验

    C. 出货检验　　　　　　　　D. 完工检验

34. 场站收据、提单、提货单的流程为（　　）。

    A. 到货进港→收取提单签提货单→提货

    B. 货到港→通知收货人→收货人凭提单提货

    C. 船到港→通知货代→通知收货人→收货人以提单换提货单→提货

    D. 重箱进港→签场站收据换提单→凭提单换提货单→凭提货单提货

35. 生产物流的类型主要与（　　）相关。

    A. 产品的成本、质量　　　　B. 产品的品种、产量、专业化程度

    C. 产品的销售、交货期　　　D. 产品的设计工艺

36. （　　）是使用公共仓库的最大优点。

    A. 节省资金投入　　　　　　B. 缓解存储压力

    C. 减少投资风险　　　　　　D. 具有较高的柔性化水平

37. （　　）是将自有仓库和公共仓库两方面的优势有机地结合在一起，其使用成本低

于租赁公共仓库或拥有自有仓库的成本。

  A. 商业仓库   B. 厂内仓库

  C. 合同仓库   D. 共有仓库

38. （　　）不属于商品编码方法。

  A. 数字法   B. 实际意义编码法

  C. 外形尺寸法   D. 位置编码法

39. （　　）不属于流通加工业务。

  A. 重新包装   B. 定量化小包装

  C. 粘贴商品标记或价格标签   D. 改变商品化学性质

40. 企业仓库的合理布局包含（　　）。

  A. 企业仓库的合理设置   B. 各类仓库内部的合理布局

  C. 仓库管理人员的配备   D. 企业的生产布局

41. 统一分类、统一计量、统一品名和（　　）是仓库管理的基础工作。

  A. 统一编号   B. 统一管理

  C. 统一人员   D. 统一设备

42. 配送中心的运输管理系统不包含（　　）功能。

  A. 与财务系统集成   B. 运输模式优化组合

  C. 车队管理   D. 运输计划、调度与跟踪

43. 以下（　　）不是协同配送的目的。

  A. 提高物流资源的效率   B. 去除多余的交错运输

  C. 保护环境   D. 减少物流环节

44. （　　）是运用MRP的原则，在配送环境下，从数量和提前期等方面来确定物料配送需求的一种动态方法。

  A. 制造资源计划   B. 企业资源计划

  C. 准时制   D. 物料需求计划

45. （　　）属于以经营为目的以配送为手段的配送中心。

  A. 专业配送中心   B. 供应配送中心

  C. 销售配送中心   D. 流通型配送中心

46. 运价（　　）是指运价变化幅度大于需求量变化幅度。

  A. 弹性大   B. 单位弹性

  C. 弹性小   D. 无弹性

47. （　　）不是水路运输的优点。

  A. 建设投资少   B. 受自然条件影响较大

  C. 运输成本低   D. 劳动生产率高

48. （　　）不是影响货物运价的因素。

  A. 运输成本   B. 港站作业条件

  C. 运输方式竞争   D. 运输供求关系

49. 以下（　　）是我国汽车货物运输公路运输承运人的责任期限。

  A. 自接受货物起至交付收货人止

  B. 订立合同之日起至货交收货人止

  C. 订立合同之日起至履约完成之日止

  D. 自装车至卸车止

50. 生产物流控制的程序是（　　），其中：①长期调整及有效性评估；②制定期量标准；③短期调整；④物流信息的收集、传送、处理；⑤制订计划。

  A. ①②⑤③④   B. ②⑤④③①

  C. ③⑤④①②   D. ⑤③④①②

51. （　　）不是生产系统中物流的特征。

  A. 物料按照工艺流程流动

  B. 不同生产类型有共同的特征

  C. 物流作业与生产作业紧密相关

  D. 物流连续按比例运转

52. （　　）不是项目型生产物流的特征。

  A. 外部物流较难控制

  B. 几乎无产成品占用

  C. 采用并行工程处理

  D. 工序间的物流联系无规律

53. （　　）不是物料需求计划的目标。

  A. 保证尽可能低的库存水平

  B. 对资源进行计划与保证

  C. 及时取得生产所需原材料及零部件

  D. 零部件、外购配套件与装配需求紧密衔接

54. （　　）又称缓冲在制品，是为防止前后工序因加工时间的变异性和不匹配性可能造成的生产中断而设立，其作用是使生产过程保持均衡稳定。

  A. 周转在制品   B. 运输在制品

C. 安全在制品 D. 保险在制品

55. 物流拉动控制的特点是（ ）。
   A. 分散控制 B. 集中控制
   C. 分级控制 D. 链状控制

56. HBL 的签发人是（ ）。
   A. 船公司 B. 船公司代理
   C. 无船承运人 D. 租船人

57. 集装箱进出港区时确定箱体交接责任的单证是（ ）。
   A. 提单 B. 大副收据
   C. 提货单 D. 设备交接单

58. 凡在集装箱单证上未列明或填写不清运输条款（或交接条款）时港站一般采取的处理方式是（ ）。
   A. CY/CY B. CY/CFS
   C. CY D. CFS

59. 正本场站收据的颜色是（ ）。
   A. 淡黄色 B. 红色
   C. 黄色 D. 白色

60. 涉及 HOOK 的集装箱交接方式的是（ ）。
   A. 散货吊装 B. 非整箱吊装
   C. 集装箱船 D. 非全集装箱船

61. 一套场站收据中的第（ ）联是供报关用的。
   A. 3～5 B. 4～6
   C. 5～7 D. 6～8

62. 集装箱交接如属于 CY 条款，（ ）对箱内货物承担责任。
   A. 货主 B. 货代
   C. 装箱人 D. 承运人

63. （ ）是指 RFID 无源应答器工作用的能量从阅读器的电磁场中获得，自己没有电源，体积小、重量轻、成本低、寿命很长，但需要大功率读写装置。
   A. 被动标签 B. 主动标签
   C. 条形码标签 D. 应答标签

64. （ ）是物流信息网络建立中确定信息和整理的程序。
   A. 确定基础设施 B. 设计工作流程

C. 选择数据及其存储方式　　　　D. 建立通信系统

65. 货运代理管理信息系统将机构内部单证处理用的 Intranet 和外部连接与查询的 Extranet 合一运用，设置（　　）功能，保障内外网络的安全。

　　A. 防火墙　　　　　　　　　　B. 进入密码
　　C. 权限管理　　　　　　　　　D. 非下载

66. （　　）数字码及相应的条形码符号组成物流条码。

　　A. 8　　　　　　　　　　　　　B. 7
　　C. 14　　　　　　　　　　　　 D. 18

67. （　　）不是CPFR联合计划与预测模型的特点。

　　A. 开放，但安全的通信系统　　 B. 适用于特定的行业
　　C. 在整个供应链上可以拓展　　 D. 支持多种需求

68. 所谓加密算法就是对（　　）进行加密时所采用的一组规则，解密算法就是对（　　）进行解密时所采用的一组规则。

　　A. 明文　明文　　　　　　　　 B. 密文　明文
　　C. 明文　密文　　　　　　　　 D. 密文　密文

69. 评标委员会成员人数应为（　　）。

　　A. 4人以上　　　　　　　　　　B. 5人以上
　　C. 6人以上　　　　　　　　　　D. 7人以上

70. 评标委员会成员中，技术、经济方面的专家不得少于成员总数的（　　）。

　　A. 1/3　　　　　　　　　　　　B. 1/2
　　C. 2/3　　　　　　　　　　　　D. 3/4

71. 商务谈判的核心内容是（　　）。

　　A. 价格　　　　　　　　　　　 B. 时间
　　C. 地点　　　　　　　　　　　 D. 标的

72. 混合化采购方式适用于（　　）。

　　A. 分级采购权限　　　　　　　 B. 资源分级控制
　　C. 资金分散来源　　　　　　　 D. 采购物品分散使用

73. 生产季节性商品的企业，为了协调旺季和淡季需求的不均匀性，通常采用在淡季生产储备一定数量的商品以调节旺季的巨大需求，这种储备克服了（　　）。

　　A. 所有权间隔　　　　　　　　 B. 场所间隔
　　C. 时间间隔　　　　　　　　　 D. 使用权间隔

74. 分散化采购的特点是（　　）。

A. 提高竞价能力　　　　　　　　B. 适于分散管理
C. 发挥直接需求者的积极性　　　D. 简单易行

75. （　　）不是堆码的必需要求。
    A. 方便　　　　　　　　　　　B. 美观
    C. 牢固　　　　　　　　　　　D. 整齐

76. （　　）不属于配送增值服务的内容。
    A. 为商品贴标签　　　　　　　B. 促销奖品处理
    C. 为样品提供特别介绍　　　　D. 为商品进行广告促销

77. （　　）不属于配送中心的功能。
    A. 分装功能　　　　　　　　　B. 采购功能
    C. 分配功能　　　　　　　　　D. 集散功能

78. 支持大多数顾客从事正常生产经营和正常生活的服务称为（　　）。
    A. 增值服务　　　　　　　　　B. 适应性服务
    C. 基本服务　　　　　　　　　D. 生产、生活服务

79. 配送中心在物流系统中的纵向位置处于（　　）物流过程。
    A. 准备　　　　　　　　　　　B. 末端
    C. 干线　　　　　　　　　　　D. 首端

80. 配送基本能力不包括（　　）。
    A. 设施　　　　　　　　　　　B. 网点
    C. 管理能力　　　　　　　　　D. 个性化增值服务

81. 集运有可能是（　　），这是其与共同配送的主要区别。
    A. 一次性合作　　　　　　　　B. 长期稳定合作
    C. 规模效应　　　　　　　　　D. 集中协作

82. 铁路运行路线以（　　）为计划方法。
    A. 最短停站时间　　　　　　　B. 最短距离
    C. 最大中转量　　　　　　　　D. 最大通过能力

83. （　　）不是装运作业管理的内容。
    A. 优化货运组织结构
    B. 优化装卸作业程序
    C. 选择合适的装卸作业商
    D. 加强装卸调度执行人员的责任与权力

84. 一批托运的整车运价按（　　）计算。

A. 实际重量 B. 整批运价
C. 规定运价率 D. 联合运价

85. 变动成本的回收通过（　　）。
   A. 固定资产折旧率的分摊
   B. 每一次运输活动收费
   C. 一定时间段的运输活动收费
   D. 一定运输路段的运输活动收费

86. 公路运行路线以（　　）为计划方法。
   A. 最短停站时间 B. 最短距离
   C. 最大中转量 D. 最大通过能力

87. 零担运价按（　　）计算。
   A. 实际重量 B. 整批运价
   C. 规定运价率 D. 联合运价

88. 企业中一个标准料箱载重量是 2 t，可装载 100 个中间轴，则每个中间轴的当量物流量为（　　）。
   A. 20 kg B. 5 t
   C. 1 t D. 10 kg

89. 在 ERP 软件生产控制管理部分中，（　　）模块的功能是在主生产计划决定生产多少最终产品后，根据物料清单，把要生产产品的数量转变为所需生产的零部件的数量，并对照现有的库存量，得到还需加工多少零部件、采购多少零部件。
   A. 生产计划 B. 物料需求计划
   C. 能力需求计划 D. 车间作业计划

90. 核心思想为"消除一切不必要的浪费"，在生产物流管理的实践中尽力消除不增值活动和不必要环节的管理方法是（　　）。
   A. TQC B. BPR
   C. MRP D. JIT

91. 从物流的角度，MRP 实际上反映了一种（　　）的运作方式。
   A. 产品流向 B. 推动式
   C. 物料流向 D. 物流控制

92. （　　）的基本思想是把 MRP 同其他所有与生产经营活动直接相关的工作和资源，以及财务计划连成一个整体，实现企业管理的系统化。
   A. ERP B. JIT

C. DRP D. MRPⅡ

93. 海运进口货物运输中的监卸人一般是（　　）的代表。
   A. 托运人 B. 承运人
   C. 收货人 D. 理货人

94. 习惯上把（　　）称为大副收据。
   A. 装货单 B. 收货单
   C. 托运单 D. 载货清单

95. （　　）是指货物在船到港前进入承运人指定仓库后，承运人应托运人的要求而签发的提单。
   A. 倒签提单 B. 备运提单
   C. 预借提单 D. 直达提单

96. 如果提单条款内包括"自由转船条款"，且提单上无转船批注，这种提单被视为（　　）。
   A. 转船提单 B. 直达提单
   C. 联运提单 D. 预借提单

97. 物流信息系统项目的可行性论证可以避免错误的投资决策，它为需求分析及初步设计的编写提供了（　　）结构，使企业人员对整个系统有一个整体的了解。
   A. 代码式 B. 框架性
   C. 目标性 D. 建设性

98. 数据挖掘技术是专门用来揭示客户的行为习惯和预测发现一些在不同情况下有相似行为的（　　）。
   A. 新客户 B. 消费者
   C. 供应商 D. 零售商

99. 在物流管理信息系统建设过程中，对企业的业务流程进行（　　）是最为关键的一个环节。
   A. 优化精简 B. 修正改组
   C. 优化再造 D. 完善管理

100. 对建立一个成功的网络而言，最重要的是策划，而不是技术。一个成功的商务网站应该是（　　）的。
   A. 企业导向 B. 营销导向
   C. 产品导向 D. 信息导向

二、多项选择题（下列每题的多个选项中，至少有2个是正确的，请将其代号填在括号中；每题1分，共50分）

1. WMS 中的主要功能模块是（　　）。
   A. 库位设定与安全库存量　　　　B. 入库与出库管理
   C. 库内保管状况与物品移动　　　D. 结算与统计

2. 在 TMS 中，运输资源管理模块的内容是（　　）。
   A. 客户资源　　　　　　　　　　B. 车辆管理
   C. 承运商管理　　　　　　　　　D. 货运代理管理

3. TMS 的车辆监控装置由（　　）组成。
   A. GIS　　　　　　　　　　　　B. GPS
   C. MCA　　　　　　　　　　　　D. PDA

4. 除客户管理外，国际货运代理信息系统还包含了（　　）系统的功能。
   A. 港口管理　　　　　　　　　　B. 船舶运输企业
   C. 货物追踪　　　　　　　　　　D. 全球航运 EDI 交易

5. 货运代理信息系统中，单证菜单项下的内容最多，包括（　　）。
   A. 客户管理与委托单　　　　　　B. 装箱单/装舱单/装船单
   C. 运费与船期表　　　　　　　　D. 中转制定与传递

6. 下述租船合同范本中，属于航次租船的有（　　）。
   A. 统一杂货租船合同　　　　　　B. 谷物泊位租船合同
   C. 北美谷物租船合同　　　　　　D. 中租1980年租船合同

7. 油轮租船主要选择航次租船合同，其运费率的方式为（　　）。
   A. 每半年费率　　　　　　　　　B. 整个租船期间使用同一费率
   C. 分期费率　　　　　　　　　　D. 每年费率由市场竞争价决定

8. 货运中转业务的必备支持条件是（　　）。
   A. 港口码头承接能力　　　　　　B. 船舶接运载货与货运服务能力
   C. 货运代理网络能力　　　　　　D. 转运港业务及单证处理能力

9. 进口转运货物的接受与转船工作包括（　　）。
   A. 提货、接货及转船安排　　　　B. 转船订舱与舱位预备
   C. 中转船的后勤服务安排　　　　D. 编制和传递支付

10. 集装箱货运站的主要业务是（　　）。
    A. 拼箱货的装箱和掏箱　　　　　B. 重箱的中转和堆存
    C. 货运单证处理及费用结算　　　D. 中转业务安排

11. 货运代理提供（　　）诸方面的功能服务。

   A. 承揽货物，组织货运　　　　　B. 货物跟踪，货运查询

   C. 组织联合运输和多式联运　　　D. 无船承运的总承运人

12. 运输运杂费结算作业的共同程序是（　　）。

   A. 根据托运单和运输路线确定计费里程

   B. 确定货物的货运种别，查得规定的运价或费率

   C. 按各种运输方式的行规，计算计费重量

   D. 根据运费计算公式：运费＝计费重量×计费里程×运价

13. 海运的附加费率有时甚至与基本费率相同，其原因是（　　）。

   A. 当市场求大于供，船公司又不能提高基本费率

   B. 港口拥塞，燃料成本上升

   C. 竞争性行为

   D. 转移政府税赋

14. 集装箱中转站站内作业包含（　　）。

   A. 集装箱发送作业　　　　　　　B. 集装箱站内作业

   C. 集装箱维修作业　　　　　　　D. 集装箱到达作业

15. 经常发生的运输合同纠纷类型有（　　）几种。

   A. 货损货差　　　　　　　　　　B. 货物延迟交付

   C. 拒交运费　　　　　　　　　　D. 租金争端

16. 准时制采购中选择供应商的原则有（　　）。

   A. 供应商的数量较多

   B. 保持竞争力

   C. 供应商与公司邻近

   D. 投标竞争主要限于新设计的零部件

17. 采购调查的主要项目是（　　）。

   A. 采购系统　　　　　　　　　　B. 供应商

   C. 所购商品　　　　　　　　　　D. 生产系统

18. 采购产品的种类有（　　）。

   A. 零部件　　　　　　　　　　　B. 标准件

   C. 在制品　　　　　　　　　　　D. 在售商品

19. 属于储位指派法则的有（　　）。

   A. 靠近出口原则　　　　　　　　B. 商品特性原则

C. 先进先出原则 D. 弹性原则

20. 为提高库房面积利用率,仓库管理要制定（　　）。
    A. 库房面积可用率定额
    B. 库房面积使用率定额
    C. 仓库运输线布置标准
    D. 库房各主要建筑设施配置标准

21. 预定储位应做的工作有（　　）。
    A. 组织人力 B. 安排仓容
    C. 安排外运车辆 D. 备足托盘用品

22. 配送中心定位方法主要有（　　）。
    A. 层次定位 B. 系统定位
    C. 规模定位 D. 功能定位

23. 影响配送中心选址的因素有（　　）。
    A. 客户特点 B. 接近工厂
    C. 运输服务 D. 地价因素

24. 评价共同配送成员企业经济效益的方法主要有（　　）。
    A. 送货量 B. 净现值法
    C. 现值成本法 D. 客户满意率

25. 我国运输中采用距离运价的有（　　）。
    A. 航空 B. 水路
    C. 公路 D. 铁路

26. 联合运输中具体的协调工作包括（　　）。
    A. 事故赔偿 B. 托运单据
    C. 运价费率 D. 交接制度

27. 属于运输纠纷的有（　　）。
    A. 货物灭失 B. 货损货差
    C. 货物包装 D. 货物延迟交付

28. 生产物流控制内容不包括（　　）。
    A. 进度控制 B. 前馈控制
    C. 反馈控制 D. 偏差的测定和处理

29. 物料需求计划的依据是（　　）。
    A. 主生产计划 B. 期量标准

C. 库存信息 D. 物料清单

30. 物料需求计划的特点包括（　　）。
    A. 需求的相关性 B. 需求的可变性
    C. 需求的确定性 D. 计划的复杂性

31. 生产物流系统的设计原则包括（　　）。
    A. 物流距离最短原则 B. 流畅性原则
    C. 高活性指数原则 D. 最大流原则

32. 由多个承运人共同完成货物全程运输下使用的提单有（　　）。
    A. 转运提单 B. 联运提单
    C. 多式联运提单 D. 直达提单

33. 某出口商品每箱净重 60 kg，毛重 62 kg，体积每箱 50 cm×40 cm×30 cm，运费计算标准为 W/M，10 级货，船公司计收班轮运费时应考虑（　　）。
    A. 货物的毛重与货物的体积 B. 货物的净重
    C. 货物的件数 D. 货物的形状

34. EAN-13 码的编码规则是（　　）。
    A. 唯一性 B. 永久性
    C. 有含义 D. 无含义

35. EDI 系统可处理的物流单证类型中的运输单证是（　　）。
    A. 提单 B. 发票
    C. 空运单 D. 多式运输单据

36. 常用的物流码分为（　　）。
    A. 实物类码 B. 服务类码
    C. 商品码 D. 位置码

37. 评估采购认证需求由（　　）等部分内容组成。
    A. 接受开发批量需求 B. 评估开发批量需求
    C. 制定计划说明书 D. 准备认证环境资料

38. 准备采购认证计划由（　　）等部分内容组成。
    A. 评估承接认证量 B. 分析开发批量需求
    C. 分析余量需求 D. 评估资金供应能力

39. 计算采购认证需求由（　　）等部分内容组成。
    A. 计算总体认证容量 B. 计算余量需求
    C. 计算承接认证量 D. 确定剩余容量

40. 制订订单计划由采购认证需求、（ ）等部分内容组成。
    A. 对比需求与容量　　　　　　B. 制订资金需求计划
    C. 确定余量认证计划　　　　　D. 制订订单计划

41. 设备安装决策必须满足（ ）要求。
    A. 最低的成本开支　　　　　　B. 最长的使用寿命
    C. 最短的移动路程　　　　　　D. 最小的存储空间

42. 合同仓储业务中，当保管人验收时发现入库货物与约定不符时，应及时通知货主，通知内容包括（ ）。
    A. 货物与约定不符之处　　　　B. 要求货主提供商品检验单
    C. 追究违约责任　　　　　　　D. 处理建议

43. 货物在储存期间，保管人履行了合同规定的保管义务，对因（ ）而造成的损失可不予负责。
    A. 货物与包装所发生的损失　　B. 不可抗力
    C. 自然因素　　　　　　　　　D. 保管设施

44. 仓储合同有效成立后，仓库管理人员负有（ ）的义务。
    A. 随时应货主的要求发货
    B. 承担接受货主交付储存货物并入库
    C. 妥善保管货物
    D. 合同终止时将原物返还货主或货主指定的第三人

45. 仓储设备更新决策的依据是（ ）。
    A. 设备预计使用年限　　　　　B. 设备使用成本
    C. 设备的使用寿命　　　　　　D. 设备的有形磨损

46. 保管人处理货物在存储期间的检查和取样要求时，应注意（ ）。
    A. 提出要求的人必须是合同当事人
    B. 提取样品检查货物的要求必须合理
    C. 提出要求的人必须是仓单持有人
    D. 提取样品检查货物应与仓单记载内容一致

47. 配送中心的定位包括（ ）。
    A. 市场定位　　　　　　　　　B. 系统定位
    C. 区域定位　　　　　　　　　D. 功能定位

48. 生产企业型ERP软件的功能模块包括（ ）。
    A. 生产控制　　　　　　　　　B. 分销管理

C. 财务管理 D. 运输管理

49. 设计生产物流系统的原则是（   ）。

A. 合理库存空间确定 B. 物料搬运的路程最短

C. 选择合理的搬运设备 D. 尽量做到库存合理

50. 物料的搬运路线主要有（   ）等几种类型。

A. 中心型 B. 渠道型

C. 环状型 D. 直线型

助理物流师操作技能考核模拟试卷参考答案

一、单项选择题

1. B	2. C	3. D	4. A	5. C	6. A	7. B	8. D	9. A	10. A
11. B	12. A	13. C	14. B	15. D	16. A	17. C	18. D	19. A	20. C
21. B	22. D	23. C	24. D	25. D	26. A	27. C	28. B	29. C	30. A
31. A	32. D	33. C	34. D	35. B	36. A	37. C	38. C	39. D	40. B
41. A	42. A	43. D	44. D	45. C	46. C	47. B	48. B	49. A	50. A
51. B	52. C	53. B	54. C	55. A	56. C	57. D	58. D	59. B	60. D
61. C	62. C	63. A	64. B	65. B	66. C	67. B	68. C	69. B	70. C
71. A	72. A	73. C	74. C	75. B	76. D	77. C	78. C	79. B	80. D
81. A	82. A	83. A	84. B	85. B	86. B	87. A	88. A	89. B	90. D
91. C	92. D	93. C	94. B	95. B	96. B	97. B	98. A	99. C	100. B

二、多项选择题

1. ABD	2. BC	3. ABD	4. ABC	5. ABCD
6. ABC	7. BC	8. ABC	9. ABD	10. ABC
11. ABC	12. ABCD	13. AB	14. ABCD	15. AB
16. BCD	17. ABC	18. ABD	19. BD	20. BCD
21. ABD	22. ABC	23. ACD	24. BC	25. BCD
26. ABC	27. ABD	28. BC	29. ACD	30. ACD
31. ABD	32. ABC	33. ABC	34. ABD	35. ACD
36. BC	37. BCD	38. ACD	39. ABD	40. ACD
41. ACD	42. ACD	43. ABC	44. BCD	45. AB
46. BD	47. BD	48. BD	49. BCD	50. ABD